갈 곳 없는 시간 100권의 책

유 현

*나눔 글꼴을 사용하였음

說順

- 서언序言

1. 가면의 생 　　　　　　　　　　에밀 아자르
2. 가장 행복한 공부 　　　　　　　　청화스님
3. 감옥에서 만난 자유 　　　　　　　로라 베이츠
4. 고독한 산책자의 몽상 　　　　　　장 자크 루소
5. 고립의 시대 　　　　　　　　　　노리나 허츠
6. 고흐의 인간적 얼굴 　　　　프랑수아 베르나르 미셸
7. 공자 평전 　　　　　　　　　　　천웨이핑
8. 국가는 왜 실패하는가 　　　　　대런 애쓰모 글루
9. 그리스인 조르바 　　　　　　　니코스 카잔차키스
10. 그 섬에 내가 있었네 　　　　　　　김영갑
11. 기도 　　　　　　　　　　　　　　법륜
12. 나는 단순하게 살기로 했다 　　　사사키 후미오
13. 나를 만나는 시간 　　　　　　　　이주향
14. NOW 　　　　　　　　　　　에크하르트 톨레
15. 나의 아버지 손양원 목사 　　　　　손동희
16. 나의 친구 마키아벨리 　　　　　　시오노 나나미
17. 나이든 부모를 사랑할 수 있습니까 　기시미 이치로
18. 난설헌 　　　　　　　　　　　　　최문희
19. 내 방 여행하는 법 　　　　　그자비에 드 메스트르
20. 너무 시끄러운 고독 　　　　　　보후밀 흐라발
21. 노르웨이의 숲 　　　　　　　　무라카미 하루키

22.	느리게 더 느리게	장 샤오형
23.	니체의 인생 강의	이진우
24.	대량살상 수학무기	캐시 오닐
25.	THE FACE	대니얼 맥닐
26.	도덕경道德經	오강남 譯
27.	돈에서 자유로운 시간	고득성
28.	뒷모습	미셸 투르니에
29.	럼두들 등반기	W. E. 보우먼
30.	로징냐, 나의 쪽배	바스콘셀로스
31.	리더의 그릇	나카지마 다카시
32.	리얼리티 트랜서핑	바딤 젤란드
33.	마음의 미래	미치오 카쿠
34.	마음은 외로운 사냥꾼	카슨 매컬러스
35.	말의 품격	이기주
36.	매트릭스로 철학하기	슬라보예 지젝 外
37.	멀리 있는 빛	이균영
38.	모스크바의 신사	에이모 토울스
39.	무경계	켄 윌버
40.	무탄트 메시지	말로 모건
41.	묵자墨子는 살아있다	박진우
42.	밀라레파	라마 카지 다와삼둡
43.	바다	쥘 미슐레
44.	밥벌이의 지겨움	김훈
45.	방외지사	조용헌
46.	배신	아비샤이 마갈릿

47. 불안의 서	페르난두 페소아
48. 붓다	다카하시 신지
49. 비참한 날엔 스피노자	발타자르 토마스
50. 삶의 격	피터 비에리
51. 새벽에 혼자 읽는 주역 인문학	김승호
52. 섀클턴의 위대한 항해	알프레드 랜싱
53. 섬	장 그르니에
54. 소로우의 강	헨리 데이비드 소로우
55. 수축사회	홍성국
56. 스티브 잡스	월터 아이작슨
57. 신과 개와 인간의 마음	대니얼 웨그너 外
58. 신이 사라진 세상	로널드 드워킨
59. 아벨라르와 엘로이즈	아벨라르·엘로이즈
60. 아연 소년들	스베틀라나 알렉시예비치
61. 아웃사이더	콜린 윌슨
62. 아흔 즈음에	김열규
63. 야망의 계절	어윈 쇼
64. 열정	산도르 마라이
65. 예수평전	조철수
66. 예정된 악인, 유다	피터 스탠퍼드
67. 옥중기	오스카 와일드
68. 와일드	셰릴 스트레이드
69. 왜 지금 한나 아렌트를 읽어야 하는가	나카마사 마사키
70. 우발과 패턴	마크 뷰캐넌
71. 우주변화의 원리	한동석

72. 울지 않는 늑대 　　　　　　　　　팔리 모왓
73. 웰컴투 지구별 　　　　　　　　　로버트 슈워츠
74. 육식의 종말 　　　　　　　　　제레미 리프킨
75. 윤리 21 　　　　　　　　　가라타니 고진
76. 의식 혁명 　　　　　　　　　데이비드 호킨스
77. 이렇게 살아가도 괜찮은가 　　　피터 싱어
78. 인간 없는 세상 　　　　　　　런 와이즈먼
79. 인생 　　　　　　　　　　지셴린李羨林
80. 잊혀진 질문 　　　　　　　　　차동엽
81. 자유 죽음 　　　　　　　　　장 아메리
82. 장미의 부름 　　　　　　　다그니 케르너 外
83. 조화로운 삶 　　　　　　　　헬렌 니어링
84. 죽음을 어떻게 맞이할 것인가 　　알폰스 데켄
85. 죽음의 수용소에서 　　　　　　빅터 프랭클
86. 참을 수 없는 존재의 가벼움 　　밀란 쿤데라
87. 책에 미친 바보 　　　　　　　권정연 편역
88. 천국의 열쇠 　　　　　　　　A. J. 크로닌
89. 추락하는 남자 　　　　　　　　로버트 스톤
90. 침묵의 봄 　　　　　　　　　레이첼 카슨
91. 코스믹 게임 　　　　　　스타니슬라프 그로프
92. 파드마 삼바바 　　　　　　　　백이제
93. 페르마의 마지막 정리 　　　　　사이먼 싱
94. 폐허의 붓다 　　　　　　　　무묘앙 에오
95. 프레디 머큐리 　　　　　　　그레그 브룩스 外
96. 행복할 권리 　　　　　　　　　마이클 폴리

97. 현대물리학이 발견한 창조주   폴 데이비스
98. 호밀밭의 파수꾼   데이비드 샐린저
99. 홀로그램 우주   마이클 탤보트
100. 휴먼 에이지   다이앤 애커먼

슬픔에 가라앉거나

분노가 나를 삼켜도

생사의 두려움에 질식되어도

애증의 그대를 지우고,

바닥까지 나를 낮추고,

그러는 나마저 살라버리고서야.

비로소 절대적 적막에 들어

나는 자유로운 영혼이 된다.

■ 서언序言 : 난독한담亂讀閑談을 위한 변명

밥벌이를 멈추고 소원대로 놀기만 하는데 시간은 역시 변함없이 무미無味하다. 산중 칩거에서 벗어나 간혹 세상으로 나가 보고 싶은데 막상 어디로 가야 할지, 누굴 보러 가야 할지, 정작 나섰다가 청하지 않은 방문으로 민폐를 끼칠까 보아 결국 방내方內로 눈을 돌리곤 한다.

어느 시기엔가는 삶의 무게에 짓눌려 책 속에 숨어든 결과, 현실과의 괴리를 더 힘들어한 적이 있었다. 나이 들어 조금은 철이 든 지금, 전에 본 책을 다시 보면 깨달음과 감흥이 다르다. 다행히 그런 건 고맙고 즐거운 일이다. 〈사이토 다카시〉의 말처럼 무엇보다도 "혼자가 되는 시간의 즐거움, 고통을 극복하고 삶의 활력을 얻는다."는 말에 공감하려 한다.

[책 읽기]와 [글 써보기]는 갈 곳 마땅치 않은 난감함과 예민한 마음을 달래고, 세상과 남의 탓, 불안과 분노, 원망이 많았던 내 영혼을 위한 자가 치유의 방편이었다. 시간이 지겨울 때, 두렵고 불편한 상황을 애써 잊고자, 잘 적응하지 못하는 이 현실을 벗어나는 수단으로써 어지럽게 책을 읽어왔다. 사념이 당장의 현실에서 멀리 떠나있게 해주는 책들을 우선했던 것 같다.

이제부터는 소천召天에 대한 준비를 해야 한다는 다짐

하에, '죽기 전에 한 번 더 읽을 것인가?'에 대한 자문自問에 따라 수긍되는 것만 남겨두고 많은 책을 버렸다. 책에 대한 집착도 허영이며 탐욕이고, 업業을 짓는 일이라고 안타까운 마음을 스스로 다독였다. 그렇게 서가를 정리하면서 남은 책을 다시 읽어보려고 이 글을 쓰기 시작했다. 계획처럼 죽기 전에 모두 다시 읽을 수 있을지 모르지만 이런 나름의 목표가 책 읽기에 추진력을 준다. 보잘것없는 한 인간의 생애에 의미를 부여하고자 안타까운 수고를 하는 것이 아니었음을 밝히고 싶다. 오히려 시간과 허무, 존재의 연민에 연유함이 가까울 것이다.

'인문철학자' 〈강유원〉이 "서평書評이란, 이것을 빼면 책 전체 구조가 무너질 것 같은 핵심 메시지 한 문장을 뽑아낸 것이다"고 했던 그 의미를 알지만, 여기 글들은 엄밀히 서평이나 비평이라고 할 만한 그런 수준의 저작물이 아니며, 의도하는 책 소개나 독서 안내서도 아니다. 굳이 다 읽어볼 필요가 없기도 하다. 그냥 여러 해에 걸쳐 여러 책을 잡스럽게 읽고 호불호好不好를 떠나 그로 인해 이런저런 생각에 잠기게 만들었던 책들을 읽은 뒤의 한가로운 담론이다.

여기 거론한 책들은 내 취향에 의해 모았거나, 늦은 나이에 입문한 철학의 교재로써 스승님들께 가르침 받았거나, 우연한 기회에 접하게 된 것들로서 책들의 서술은 가나다라~' 순이다. 혹시라도 이 글을 읽는 분께는 전문가의 - 전문가만 글을 쓸 수 있는 것이 아니라면 - 깊이 있는 저술이 아닌 점을 헤아려주시길 바란다. 더욱이 철학 부문은 전문 연구가들 같은 기초 소양이나 깊이가 없으므로, 나처럼 평범한 대중에게는 '이렇게 받아들여질 수도 있구나'라는 수준으로만 봐주시길 바라고 있다.

이 글을 만지작거린 지 벌써 7년이 지나가고 있다. 애초에 비즈니스적 발간을 염두에 두진 않았으나 나와 같이 인생을 고민하고 책을 안타깝게 사랑하는 누군가에게는 공유될 수 있으리라 기대하긴 했었다. 탁월한 작품이 아니니 누가 돈 내고 살 리도 없고, 더구나 명예를 기대할 것도 아니므로, 게으름을 부리다 계속 해를 넘겼다. 거기에다 오타와 오류에 질려 또 일 년이 가는 바람에 글에서의 일부 내용은 처음 써 놓았던 때와 달리 시간과 상황에 따른 부조화가 생기기도 해버렸다. 염두에 두지도 않았건만 우연히 [코로나 바이러스] 상황에 겹쳐 인간 접촉이 위험하게까지 되었으니 '갈 곳 없다는 말'이 묘하게 되었다.

세월이 아주 잘 간다. 서운하기도 하고 좋기도 하다. 반복하고 싶지 않은 업業이라고 쳇바퀴를 벗어나 보려 애는 썼지만, 다시 실수투성이의 삶이었다. 이 회한과 부끄러움을 남은 시간 떨쳐내야 한다는 압박감이 허허

롭다. 혹시라도 어떤 연유로든, 본 졸저拙著를 읽게 된 분에게는 미안함을 덧붙여 양해를 구한다. 부디 평화가 늘 함께 하시기를….

2020. 여름. 앵무산 현애당玄厓堂에서.
2023. 겨울. 보완함.

유 현 拜.

가면假面의 생生

에밀 아자르

작가는 리투아니아 출신으로 유대인 박해를 피해 어머니를 따라 프랑스에 귀화했다. 2차 세계대전 때 프랑스군으로 비행 중대에서 활약하여 무공훈장도 받았다. 원래 이름은 〈로만 카슈〉(러시아어로는 〈로만 카체프〉). 〈로맹 가리〉는 프랑스에서 개명한 이름이다. 그는 작가, 외교관, 영화감독 등으로 활발한 활동을 했었다. LA 영사 시절 만난 두 번째 부인인 24살 연하의 미국 여배우 〈진 세버그〉와의 사랑으로 언론에 오르내린, 당시에는 큰 이슈 거리가 되기도 한 사람이다. 그녀를 주인공으로 『새들은 페루에 가서 죽다』란 자기의 단편을 모태로 한 영화 등 여러 편을 제작, 감독하였다. 둘 다 우울증을 앓았다고 하는데, 〈진 세버그〉는 당시 백인사회의 금기였던 [흑인 인권 신장 운동]을 하며 정부의 불합리한 보복성 조사, 백인 우월 단체의 협박 등에 오래 시달렸고, 1979년 41살에 약물로 자살(FBI가 죽였다는 설이 있다.)하였다. 〈로맹 가리〉마저 1980년에 66세에 권총으로 자살을 해버렸다.

이렇게 그의 생애를 확인해 본 건, 사회적으로 명망 있고 나름 성공한 사람이 그런 죽음을 선택한 이유를 알고 싶어서였다. 그를 따라가 보니 그의 자살은 결정적으로는 아내의 죽음에 상심이 매우 컸던 것 같다. 그의 아내는 나이 든 우리 세대가 기억하는 옛 영화에서 간혹 접하던 단발 모습이 매우 아름다웠던 배우였다. 그녀의 사회 운동에 〈로맹 가리〉의 영향이 컸던바 그녀 죽음에 대한 죄책감이 있었을 거로 추측해본다.

1975년 〈에밀 아자르〉란 필명으로 쓴 『자기 앞의 생生』이 프랑스의 가장 권위 있는 문학상인 [콩쿠르 상]을 받고, 20년 전에는 본명으로 발표한 『하늘의 뿌리』라는 소설로 같은 상을 받았었기에, 한 작가가 두 번 받을 수 없다는 규정상 이런 일은 프랑스 문학 평단을 비웃는 행위라고 여겨졌다고 한다. 그의 성향으로 비추어 그러고도 남았을 것 같다. 〈로맹 가리〉는 점차 등단 초기처럼 좋은 평은 적고 비난도 많이 받았으므로 그렇다면 가명으로 낸 자기 소설에 대해 '당신들이 어찌하는지 보겠다'는 의도를 가졌을 거라는 것. 이런 사실도 그의 사후에야 밝혀졌단다. 그의 작품 중 『자기 앞의 생』이 먼저 우리나라에 소개되면서 어린, 그러나 어른스러운 소설 속 주인공 〈모모〉가 심각하게 걱정했던 살아갈 세상에 대한 불안을 많은 사람들이 공감했었다.

『가면의 생』은 단순한 책이 아니다. 이 책의 난독難讀성 때문에 복잡한 심리 묘사가 불편한 사람은 '이게 무슨 골치 아픈 횡설수설인가' 싶어진다. 그래서 오해도 많다. 어쩌면 실제로 그는 편집·강박 성향의 사람이라 할 수 있겠다. 〈로맹 가리〉란 본명 대신 가상 인물의 필명을 쓰고도 익명성의 그늘에 숨고자 했던 치열하고 복잡한 자아의 항변. 쉽지 않은 그의 그런 특성은 적어도 순수와 양심을 의식할 수 있는 사람이었기에 그랬을 거로 생각해본다. 그는 정체성에 대해 상당히 강한 집착을 보인다. 국적의 변천, 삶의 다양한 이력은 더욱 그럴만한 부가적 동기다. 자신을 '미치지 않은 카멜레온'이라고 했던 말이 그의 의식을 대변한다.

그의 심리가 '복잡하다'고 내가 동의한 건 스스로의 내면세계에 대해서 그가 하는 말들이 진실일 거라는 느낌이 들었기 때문이다. 그는 심리적인 혼란을 심하게 겪고 있었던 것이 분명하다. 숙명적으로 이런 사람들이 있다. 절대 단순하게 살 수 없는, 다중적인 인격의 혼재 같은. 그가 말하는 가면이란 '우리가 완전히 새로운 존재가 아니고 굴레를 벗어나기 어려운 무엇엔가 소속된, 그래서 어딘가에 덧붙여진 존재'라는 의미다. 이 소설은 여러 형태로 변신하는 주인공에 의지하여 혼란스런 자기 정체성을 찾아가려는 탐구(?)라고 할 수 있을 것이다. 그러니 외면을 숨기고 감추는 것과 달리, 적나라하게 내면이 노출되는 걸 무릅쓰고라도, 맨정신이 되면 유보했다가 다시 쓰기를 반복하여 오랜 세월 동안 이 글을 끌어온 거겠지.

최근에 〈로맹 가리〉의 산문집 『인간의 문제』가 출간되었다. 생전에 그가 작가, 정치인 등과 행한 담론과 사유들을 담은 책이다. 〈로맹 가리〉처럼 정신에 몰두하여 기념비적 철학, 사상, 사유를 남긴 사람들은 보통스럽게 살기가 참 어려운 부류들이다. 그의 잘생긴 사진 속 모습을 보고 있노라면 굳게 닫은 입, 크고 우뚝한 코, 자의식이 깐깐한 철학적인 깊이의 눈을 느낀다. 그는 자신의 외모를 사랑한다고 했다. 그런 자부심으로 수많은 여성과 섹스에 탐닉했다고 대담에서 밝혔다. 『인간의 문제』는 편저자의 작명인데 〈로맹 가리〉가 어느 책엔가 이 제목을 붙이려 했었다고 한다. 그가 몰두했던 '인간적 여지에 대한 탐사'를 고려해보면 타당할 제호일 거라는 확신을 갖고 있다. 발표된 순서대로 엮었는데 이런 구성이 오히려 그의 사상의 변천을 생생하게 따라가는 적합한 기획이 되었다는 편저자의 자평.

"난 내가 삶을 산 거라는 확신이 그다지 서지 않는다. 오히려 삶이 우리를 갖고 소유하는 게 아닌가 싶다. 우리는 마치 스스로 삶을 선택이라도 한 것처럼, 자기 삶인 양 기억하곤 한다. 개인적으로 나는 살면서 선택권을 거의 갖지 못했다." 덧붙여서, "삶은 선택이 아니었다."며 "삶에 의해 조종당하는 생애였다."고 말하였다. - 곰곰 생각해보니 실제 우리 삶의 꼴이 그렇다! 죽기 몇 달 전 촬영한 그의 회고록(영상)도 『내 삶의 의미』로 발간되었다. 그의 자전적 소설 『새벽의 약속』은 자식을 위해 홀로 헌신했던 어머니와의 약속을 회상하는 내용이다. (이도 영화화되었다.)

나 역시 '속내 감추기'에 대해서는 선입관이 있는데 때로 사람들의 이해타산적인 의도로 인해 내게 남는 상처의 잔상 때문이었다. 마음은 정말 풀기 어려운 숙제다. 양심을 의식하는 이에게 가식은 크나큰 내면의 고통을 만들어낸다. 혼돈이 지나치면 〈로맹 가리〉처럼 차라리 자살할지도 모른다. 그의 마지막 말들은 나도 너무나 많이 생각해 본 것들이었다. 태어남은 그렇지 못했더라도 마지막엔 주도권을 쥘 수 있다면! 그는 우리들에게 이렇게 묻고 싶을지 모른다. "존경스럽다. 그래서들 가면을 쓴 허울뿐인 이 세상에서 당신들은 행복하신가?"라고.

가장 행복한 공부

청화스님

종교에 대해서는 의견을 말하기가 정말 조심스럽다. 보편성이 종교의 특성 중 하나일 것임에도, 일부 신앙인들은 타 종교에 대해 상당히 배타적인 모습을 보이는 경우가 있다. 개개인에게는 자기 수준 정도에 따라 보이지 않는 믿음의 실체에 대한 극심한 인식의 차이가 있기 때문이다.

〈예수님〉이 "원수도 사랑하라"고 목숨으로 대속代贖해 당부하셨음에도 이 지구상에는 현재의 삶을 공유하는 이들끼리 그분을 핑계 삼아 타인과 자신의 목숨을 빼앗고 버리는 것을 예사로 행하는 일들이 비일비재한 것만 보아도. 자기 관점에서만 제3의 존재인 신을 간증하는 이가 너무나 많으나, 한편 그것은 '불변의 원래 진실을 확고히 스스로 검증해보지 못했다'는 반증이기도 하며, 종교마저 생활의 방편으로 삼고 이기심에 다른 것을 수용하지 못하므로 자기가 옳다고 힘으로 강제하려는 의도이리라.

한때, 성직자의 길을 고민한 적이 있었던 나는 의지박약하여 세속적인 욕망을 단절할 수 없으리라 내심 미심쩍어 망설였었다. 수도자가 탐욕·성욕을 억지로 감추면서 타인에게 청정과 순수, 신을 말할 수 있겠는가? 하는. 어정쩡한 양심에도 겉과 속이 다름을 자각한다는 것은 본인의 내면을 황폐하게 만드는 고통이리라 믿었다. 나는 유아 세례를 받은 가톨릭 신자이지만 절에 가면 친근한 법당 건물과 자연의 분위기를 편안해하여 자주 찾고 불교 철학에도 관심이 많다. '당신은 죄인이니 참회하라'는 우울한 참회의 기도보다는 부처님의 '고통도 허상'이라는 말씀이 주는 위로가 때로 현실적으로 다가온다.

언젠가 우울함에 힘들어하던 시기에, 마음의 본질을 제시하고 실제적인 체험을 하게 된 명상 수련이 매력적으로 다가왔었다. 티끌만한 깨달음의 기미를 느낀 이후부터, 본질을 인식하라는 〈부처님〉의 가르침이 더욱 절실하고 친근하다. 내가 심적 스승으로 모시는 이들 중 한 분은 〈청화스님〉이다. 그분이 계셨던 전남 곡성의 태안사는 자주 가보았지만, 절의 자연환경적 분위기에만 집중했던 예전 태도로는 스님을 뵈었을 기억이 남았을 리 없다. 인터뷰를 위해 방문한 어느 기자는 스님 생전에 절 아래 밭을 지나치며, 일하고 있던 노승을 발견하고 그에게 무심하게 말을 걸었었다고 한다. 나중에 알고 보니 그가 만나려 했던 〈청화스님〉이었다고.

스님은 사범학교를 나온 분이어서인지 다양한 분야의 공부를 통해 선禪과 사상에 경계가 없이 대중이 납득하기 쉬운 설법을 하셨다. 그분의 말씀에선 타당한 과학적 논거, 깊은 철학적 사유, 생명에 대한 따뜻함이 느껴진다. 〈청화스님〉은 자신의 수행에는 철저하셨으나 대신 문도들에게는 자애롭기 그지없이 따뜻한 분이셨다 한다. 이분의 마른 노년 모습이 내 부친과 흡사하여 친숙한 느낌을 가졌었다. (내 부친은 고단한 인생을 인욕忍辱하시며 깨달음을 얻으신 분이시다. 삶도 수행이려니.)

한번 봄으로써 깊은 인상을 줄 수 있는 얼굴은 흔치 않다. 그것도 강렬한 이미지가 아닌 절대 정적靜寂의 깊이를 가진. 그분의 눈에서 그런 깊은 고요를 보았다. 투명하고 아름다운 심연, 우주의 심오함을 담은 눈. 눈만으로 더 이상의 말이 필요 없는. 사진 속 그분의 눈은 맑고 깨끗하고 빛이 난다. 만약 내가 그분을 좀 더 젊은 날 뵈었더라면, 그리고 여전히 마음의 고통에 빠져있었더라면 그분께 가르침을 의탁하고 싶어 했을 거라 믿어졌다. 수행자는 눈 밝은 안내자를 만나는 복이 있어야 헤매지 않는다. 그분은 말로 대덕大德인양 하는 이보다 존재로써 가르침을 주시니 감히 그분처럼 살고 싶어진다.

스님은 자신의 책을 스스로 내는 걸 탐탁지 않아 하셔서 문도들이 『마음의 고향』이란 설법집을 냈다. 이후에도 『가장 행복한 공부』, 『마음, 부처가 사는 나라』, 『말씀, 부처가 보이신 길』 등 스님 입적 후 추모 의도로 여러 권 편간編刊 되었다. 스님은 "선 수행의 길이 가장 행복한 공부"라 하셨다. 나도 종교를 떠나 이분의 이 말씀에 진실로 공감한다. 험난한 세상살이에서 단지 내 마음만 바꾸면 되는 가장 쉬운(?) 행복 탐구 방법이라니! 짧고 단편적이지만 이 마음공부의 시간은 평온함으로 이끌어준다. 과거 열심히 몰두했던 체험은 드물게 잘한 일 중의 하나라 생각하고 있다. 지금도.

난 그분이 모호한 깨달음을 전파하는 사이비 설법자가 아니라 진실로 부처와 마음과 우리 실상의 진리에 정통하셨다고 믿고 있다. 그분 말씀의 핵심은 각 저서의 제목에서 이미 함축되어 잘 드러나 있다고 할 수 있겠다.

감옥에서 만난 자유, 셰익스피어

로라 베이츠

이 글을 쓰는 순간, TV에서 〈셰익스피어〉의 생애를 따라가는 기행을 소개하고 있었다. 영국에선 〈셰익스피어〉를 연기할 수 있는 배우는 그 실력을 인정해준다는 이야기가 떠오른다. 『헨리 5세』만 해도 〈로렌스 올리비에〉, 〈데이빗 그윌림〉, 〈케네스 브래너〉 등이 주연한 세 편의 영화가 있었다.

인디애나 주립대 영문학 교수인 저자는, 10대에 살인죄를 저질러 가석방 없는 종신형을 살고 있는 〈래리 뉴턴〉을 비롯한 중범죄자의 교화를 목적으로 교도소에서 – 방문자의 안전을 위해 수감자를 차폐시킨 상태에서 – 강의를 시작한다. 『맥베스』와 『햄릿』에서의 표현들이 살인자의 범행 당시 현장 상황, 감옥에서 느끼는 심리와 흡사하게 묘사되므로 자신의 과거 행위를 반추反芻하며 통찰을 제공해주게 된다.

특히, [중重경비교도소의 삼엄한 관리구역]([수퍼맥스]라고 불리는)에서 10년 넘게 독방에 갇혀있는 〈래리 뉴턴〉의 해석과 사유는 예상을 뛰어넘는다. 그는 의붓아버지의 학대와 폭력에 시달리는 등 정상적이지 못한 가정환경에서 따뜻한 보살핌을 받지 못한 채 어린 시절부터 교도소를 들락거리다가 결국 살인까지 저질렀다. 감옥 안에서도 절망하여 폭행, 탈옥 시도, 교도관 구타 등으로 문제 인물로 찍혀 특별 관리 대상이었다. 하지만 저자를 만나 〈세익스피어〉를 공부하면서, 점차 삶에의 희망을 가지게 되고, 재소자를 위한 여러 프로그램을 같이 수행하게 된다. 그는 놀랍게도, "아무것도 변하지는 않았어요. 다만, 제가 세상을 보는 방식이 변했을 뿐이죠"라고까지 생각이 성장한다.

〈래리〉는 "내 행위를 생각하느니 차라리 나 자신을 잊는 게 낫겠다(『맥베스』)."거나 "이 육체에 영혼이 깃들었을 때는 왕국은 이 영혼을 담기에는 너무도 작았거늘(『헨리 4세』).", "오, 이런 내가 호두껍질 속에 갇혀 산다 해도 나 자신을 무한한 공간의 왕이라 여길 수도 있네, 내가 악몽을 꾸지 않는다면(『햄릿』)."과 같은 구절에 자신을 이입하게 된다. 〈래리〉의 통찰은 "항상 맨 처음의 악행을 숨기려고 더 심한 악행을 저지른다.", "피로 세워진 토대 중에 튼튼한 토대는 없으며, 타인의 죽음으로 성취된 삶 중에 확실한 삶은 없다(『존 왕』)."로 점차 나아가게 된다.

범죄에 빠지게 만드는 명예와 복수, 회한, 양심을 두고 "진정으로 자기 자신을 지킨다는 말은 진정으로 자기 자신을 생각한다는 뜻이다.", "자신의 이미지를 놓고 괴로워하는 것은 우리의 양심 때문이 아닙니다. 그것은 우리의 자존심이 우리를 괴롭히고 있는 것일 뿐입니다. 우리가 자신의 가치관과 반대되는 행동을 할 때 우리를 괴롭히는 것은 우리의 양심입니다. 거울을 보면서 부끄러워서 움찔거린다면 그것은 양심 때문입니다. 하지만 거울을 보면서 사람들이 자신을 어떻게 생각할까 걱정해서 움찔한다면 그것은 자존심 때문입니다. '양심'과 '자존심' 중 어느 쪽이 자신의 삶에서 우세합니까?"라고 다른 죄수들의 성찰을 이끈다. "〈셰익스피어〉는 제 삶을 구했습니다."라고 자살을 꿈꾸었던 〈래리〉는 이제는 말한다.

이 책 때문에 내가 어린 나이에 얼마나 허술하게 〈셰익스피어〉를 읽었는가 싶어서 [4대 비극]을 다시 보게 되었다. 단지 현란한 수사, 극적인 줄거리 외에는 남은 기억이 없었으니.

영화 『헨리 5세』, 『코리올라누스』는 당연히 대사에 치중하게 되므로 호쾌한 액션을 기대할 영화가 아니었다. 그러나 〈케네스 브래너〉가 연기한 『헨리 5세』의 그 '기막힌 대사'는 정말 현실에서도 병사들을 좌절에서 일으켜 세워 전투를 승리로 이끌 수 있을 것 같았다. 고대 로마의 전설상 인물을 기초로 한 사극 『코리올라누스』는 현대를 배경으로 각색하여 〈랄프 파인즈〉가 감독·주연하고 〈제라드 버틀러〉가 공연했다. 위 두 영화는 연극보다 – 연극을 보진 못했지만 – 몰입도가 낮았으리라는 생각이 들었다.

한편, 환경과 사람에 대해 생각해보니 〈셰익스피어〉 때문이라기보다는 〈래리〉의 감수성이 미리 준비되어있었다는 생각을 해본다. '아무나', 항상 '무엇'을 통해서 각성이 오는 건 아니니까. 〈래리〉에겐 잠재적인 재능을 발휘할 기회가 주어지지 않았을 뿐. 심한 폭력을 행사한 양아버지만 만나지 않았더라면. 누구나 자기가 겪어보고 자기만 아는 세상의 틀에 맞춰진 입장에서는 자기의 변화 가능성을 모른다.

나는 타고난 불운 타령만 하는 사람을 몇 알고 있다. 조금이라도 방향을 틀면 자기 인생이 달라지는데 억지로 그러기를 거부하는 것처럼 보인다. 그러면서 평생 남의 탓, 환경 탓으로 주위에 폭력과 폐를 끼치며 몸 망가뜨리고 자학하며 산다. 자기의 무능과 의지박약을 감추려는 비겁한 술수다. 핑곗거리가 사라지는 것이 두려운 것이다. 자기 인생의 방향 결정은 냉정하지만 자기 몫일 수밖에 없는데도.

〈래리〉의 생각처럼 정말 자식을 잃은 듯한 통한, 우발적으로 살인을 저지르고 넋이 나간 정황, '죽느냐 사느냐' 혼란에 빠지는 정확한 느낌을 '어찌 그렇게 절절히' 묘사하는가. 그 때문에 〈셰익스피어〉의 생가와 가정에 관련된 유적을 기념하고 있는데도 〈셰익스피어〉가 실존 인물인가, 작품들이 정말 그 한 사람만의 창작인가를 두고 아직도 논란이 일만큼 그는 400년 뒤까지 영향을 미치는 대단한 인물이다.

고독한 산책자의 몽상

장 자크 루소

〈루소〉는 교육학자, 계몽주의 사상가, 직접민주주의자라고 소개되고 있다. 오히려 계몽주의의 경직된 이면을 비판했음에도. 실제 당시 상황을 비춰볼 때, 요즘 시대로 이야기하자면 아마 '급진적 혁신 제창자'나, '진보 좌파'라고 알려졌을 듯하다. 어쩌면 비뚤어진 천재라고 할 수도 있겠다. 그는 당시 베스트셀러였던 『신엘로이즈』를 쓴 작가이기도 했다.

〈루소〉의 글은 '정말 제대로 복잡한 심사를 보여주는구나' 하는 생각이 들었고, 독선이 가득했지만 표현 스타일은 마음에 와닿았다. 자기를 출산한 직후 어머니가 죽어 〈루소〉의 아버지는 아들에게 은연중 '너로 인해 어머니가 죽었다'는 탓을 했고, 본인도 그렇게 자책하며 심리적 상처가 있었던 것 같다. 일부 책에는, 『에밀』 등 혼신을 다한 역작들이 권력자의 주도하에 배척당하며, 그로 인해 자신도 사회에서 기피 인물이 된 경험과 죄책감, 혼란한 생각이 녹아있다.

소셜 네트워크가 발달한 요즘 세상에서는, 사람 바보 만들기는 아주 쉽다. 당시의 한정된 사회 범위 내에서도 크게 다르지 않았나 보다. 그의 행적 일부가 오해를 살 소지가 있긴 하나, 불명예의 나락으로 떨어진 뒤 그는 오래도록 항변과 변명을, 특히 『고백록』과 『고독한 산책자의 몽상』에 적나라하게 드러냈다. 어느 시대에서나 「사회계약론」과 『에밀』, 「인간불평등기원론」 같은 '반 기득권적인 사회 변혁'(및 '반종교적')을 주창하는 사상은 적을 만들고 반격의 빌미만 주어지면 매장당하고 매도되기 쉽다. 더욱이 당시에는 상당히 위험한 주장이었을 것이다. 그의 사후에야 명예가 회복되었다고 한다.

『고독한 산책자의 몽상』은 그의 말년까지 끌어왔던 생각으로 열 개의 명상으로 구성되어 있다. (완결하지 못하고 사망.) 인간의 자유와 평등, 교육에 대한 진보적인 생각은 많은 지지와 비난을 동시에 받기도 하였다. 초기 논문 「학문과 예술론」에서 인간의 문명과 제도 때문에 학문과 예술이 인간 도덕의 발전에 기여하기보다는 타락에 빠져들었다는 날카로운 논지로 주목을 받으며 사상계에 등단했다.

그는 전형적인 선동가이며 반골 기질처럼 느껴진다. 그의 사상이 프랑스 혁명과 〈로베스 피에르〉에게 영향을 미쳤다고 한다. '〈루소〉 이전과 그 이후로 사상의 전환점이 갈라진다.'라고 보통 평한다. 절대 봉건주의 시대가 마감되고 비로소 근대 사회로 전환되는 기점이라고. 한때 이슈가 되었던 『21세기 자본』을 쓴 〈토마 피케

티〉는 서장序章에, 1789년 프랑스 혁명 당시 「인간과 시민의 권리에 관한 선언」 중 루소의 사상에 근거한 "사회적 차별은 오직 공익에 바탕을 둘 때만 가능하다."는 문구를 소개하고 있다.

조금 역설적이긴 하나, 〈루소〉는 모든 주권은 인민으로부터 기인한다며, '인간은 자유로운 존재이고 이 자유 의지에 의해 합의(계약)된 것이 국가 권력이다. 오직 공통의 목적을 위해 사유 의지가 제한되어 이익과 자유가 철저히 보장되는 주권을 행사하는 것이다.'고 말했다. 즉, 사익을 억제하여 공공의 이익을 추구하되 그로 인해 일반의 자유와 평등이 보장된다는 주장이다.

그는 상반된 평가를 받은 부조리한 사람이기도 하다. 폭넓은 혁신적 사상가이면서, 개인적으로는 자식들(사실혼 관계처럼 유지했던 호텔 세탁부 여인과의 사이에서 낳은)을 고아원에 보내버렸다. 어쩔 수 없는 사연(경제적 어려움)이 있었다고 변명해주는 의견도 있으나, 자식의 양육을 고아원에 맡긴 건 피하기 어려운 비난 받을 사유가 되었다. 비록 당시엔 그런 일이 흔했다고는 하지만. 그는 자식들의 교육과 미래를 위해 그런 결정을 내렸다고 말하고 있다. 집요하게 그를 공격하는 사람들은 그의 개인적 취약점을 최대한 왜곡하였던 모양이다. 그것 때문에 '자연으로 돌아가라'는 억압과 타락에 대해 대립된 개념일 이 주장마저, 속내는 음탕함에 뿌리를 두었다는 - 아마도 공격당하던 당시의 악의적인 의도겠지만 - 비난도 있다.

그의 자유에 대한 개념은 후대에 지대한 영향을 미쳤다. 〈칸트〉는 〈루소〉를 존경하여, 그로 인해 올바르게 인도받을 수 있었다고 말하였다. 〈루소〉가 말하는 자유는 속박에서의 해방이 아니라 '스스로 규정하고 부과한 법칙을 지키는 것(자율)'이라는 의미이다.

사람을 보고 그 사람의 사상을 판단할 것인가, 아니면 사상만 보고 그 사람은 잊을 것인가 모호하게 만드는 그는 뭔가 복잡한 사람이기도 한데, 그의 글에는 방대한 논리의 전개에도 외면하기 어려운 사태의 핵심을 관통하는 성찰, 치열함과 선동성(?)이 있다. 그래서 그를 여러 논란 속에서도 위대한 사상가라 하는 모양이다.

고립의 시대

노리나 허츠

가끔 수많은 사람의 물결 속에서 굉장한 외로움을 느낀다. 이 장소와 이 순간, 나는 망망대해의 무인도처럼 고립된 처지이거나 낯선 이방인들의 세상에 홀로 떨어진 것 같다. 그때의 서늘함에 무척이나 난감해진다. 누군가가 의식을 가진 채 죽음 앞에 설 때 이런 기분이 될까? 실제로는 누가 됐든 완벽하게 고독한 존재가 아닐 수는 없다. 삶의 큰 고통 중 하나는 생존해야 한다는 압박감으로부터 비롯되는 두려움이다. 두려움은 필연적으로 외로움을 수반한다. 인간이라는 존재 자체의 숙명이 그렇다. 한 개인이 인생을 꾸려가야 하는 운명은 철저히 주체적이기 때문이다.

주류主流에서 이탈될까 봐 두려워하는, 한국 사회 대중의 대표적 이미지는 '군중심리에 뇌동하는 광란의 물결'이다. 그 흐름에서 벗어나면 생존에서, 안정과 물질의 획득에서 도태된다는 두려움 때문에 개인은 이미 사라지고 없다. 심지어 경제적인 여건마저 눈이 멀어서 가만히 앉아 있으면 나락에 떨어질 거라는 공포는 섬뜩하기만 하다. 코로나19는 '고립'의 실체를 확연히 보여준 사회현상이었다. 3년여의 코로나바이러스로 인한 격리 상황에서, 사회적 관계를 통해 삶을 꾸려가야 할 인간들이 서로를 만나는 것이 위험해졌다. 내가 공간을 빌려 쓰고 있는 대학에서도 처음에는 매우 당혹스러웠던 학생과 강의자 간의 비대면 수업이 완화된 지금이 오히려 낯설어졌다고들 말한다. 영국의 경제학자인 〈노리나 허츠〉는 코로나19 이전에도 이미 '고립은 개인과 사회를 뒤흔들고 있었다'고 판단한다.

일찍이 1959년에 〈프리츠 파펜하임〉은 『현대인의 소외』를 저술하고 '소외'라는 개념을 이론적으로 정립했다고 평가받는다. 현재의 관점에서 그때는 근대라고 해야 할 것이다. 그럼에도 지금의 소외 현상을 설명하기에 부족함이 없다. 공동체가 쇠퇴하고 산업 발전으로 자본 체계가 확고해지면서 인간은 소외를 더욱 절실히 느끼게 되었으니 산업혁명 이후, 2차 세계대전도 끝나서 다시 산업 발전이 궤도에 오른 시기쯤 이런 사회현상을 진단한 셈이며, 현재 세상은 그런 현상의 극에 달한 시점임은 분명하다.

〈프리츠 파펜하임〉의 '소외'와 〈노리나 허츠〉의 '고립', '외로움'의 의미는 다르다고 볼 수 있지만 현대에 나타나는 인간 사회에서의 문제의 결말은 서로 겹쳐진다. '소외'는 어느 부분에서 주체가 되어야 할 대상이 정작 의미 없이 배제되는 뜻을 포함한다. 〈프리츠 파펜하임〉은 자신의 욕구 때문에 인간적 가치를 스스로 버리는 인간 소외나, 기술과 소외(생명적이고 유기적인 것을 버리고 기계적이고 조직적인 경향으로만 가는 세태), 정치와 소외(주체인 유권자는 정작 외면당하는 민주주의라는 대의제도의 이면), 사회구조와 소외(인간이 고유의 가치가 아닌 교환가치로서만 취급받는 사회구조) 등이 정치, 경제, 문화의 부분적 현상이 아니라 상호 연관된 현상이라고 하였다. 이를 지금과 다르다고 할 수 있을까. 〈노리나 허츠〉의 현재 사회분석이 이를 그대로 드러내 준다.

〈노리나 허츠〉는 '외로움'을 친밀해야 할 관계에서 단절된 느낌뿐 아니라 경제적 및 정치적으로 배제된 느낌이라고 표현한다. 즉, 내면적 상태인 동시에 실존적 상태로 정의한다. 다수 인간이 심리적으로 위태로운 상황뿐 아니라 생존 환경에서도 외면당하고 있다는 말이다. 이러한 현상의 원인은 언택트$untact$ 접촉이 가능해진 것(스마트기기, 온라인 소통, 소셜미디어 등), 구조적이고 제도적인 것(인종차별, 대도시 집중화, 알고리즘의 성행 등), 신자유주의가 가져온 잔인한 변화(부의 불평등, 약자를 위한 사회적 안전망이 잠식된 것 등) 라고 말하며 사회적 동물인 인간에게 외로움은 건강에 치명적이며 죽음에 이르게 하는 병이라고 한다.

외로운 정신은 사회를 위태롭게 한다. 포퓰리즘으로 개인의 외로움의 틈을 파고들어 사회의 결속을 해치는 정치·종교리더들과 전체주의적 성향으로 변해가는 여러 국가들을 봐도 정확히 그러하다. '인간성'이 배제된 현대의 온갖 것들이 세상을 지배하고 움직이는 모습을 〈노리나 허츠〉는 잘 보여주고 있다.

한 인간이 인간다운 대우를 받지도 못하게 된 세상에서, 〈아비샤이 마갈릿〉이 말하는 '인간이 인간을 인간답게 대한다'는 이상처럼 사회 공동체에서 누군가가 함부로 배제되지 않도록 하는 것이 그 답이 될 것이다. 커다란 도전과 모순의 시대에 〈노리나 허츠〉는 '우리가 바꿀 수 있는 다른 미래'를 만들어 가자고 주장한다. 역시나 이상적인 결론이 될 것 같긴 하지만, 그렇다고 포기할 수는 없으니까. 그러기 위해서는 구조적인 해결책이 필요하다. 서로의 관계 개선을 위한 문화적 변화, 공동체를 배제하지 않는 자본주의, 포용적이고 관용적인 사회를 위한 민주주의 등이 그것 들이다.

'고립'이란 의미가 정말 실감 난다. 인간은 본태적으로 이기적이고 개인적일 수밖에 없다. 자본주의의 극단을 향해가는 세상을 지켜보는 요즘, 개인의 고립감은 더욱 심해진 것 같다. 같이 움직이는 것 같으나 전혀 다른 생각으로 군집 행동만을 하는 중에 각 개인은 철저히 고립되어 있다. 턱도 없는 나의 자존, 실존을 고집하다가는 홀로 버려지기 십상이고 온전히 살아남기가 정말 난감해진 세상이다.

고흐의 인간적 얼굴

프랑수아 베르나르 미셸

〈고흐〉처럼 작품을 대면하는 순간, 잊을 수 없도록 곧바로 가슴에 훅 쳐들어오는 자극으로 격동시키는 화가도 드물다. 누가 보더라도 그걸 느낀다. 그러므로 우리 모두가 그를 사랑한다. 그의 비정상적인 정신상태에 관한 이야기는 많이 들어서 대부분 알고들 있다. 〈칼 야스퍼스〉는 '그의 그림에서 정신 분열 증세를 감지한다.'고 했다.

실제로 그가 미쳤는가? 하는 의문은 〈고흐〉 본인까지 정말 미치도록 알고 싶었던 화두였다. 이 책의 저자는, 세상의 진단대로 그가 미쳤는가를 여러 증언, 죽음에 이르기까지의 정황을 따라가며 과연 진실이었나 밝히고자 한다. 최근에는 그의 필치 그대로 그린 유화를 바탕으로 한 애니메이션 영화 『러빙 빈센트』가 그의 격정적인 일생을 다시 이야기하고 있다.

나는 그에 대한 어떤 정보와 상관없이 그의 그림에서 진한 연민을 느낀다. 따로 돌아가는 저 먼 세상의 외곽에서 겉도는 외톨이가 된 자의 슬픔을 본다. 그의 자화상에서는, 그의 시선이 사물을 건너뛰어 다른 생각에 몰두하는 것만 같다.

내가 미쳤을까? 라고 계속 자문하는 이가 과연 미친 것일까? 그는 〈세익스피어〉의 『리어왕』을 읽고 감정을 가라앉히기 위해 애를 써야 했다. 〈리어왕〉도 광기에 대한 두려움으로 "내가 미치지 않았기를… 나는 미치고 싶지 않아!"라고 울부짖었다. 그의 동생 〈테오〉가 보는 형은 이랬다. "형 안에는 두 개의 존재가 있다. 놀라운 재능을 타고난 섬세하고 부드러운 존재와, 이기적이고 잔인한 존재가 병존하고 있다. 자신이 스스로의 적이다. 왜냐하면 다른 사람들의 삶에 해를 끼칠 뿐 아니라 스스로의 삶도 그렇게 만들기 때문이다."

발작 증세를 보이긴 했어도 그는 실제로 남에게 직접적인 해를 가한 적은 없었다. 결국 〈고흐〉 스스로 [생폴요양소]에 입소한다. 거기에서 그는 진짜 광기와 미치광이들의 실상을 대면하고 자신의 광기에 대한 두려움이 가라앉았다고 한다. 오히려 세상에서 두려운 존재로 기피당했던 것과는 달리 정신병자들 간에는 공동체적 유대가 있었다. 이 시기에 그린 「생폴요양원 뒤뜰의 밀밭」은 꿈꾸듯 일렁이는 아름다운 풍경이다. 이런 현기증이 광기란 말인가?

의사들은 그의 집안 내력인 간질 – 시각 및 청각의 환각을 동반한 급성 증세 – 이라 판단하고 저자도 이에 수긍한다. 뒤에 동생 〈테오〉도 정신병원에서 죽었고, 다른 동생은 자살했다. 극심한 경련을 일으키는 '큰 간질'에 비해서, 경련은 없되 의식을 잃고 환각에 빠져 생각과 행동을 제어하기 어려운 '잠복성(작은) 간질'에 정확히 해당한다는 것. 그러나, 당시 사람들이 즐겨 마셨던 [압생트]라는 술(몇 가지 식물을 섞어 만든 쓴맛의 독한 술)에 중독된 그가 신경성 독성 때문에 간질을 일으켰다는 주장이 있었다. 부분적 색맹 현상과 색채 왜곡과도 관련이 있다고 한다. 그의 여러 증세와 행동은 압생트라는 술의 영향을 여실히 보여준다. 압생트는 강한 향기가 있다는데 방향족 성분은 현대에서 밝혀진 바와 같이 발암, 환각을 일으킨다. 솔벤트 증기, 석유가스 흡입도 비슷하다. 알코올 중독, 신경병 증세, 극도로 예민한 그의 감각 등은 필연적으로 우울증에 직결되었다. 신경증 병세는 자신에 대한 공격성을 보이기도 하는데 자기 귀를 자르거나, 결국 총으로 자기 배를 쏘아 죽음에 이르게 되었던 원인이라는 판단이다.

저자는 〈고흐〉의 치료에 관여한 의사들의 무책임함을 비난한다. 전문성으로 그를 보살피고 배려했어야 함을 말이다. 의사들에게 신뢰를 가졌다가 아무런 대책이나 조치가 없었기에 배신감으로 힘들어했던 〈고흐〉 자신도 마찬가지였다. 그의 죽음에 대해 동생은 이렇게 말한다. "형의 소원이 이루어진 셈이다. 지상에서 찾을 수 없었던 휴식을 찾았으니까." 저자의 생각처럼 '19세기의 사회가 그를 감당하지 못했기에 벌어진 자살'이다.

〈고흐〉는 자기의 감수성이 지나치게 예민하다고 표현한다. "자연에서 느껴지는 감동은 정신을 잃을 정도로 고양되어 거의 일을 할 수 없을 상태가 된다." 자신의 작품을 보고 "이 사람은 강렬하게 느낄 줄 아는 사람, 아주 민감한 감수성을 타고난 사람"이라고 말해주기를 원했다고 한다. 자신이 그린 실편백 나무 그림을 놓고도 그는 이렇게 말했다. "지금껏 내가 바라본 방식으로 그 나무를 본 사람이 없었다는 사실은 놀라운 일이다."

우리 역시 작품 외에 당사자 인간에 대해 왈가왈부할 필요는 없다. 〈고흐〉가 확실히 답해준다. "우리가 조금씩 미쳐있다면 우리는 붓을 통해서 광기의 불안정성에 맞설만한 예술가라는 뜻이 아닐까?"

공자孔子 평전

천웨이핑

어느 시기 이후, 우리 인류를 사로잡아온 역사를 관통하는 [사상]이란 사실 새로울 것이 드물다는 생각이 든다. 수천 년 전의 『주역』, 『천부경天符經』, 〈석가모니〉나 중국 춘추전국시대처럼 비로소 인간 삶의 철학이 시작되던 난세의 사상을 지금과 비견해 보면 현대에 이르도록 과연 그 이상으로 확실하게 사유의 심화된 발전이 이루어져 온 걸까? 나는 지금의 어떤 철학도 결코 고대의 그 심오함을 아직 넘어서지 못하고 있다고 생각한다. 오히려 후퇴하고 있는 것만 같다.

우리 인간의 삶의 경로와 생태상 피할 수는 없었을 사유(간절한 바람)의 한계는 시간 속에서 반복되고 있는 듯하다. 다만 이해와 표현방식의 차이 또는 거듭된 삶 속에서 재확인되거나 점진적으로 발전되어가는 과학기술로써 극히 일부분이나 입증하게 되었을 뿐. 명쾌한 사상을 과도하게 원리에 치우쳐 왜곡을 만들어내는 건 우리 민족 DNA에 숨겨진 특기일지 모른다. 사상으로 논쟁을 업 삼았던 과거 역사의 부작용이 지금까지 반복하며 이어지는 사실이 그렇다. 사상이 문제가 아니라 자의적으로 해석하여 원래의 의미를 비트는 일이 항상 문제다. 생각으로 뭔들 못하겠는가, 다만 공통의 선이 되지 못할 사욕의 합리화만이 사상의 어두움을 만들어 낸다. 비록 오랜 세월 경직된 해석의 영향 때문에 지나치게 우리 정신·언행을 통제하고 있었더라도, 그러기에 더욱 〈공孔·맹孟〉이라 통칭하는 [유가儒家]의 사상을 모르는 체하고 넘어갈 순 없다.

홍콩 배우 〈주윤발〉이 주연한 영화 『공자, 춘추전국시대』에는 궁핍한 가운데 〈공자〉가 배고픔을 잊기 위해 제자들과 춤을 추는 장면이 나온다. 제후가 발탁해주어 자기 이상을 구현해보고자 바랐지만, 고위직에 발탁되어 안정된 녹봉을 받은 시기가 길지 못했으므로 〈공자〉는 어려운 여건하에서 유세를 다녔다. 실직과 가난에 대해서는 그 회색의 배경 화면과 더불어 여러 생각이 떠오르고 저릿한 아픔이 내게도 느껴진다. 밑바닥의 가난은 그걸 모르는 세상의 잘잘못을 확연히 체득하게 해준다.

끝없는 전쟁에 지치고 피폐해진 민중의 삶에서 당장의 생존 외에 달리 무슨 생각이 들겠는가. 전쟁이 아니어도 꼭 전쟁터에 홀로 버려진 것 같은 현대인의 삶들을 보라. 서로 못 믿고 돈이 제일의 가치에 올라선 지금도 마찬가지다. '생존에 허덕임'은 동물과 차별된 인간임을 자각하지 못하게 한다. 혼란한 세상이기에 더욱 인간이라면 지켜야 할 기본적인 규범, 자존의 가치를 계도하기 위해선 할 수 없이 경도화 되는 걸 무릅쓰고라도 기준 가치를 세우고 '제발 정신 차려 살자'고 호소하는 외에 달리 뭘 하겠는가.

〈공자〉는 세상이 이렇게 흐트러지면 안 된다며 공동체 존속을 위해 구성원들이 각자 지켜야 할 가치 척도를 정립하려 했다는 게 (얕팍하지만) 나의 견해다. 평등이나 정의는 아닐 수 있지만 사회 구성원 각자가 제 몫을 올바로 해준다면 그나마 숨 붙이고 살 수 있을 것이다. 어려운 환경을 겪어 본 〈공자〉였기에 그의 말 한마디가 많은 것을 절절히 대변한다. 그걸 모르면 공염불이 되어 무도한 예법에 휘말리고 경직된다. 그런 폐단을 옛 우리의 왕조시대에 겪었다. 사회의 근간인 백성과 함께 공생하자는 게 〈공자〉의 이상이다.

〈공자〉의 후대 제자들이 〈공자〉의 언행을 모아서 논의하고 펴낸 책이 『논어論語』다. 『논어』의 핵심사상은 인仁이다. 〈공자〉의 학문을 위기지학爲己之學이라 하니 이는 자기완성을 위한 공부다. 자기완성의 목표는 결국 어진 사람이 되는 것이다. 인은 어질다는 뜻만이 아니다. (특히 정치 지도자가) 사람을 사랑함으로써 드러나게 될 지극한 덕성德性(仁)을 갖춘 자라면 나라와 백성에게 이상적일 것이다. (정말 이상적이다!)

〈공자〉와 〈노자老子〉가 만났다는 설(〈사마천〉)이 있다. 실제 시차로는 상당한 나이 차가 나서 정말 만났는지

의구심이 든다는 의견도 있지만, 최근의 연구에 따르면 전혀 불가능한 것도 아닐 거라는 주장도 있다. 전해지는 그들의 대화에서는 확연한 관점의 차이가 드러난다.

〈공자〉가 우리 민족의 원류인 [동이족東夷族]이란 주장이 있다. [동이족]의 상商(은殷)나라가 말년에 폭정 끝에 망하고 주周나라가 성장하고 있으므로 〈공자〉가 자기 사상의 기준을 주나라에 맞추면서 역사적인 관점을 왜곡되게 하였다는 설과, 제자들도 스승의 역사관을 담은 『춘추春秋』를 비중 있게 보지는 않았다는 설이 있다. 차후의 새 왕조가 명분을 만들고자 상商나라가 역사에서 비판받았을 것은 수긍이 가긴 하나 구태여 〈공자〉마저 역사적 사실을 훼손했을까? 하는 의문이 생긴다. 더구나 자기 동족이라는 [동이족]의 국사國史를.

상商 말기에는 통치력이 쇠해 국정이 무척 어지러웠을 것이다. 그렇다면 백성들이 체계 잡힌 국가에서 보호받아야 한다는 이상을 실천하기 위한 방편으로 망해버린 왕조를 편들기보다 강력한 신흥 국가 주周에 기대려 했을 거란 생각이 든다. 그렇다면 역사를 정직하게 평가하지 않은 것이 기회주의적 처신이라는 비난을 받을 만하다. 그가 이상을 펴보고자 평생을 유세하고 다닌 것에서 그런 짐작을 해본다. 〈공자〉의 말을 곱씹으면 가슴에 날카로운 비수처럼 다가오는 격정을 느낄 때가 있다. 가난과 무력함에 지쳐 강직한 말씀으로 자신을 절제하고, 넘치면 아픔의 무형 강기로 뱉어내시던 내 선친이 떠오른다. 〈공자〉의 시대나 지금 시대나 나아간 게 없다. 인간의 삶이 원래 그런 건가. 〈공자〉의 말은 지금도 뼈저리게 유효하다. 아마 미래에도 그럴 것이다. 사람을 사랑하는 마음으로 각자 직분을 다한다면 혼란은 줄어들 것이다. 삶의 현명한 처세에 비중을 둔 『주역』을 어느 정도 숙독하면 그가 주석註釋하였다는 의견에 수긍하게 된다.

[공·맹]을 필두로 한 유가儒家사상이 제왕의 통치이념이라고 할 수 있어 후대 왕조들의 정치에 활용되었다. 나의 추측으로는, 〈공자〉의 '임금은 임금답게, 신하는 신하답게, 부모는 부모답게, 자식은 자식답게(君君臣臣父父子子) 각자가 본분을 지켜야 한다'는 것을 '신하와 백성이 도리를 지켜야 한다'는 부분에 솔깃했을 것 같다. 〈공자〉는 〈진시황〉과 중국 [문화혁명] 시기 주도자들에 의해 잠시 배척당한 것을 제외하고, 현재도 중국을 위한 문화상품으로 변신하고 있다.

저자는 중국 상하이 화동사범대학 철학과 교수다. 예일대 역사학 교수인 〈안핑 친〉이 쓴 좀 더 인간적인 면에 관점을 둔 『공자평전』도 있었다.

국가는 왜 실패하는가

대런 애쓰모글루 外

시시각각으로 동시에 정보를 공유하는 전파가 천라지망天羅地網처럼 온 세상을 뒤덮고 있는 현대에는 한 나라만 두고 정치·사회적인 틀을 고수하기가 어려워졌다. 그래서 먼 곳의 작은 파장이 반대편의 우리에게 폭풍우로 다가오는 [나비 효과]가 가능해졌다. 그럼에도 불구하고 아직도 심하게 낙후된 세상과 좀 더 윤택한 삶을 누리는 세상이 공존하고 있다. 이런 차이는 언제부터 발생하였으며 그 원인은 무엇일까. 1세기 전만 해도 단절된 석기시대 삶을 이어가는 밀림 속 준 원시종족도 있었으니.

부제副題 「무기, 병균, 금속은 인류의 운명을 어떻게 바꿨는가」와 같이 함축되게 표현할 수 있는, 문화인류학자 〈제레드 다이아몬드〉의 『총·균·쇠』를 접해본 사람이라면 그 방대한 자료를 집대성한 전문적 논문 형식의 내용을 읽고 넘어가기가 수월하지 않다는 걸 알 것이다. 이런 논문성 서적을 유식한 척 보기도 민망하고 지루함을 좋아하진 않지만 이야기를 꺼내 본다. 매우 어설프고 깊이 없는 내가 단정적으로 아는 체를 한다고 하면, 『총·균·쇠』는 우연한 환경적 측면(요즘의 '환경 운동'의 그런 뜻이 아니라 삶의 여건적 상황 전개)에 무게를 두고 현재 국가·대륙 간의 불평등이 왜 이루어졌을까를 탐구한다. 〈제레드 다이아몬드〉는 그것이 바로 '총·균·쇠' 때문이라고 한다. 무기의 우위, 병균에 대한 내성(이런 점에선 인간이 바로 무기다.), 금속 도구의 발달이 결정적 영향을 끼쳤음을 입증하기 위해 지리학, 고고학, 언어학 등의 거의 모든 연구 성과물을 총망라해서 분석했다.

〈다이아몬드〉가 판단한 국가(경제)간 발전의 차이는 우수하고 열등한 종족의 차이가 아니라 우연히 처한 기후·지리적 입지 등의 '환경 차이'라는 논지다. 작물 종류가 다양했던 농경 입지에서는 농산물의 잉여 수확과 유용한 동물의 가축화가 가능한 지역이라는 특성 때문에 정주定住 인구가 늘어나면서 다른 곳과 문명의 차이가 시작되었다. 또 역설적으로 인간과 가축의 공존으로 인한 질병의 증가가 병균에 대한 내성도 키웠다. 문명의 전파·이동 경로도 중요한 요소이다. 남북보다는 비슷한 위도 - 기후 편차가 적은 - 의 동서 경로로 문명 발달이 전이되었다.

경제학 교수, 정치학 교수인 〈대런 애쓰모글루, 제임스 로빈슨〉의 공저 『국가는 왜 실패하는가』는 국가 경제의 발전에 결정적 영향을 미치는 정치·사회적인 체계가 어떻게 전개되어왔는가의 관점에서 논지를 전개하고 있다. 본 저서는 『총·균·쇠』에 비해 일부는 다른 견해이지만 두 저서 나름대로 세계의 문명·사회 변천을 이해하는 데에는 서로 보완적이다. 세계의 불평등에 관한 여러 가설은 어떤 패턴을 가지고 있음을 주장하고 있다. 즉, 빈곤과 번영이 지리적으로 편중되어 있다는 [위치 가설](〈제레드 다이아몬드〉), 번영이 문화와 관련 있다는 가설, 그 나라가 가난을 이겨내고 부유해지는 방법을 모른다는 [무지 가설] 등인데 이 책의 저자들은 이에 대해 합리적인 설명이 부족하다는 의견을 제기하며 사례를 들어가며 반박한다.

실패하는 나라는 분명 그럴만한 이유가 있다. 여기에서 실패란 망하거나 사라졌다는 뜻만을 함의하지 않는다. 그런 사회는 비효율적이고 사회적으로 바람직하지 못한 방식으로 짜여 있으며 권력을 가진 자들이 빈곤을 조장하는 - 그들의 실수나 무지 때문이 아니라 의도적인 - 선택을 하기 때문이라고 한다. (역사적으로 중세의 페스트가 어떤 전기를 마련해주었다는 사실은 흥미롭다. 노동력의 상실로 인한 수요 공급의 불균형으로 인해 영주에 대한 농노 계층의 권리가 상승하는 계기를 마련해준 점이다.)

경제는 개인에게 보장되는 인센티브가 있어야 한다. 이게 인간 본성이다. 그것이 가능하게 하는 정치(국가)와 그렇지 못한 국가 사이에는 발전에 현격한 차이가 발생한다. [포용적 경제(정치)제도]와 [착취적 경제(정치)

제도]라고 표현하고 있다. 모든 경제제도는 사회가 만들고, 경제와 정치제도는 서로 강력한 시너지를 일으키는 관계다. 사회가 다원화(권한이 집중되지 않아야 한다.)되어야 하고, 민주적이어야 하며, 정권의 정통성이 있어야 함을 성공 요인으로 든다. 남한과 북한도 그런 비교 사례로 들고 있다.

문제가 되는 것은 권력(정치 및 경제)의 사유화, 이를 견제하지 못하는 국민과 국가시스템이다. 나라가 잘되려면 좋은 정치지도자의 헌신과 이들을 견제할 감시시스템, 국민들의 의식이 서로 조화로워야 한다. 이를 기반으로 하는 경제활동의 욕구가 삶을 풍요롭게 하며 더 중요한 것은 이런 포용적 정치제도 하에서 '창조적 파괴'가 일어나야 한다고 한다. 인센티브가 이를 가능하게 한다. 그래야만 국가는 실패하지 않고 지속적으로 발전한다. 정체되고 고착화되는 것은 위험에 빠지기 쉽다.

식민치하에서 독립한 나라들 중, 그 전의 착취를 벗어났음에도 민주적으로 발전하지 못한 나라는 오히려 상황이 더 악화되었다. 자생력이 없으면서도 기존의 수탈 체제를 답습해 소수가 착취하는 제도를 여전히 유지하고 있다. 즉, 식민 시기나 독립 후의 상황이 달라진 게 없다. 드문 성공 사례로서 아프리카의 보츠와나를 들고 있다. 나라를 구성하는 여러 부족 중에서, 세 명의 부족장은 독립을 위해 노력하면서도 영국의 간접통치를 자청하여 나라를 혼란에서 지켜냈다. 전통의 정치제도 하에서도 아프리카 대륙에서 거의 유일한 안정을 이루어낸 나라다. 그러니 (비록 자국을 지배하였던 영국에 의지하였지만) 보츠와나 부족장들의 결정이 매우 잘한 일이 된 것.

세상은 너무나 상호 유기적으로 급변한다. 한 나라가 자기만 안정된 체제를 유지한다고 해서 자국의 경제도 외세의 영향 없이 과연 안정을 유지할 수 있는가. 과잉의 돈이 전 세계를 휩쓸고 돌아다니는 상황에서 과거의 이론들만으로 미래의 세상이 설명될지 모르겠다. 우리나라는 그나마 저력을 갖춘 국민들의 역동성과 비교적 나쁘지 않은 시스템으로 현재의 발전을 이루어냈지만, 인구는 줄어들고 소유와 사상의 계층 차별이 극심해지는 현상에서 앞으로도 과연 발전할 수 있을까?

여기 거론한 두 저서를 생업에 바쁜 보통 사람들에게 권하긴 어렵다. 너무 방대하여 앞 장의 내용을 기억해내기도 힘들었다. 관심을 가진 입장이라면 차분히 읽어가면 지적 유희의 즐거움은 있다. 내게 추천한 사람을 포함해서 많은 비전문가들이 읽었다고 하는데 정말 대단하다. 나를 자격지심에 빠뜨리는 탁월한 사람이 세상에는 왜 그렇게나 많은지.

그리스인 조르바

니코스 카잔차키스

발음하기가 쉽지 않은 이 위대한 작가의 유명한 묘비명이 내 마음을 얼마나 휘저어 놓는지. "나는 아무것도 원치 않는다. 나는 어떤 것도 두려워하지 않는다. 나는 자유다." 삶을 치열하게 살아낸 사람이 죽음을 앞둔다면 그것 외에 어떤 말도 필요가 없을 것 같다.

작가는 자기 영혼에 깊은 골을 남긴 사람들로 〈호메로스〉, 〈단테〉, 〈베르그송〉, 〈니체〉, 〈조르바〉를 우선 꼽았는데 그의 소설 『그리스인 조르바』의 주인공인 〈조르바〉는 실존 인물이라고 한다. 이 소설에서 〈조르바〉에 대한 첫인상을, '냉소적이면서도 불길같이 섬뜩한 강렬한 시선'이라 밝혔는데 촌철살인의 거칠고 투박하지만 핵심을 꿰뚫는 말, 본능에 끌려 가식 없이 몰두하는 모습이 작가가 빠져든 매력일지 모른다.

『그리스인 조르바』는, 작가의 고향 크레타가 오랫동안 튀르키예(터키)의 지배를 받고 본토와 달리 뒤늦게 그리스에로 회복된 정치적 환경에서 느꼈던 자유에의 갈망, 부당한 처우에 대한 반항적 기질이, 자신이 겪은 일들과 섞여 반⇞픽션적 내용을 이루고 있다. 기존 세계의 질서와 종교에 굴하지 않고 이토록 단호하게 생각과 소신을 밝히는 작가도 드물 것 같다. 내면으로 항상 치열하게 고뇌하는 〈카잔차키스〉로서는, 거침없이 말하고 행동하는 〈조르바〉에게 매료되었을 것이라는 생각이 든다. 소설에서 주인공인 '나'는 매력적이고 자유로운 영혼의 〈조르바〉를 만나 그가 겪은 것에 대한 많은 이야기를 듣기도 하고, 여러 일을 함께 겪는다.

〈조르바〉는 영화에서 그를 탁월하게 연기한 〈안소니 퀸〉의 이미지가 너무나 확연하게 떠올라 계속 그 배우의 모습을 겹쳐서 생각하게 된다. 멕시코 출생의 세련되지 않고 투박하게 생긴 모습이, 묘사된 인물과 꼭 그대로 맞춤이다. 진한 매력을 가지고 낙천적으로 살아가는 〈조르바〉는 '모든 사물을 매일 처음 보듯이 대하므로 태초의 신선한 활기를 되찾는 순수한 인간'이다. 미래를 퇴색하게 하는 과거를 돌아보지 않고 지금 이 순간을 계산하지 않으며 살아가는 그가 가진 자유와 열정은 가장 원시적인 인간다움의 한 모습이 아닐까. 이 소설 중 수도자가 수도원에 불을 지르는 등의 내용으로 인해서 그리스정교회에서 비난을 받았다고 한다.

작가가 '영혼의 골'을 언급한 인물들은 현실에 안주하지 않고 투쟁하며 더 나아가기를 바랐던 사람들이다. 〈니체〉의 초인처럼. 그가 『그리스도 최후의 유혹』의 「프롤로그」에서 〈그리스도〉를 보는 관점은 기성의 그리스도관과는 다르다. "〈그리스도〉는 인간이 거치는 모든 과정을 거쳤다. 그렇기에 그가 겪는 고통이 우리에게 그토록 생생하며, 우리는 그것을 함께 나누고 〈그리스도〉가 거둔 최후의 승리가 마치 우리 자신이 미래에 거둘 승리처럼 여겨진다. 본질에서 심오하게 인간적인 그 부분이 우리로 하여금 마치 우리 자신처럼 〈그리스도〉를 이해하고 사랑하고 그의 수난을 추구하게끔 도와준다." 작가의 이런 관점에 경의를 가지며 그를 다시 보게 만든다.

『그리스도 최후의 유혹』에서, 십자가 위 죽음의 순간 〈예수〉께서 인간적인 측면의 환상을 겪는 소설적 설정으로 인하여 로마 교황청은 이 책을 금서로 지정하였다. 그러나 그것은 강렬한 유혹들에서 돌아와 십자가에서 죽음을 맞이하는 〈그리스도〉의 위대한 승리를 표현하고 싶었던 작가의 상징적인 의도다. 〈예수〉께서 숨을 거두신 순간 "하느님, 어찌하여 저를 버리시나이까?"라고 외치고, "이제 다 이루었다"고 하신 것에서 작가와 함께 〈예수〉의 육체를 빌려서 태어난 고통과 소명을 유추해본다.

작가의 그런 설정은 자기라는 본질에 대해 밝힌 글에서 짐작할 수 있다. "너무나 인간적이고도 초인간적인 〈그리스도〉, 내 마음속에는 인간적이면서도 인간 이전인 악한 자의 어두운 태곳적 힘들이 존재하고, 또한 인간 이전의 찬란한 힘, 신의 힘들이 존재하니 내 영혼은 그 안에서 이 두 군대가 만나고 충돌하는 전투장이다. 우리가 투쟁하고 〈그리스도〉 또한 투쟁하였음을 알기에 거기에서 우리는 힘을 얻는다. 〈그리스도〉가 곁에서 같이 싸워주기 때문에 우리는 세상에서 홀로가 아님을 안다." 〈그리스도〉의 따스하고 인간적인 요소가 없었다면 우리 마음에 〈그리스도〉가 와 닿지 않았을 것이다. 이러한 자기 고백이 작가의 작품에서 일관되게 드러난다.

위대한 이 작가에 대한 평판만큼 비난과 오해도 컸었나 보다. 『아웃사이더』를 쓴 영국의 〈콜린 윌슨〉은 〈카잔차키스〉가 노벨문학상에서 거푸 탈락한 것에 대해, "만약 〈카잔차키스〉가 러시아 사람이었다면 〈톨스토이〉, 〈도스토예프스키〉와 어깨를 나란히 할 대문호로 칭송 받았을 것"이라 했다. 〈니체〉, 러시아 사회주의(처음엔 이상적 정치 형태라 믿었다.), 〈붓다〉, 〈그리스도〉에 몰두하며 자유를 추구한 자존심 강한 그의 묘비명이 새삼 당당하게 다시 다가온다. '나는 이젠 자유다!'.

그 섬에 내가 있었네

김영갑

내가 제주도를 우리나라에서 마지막 마음의 위안처로 생각하듯이 너무나 많은 사람이 제주도를 사랑한다. 그런데 그 '지극한 사랑'이 넘쳐서 무리한 개발과 속된 상업화로, 찾아갈 때마다 짝사랑하던 여인이 상상으로 그리던 모습과 달리 세속적으로 때 묻어가는 걸 현실에서 점진적으로 확인하듯 씁쓸하다. ('옛 좋은 기억에만 젖어 너무 기대에 차서 왔구나.') 실은 이것은 이기적인 생각이다. 나는 속됨에 절었는데 그녀만 원초의 순백으로 남아있으라 하는 건.

과연 〈김영갑〉만큼 제주도를 사랑한 사람이 있을까. 그의 자취를 알고 나면 그가 '당신이 뭔데 내게 어쭙잖은 동정을 하는가?'라고 화를 냈을지 모르지만 그를 안쓰러워하지 않을 수 없다. 그런 미친 듯한 처절한 사랑이라니. '정말 죽어도 좋다고 작정했구나!' 여겨질 정도로 그의 사랑은 치열하고 절박했다. 지금은 그렇게 제주도를 사랑했던 이들보다는 내륙에서의 삶에 치였던 사람들이 더 많은 것 같다.

내가 만나 본 제주도민들(관광안내원, 음식점 사장, 운전기사 등)은 개발이 되어 경제가 잘 살아나야 한다고

들 말들을 했다. 그러나 돈이 잘 돌아가리라는 이 기대는 다수 외지인이 찾아와 돈을 쓰거나 자체로 산업이 활발해야 하는 것인데 섬이라는 특성상 제조산업보다 관광이 더 중요한 원천이라면 이런 식으로 무원칙한 개발이 되는 것이 정말 옳은가 싶었다. 또한, 기대에 차서 방문했지만, 곧 유명 관광지에선 돈 위주의 접객이 너무 뚜렷해서 기분을 망치기 십상이다.

꽤 오래전, 대중적인 관광 선호지에서 먼 곳에 있는 〈김영갑〉의 [두모악 갤러리]를 계획 없이 찾아갔었다. 작가가 말년에 병든 몸으로 정비하고 단장한, 아담하고 단아한 공간(폐교)이었다. 그는 고인이 되었고 책자와 영상, 사진들만 남아있었다. 통상 황금분할 등 피사체에 대한 일반적 구도가 있음에도 그는 가로로 기다란 반분할 사진들을 많이 남겼다. 결국 그의 그런 뜻에 동의하게 되는데 제주도의 풍광은 그렇게 잡으면 훨씬 아름답게 다가온다. 목숨을 맡겨 집착한 〈김영갑〉의 사진에 몰입하다 보면 안타까운 제주도 사랑이 더욱 커진다. 그의 절절한 고독, 고통, 자연이 보여준 환희에 온몸으로 기뻐했을 감동에 공명共鳴할 수 있었다.

고독 속으로 숨어들어간 필연적인 성품과 계속 더 깊이 침잠沈潛하고자 했던 마음이 사진마다 애절하게 녹아있었다. "왜 스스로 그런 자학에 빠지는가?", 그를 향해 질책하듯 묻는다면 그에 대한 답을 할 순 없다.

그렇게 운명을 받았을 뿐이다. 그의 서사시 같은 흐름의 글에도 자연을 사랑하는 마음이 잘 드러나 있다.

제주도가 너무나 아름다워서 어떤 영상이든 비슷한 사진을 만들 수 있다고 한다면 틀린 거다. 그는 자연의 순간을 움직임까지 멈추게 하고 필름에 담았다. 그렇게 제주도를, 삶에 겨운 원주민보다 더, 삶조차 다 버리고 제주 그 자체만을 사랑한 마음이 간절했던 그만이 남길 수 있는 사진이다. 비 오는 날 누수에 사진 필름과 인화지를 젖지 않으려 노심초사하고 난방도 안 되는 방에서 끼니를 걸러 가며 웅크렸던 그의 모습이 눈에 선하다. 그의 사진은 자신의 생명을 상쇄해가며 얻은 대가다. 그의 말년의 병의 근원은 혹 그런 게 아닐까.

바람처럼 편안하게 벗이 되어준 제주도의 자연만이 유일하게 그를 달래주고, 그 사랑에만 중독되어 그렇게 들로 산으로 떠다녀야만 했을 것이다. 삶을 던지고 자연 자체에 지극히 간절했던 그만이 남길 수 있는 사진이다. 그 속에서는 바람이 몰아치고, 햇빛이 급변하며 만들어내는 찰나의 황홀(그의 말처럼), 갈대의 속삭임, 파도 소리, 햇살의 전개 등이 보이고 들린다.

오름, 바닷가, 숲을 거쳐 걸으면 분분한 생각이 멈추고 나를 돌아봐지고 내면의 상처가 아무는 걸 안다. 그가 아끼던 제주도가 강원도처럼 본 모습이 훼손되어 사진으로만 남아있으면 안 된다. 나도 쓸쓸한데, 그의 슬픔이 살아날 것 같다. 찾아갈 때마다 훼손과 인공으로 과거의 순박한 모습이 사라져버리고, 매일 상처를 덧씌워가는 것이 안타깝고 당황스럽다.

이심전심인가. 사람들이 멀리 외떨어진 이 갤러리를 물어물어 찾아온다. 병마를 버텨보려 학교 운동장에 돌을 쌓았던 그의 몸부림이 안타깝다. 자존심 강한 그는 동정받기를 원치 않았겠지만. 아마 그는 제주의 원시적 자연을 담아두고 죽어도 좋다고 했을 것 같다. 그런 소멸적 간절함이 병으로 왔을 테지. 내가 우연히 그의 두모악 갤러리를 찾아간 것은 정말 다행이었다. 고독을 사랑하는 동류同類의 인간으로서, 되도록 병을 담담히 인내하고 죽음을 수용하고자 했던(그의 글에선 그런 느낌이 있다.) 그의 명복을 빌어본다.

이 글을 쓴 지 벌써 십 년이 되어간다. 거기에 가본 지가 오래되어 지금은 먼 나라처럼 기억에 남아있다. 사람이 넘쳐 쓰레기를 감당하기 어렵다는 보도와 중국인지 한국인지 모르겠다 하고, 중국인 범죄도 뉴스에서 자주 접한다. 부동산 가격이 내륙 대도시 못지않게 상승했다 하니 이제 정말 먼 나라 같다. 그런데 최근에 어쩌다가 갑자기 회사를 떠나 그곳으로 도피성 여행을 다녀왔다. 예전의 제주 모습을 거의 볼 수 없어 위안은커녕, 매우 황망했었다.

기도
(내려놓기)

법륜

가끔 정신이 맑아지면 '투덜이'를 멈추고 그래도 세상이 아름답고 삶이 고마운 것을 불현듯 깨닫게 된다. 정말 많은 사람의 사랑 속에서 내가 실존해왔다는 생생한 감동 말이다. 우주의 근원적인 기운이 사랑이라면, 나를 아끼는 수많은 이들의 기도에 의해서 힘을 얻어왔다는 걸 겨우 다시 알아챈다.

어릴 때 부친의 사업 실패 이후 오랜 가난에 지쳐가던 가족을 위해 나는 골방에서 간절히 지금의 상황을 벗어나게 해달라고 빌고 빌었었다. 그러나 반향 없을 물질 지향적 간구는 결국 현실의 '복 없음'에 원망이 많은 나를 완성하고 부정적이며 불신 가득한 사고 습관만 키워버렸다.

불현듯 나의 바람이나 생각이 현실화되어 나타났다는 자각을 한다. 생각이 실체다! 함부로 바라고 마음을 방치할 일은 아니다. 누구나 살면서 간구를 안 해봤으랴. 난 기도가 분명 우리를 힘든 상황에서 벗어나게 해주는 힘이 있다고 믿는다.

언젠가, 가깝고 먼 모든 사람과의 관계에서 너무나 힘들어서 밥을 먹지 못하고 숨도 수월히 쉬지 못하는 때가 있었다. 좌선용 방석을 사서 매일 점심시간에 사무실에서 문을 닫아걸고 108배를 했었다. 내 머리를 바닥까지 낮추고 충고에 따라 그토록 미운 사람들을 위해 마지못해서 해보던 오랜 기도. 기도는 분명 증오를 퇴색시키고 나를 살아나게 하는 힘이 있었다.

〈법륜〉은 타인의 공부를 까탈스럽게 트집 잡는 내가 드물게 인정하는 스님이다. 근래 이분의 강연은 대중들의 관심을 받고 있다. [즉문즉설即問即說]이라는 방식으로 강의 현장에서 대중들의 질문을 받고 즉시 비수 같은 충고(?)를 해준다. 상대를 존중해주지 않고 '말을 함부로 한다.'고 싫어하는 이들도 있는데 질문자들의 얘기를 들어보면 엉뚱한 망상 속에서 헤매는 주장들이 너무나 많다. 그럴 땐 애매한 설법보다 확실히 끊어주는 게 맞다. 깨달음은 누가 대신해 줄 수 없고, 본인이 체득하고 알아야 하므로.

스님은 드물게 종교 본질에 대해 명쾌한 해석을 하고 거침이 없다. 상당한 수행과 공부의 깊이에 도달했다고 느껴진다. 당신도 자신의 공부에 확신이 있어 미혹이 없는 것 같다. 나름 명쾌하며 논거는 수긍이 간다. 거짓말로 현혹하는 것보다 당연히 낫다.

석가모니 부처님의 가감 없는 가르침은 '지금 이 고통의 명확한 실체(깨달음)와 그것에서 벗어나는(해탈) 마음의 방편'이다. 그로써 누구나 자기처럼 그 고통을 벗어난 존재인 부처가 될 수 있다는 안내다. 초월적 존재에 기대어 바라는 어떤 기적이나 보상이 아니다. 〈법륜〉의 설명은 이러한 사실에 기반을 둔다. 거기에는 거짓이나 의도가 끼어들 틈이 없다. 세속에 물든 일부 성직자·종교인들 중에는 이 스님이 상당히 불편할 것 같다. 실제 비난하는 소리도 많다. 그러나 사람보다는 바른 생각의 교류가 중요한 것.

기도란 무엇이고 그 방법을 어떻게 하는 것이 타당한가. 다양한 성인聖人들의 가르침과 엄청난 간증의 사례들이 넘친다. 그러나 원래 뭔가 대가를 얻고자 하는 건 잘 이루어지지 않는다. 그럼에도 이기적인 시행착오 속에서도 기도는 제대로 가야 할 세상을 위해 꼭 필요하다. 그나마 기도하는 마음은 사악함보다 따뜻한 편에 가깝기 때문이다.

스님은 기도란 바라는 것을 이루어지게 해달라고 비는 것이 아니라 내 욕심을 버리고, 내 고집을 버리고, 비우며 성찰하는 것이기에 반드시 이루어진다고 마음 바꿔먹으라 한다. 실은 대부분의 우리 기도는 매우 인간적인 것이며 따라서 나를 중심으로 하는 영적, 물적인 부족함을 채워달라는 간구이기 쉽다. '내려놓기'라는 말에는 어떠한 욕구나 미혹을 없애라는 의미도 가능하다. 스님의 기도에 대한 정의는 가장 쉽고 적확的確하다.

일본인 신부 〈이노우에 요지〉는 『사람은 왜 사는가』에서 신앙인은 역주체적으로 관점을 전환해야 한다고 말했다. 주체적이란 '다른 사람을 위해서라도 어떤 형태로든 자기가 그렇게 되었으면 하고 비는' 단계이며, 이는 여전히 자기를 위해 비는 것이다. 반면에 역주체적이란, 내가 설정했던 살아야 할 의미를 혹 잃어버려도 그런 자기를 그대로 받아들여서 의미를 부여하고 살리는 것이며, '내 몸도 마음도 잊고 〈부처〉, 〈예수〉, 〈하느님〉 편에서 상대방이 주主가 되고 자기는 종從이 되는 것'이다. 오른손이 하는 일을 왼손이 모르게 하라는 〈예수님〉의 말씀과 다르지 않다.

근래에 읽었던 저자를 알 수 없다는 『(〈예수〉의) 기도』(19세기 러시아 청년이 쓴 것으로 알려지고 아마도 러시아정교회적일 성향의)라는 책은 기도에 관한 새로운 깨달음을 주었다. 기도는 이해타산 이전에 마음이 집중하는 것이기에.

우리가 사는 현실은 온 인류가 영겁의 세월 동안 쌓아둔 마음의 결과다. 모든 것이 마음에서 비롯되었듯, "모든 것은 기도에서 시작됩니다"라는 〈마더 데레사〉 수녀의 말이 같은 맥락에서 깊은 울림으로 다가온다.

나는 단순하게 살기로 했다

사사키 후미오

저자가 과감히 시도한 [미니멀리스트]의 삶을 동경하면서도 내 왜소한 몸뚱이의 편리와 거주를 위한 잡다한 부속물은 늘어만 간다. 물건에 대한 집착과 욕심은 끝을 모른다. 여러 번 이사하면서 버렸던 것들의 공간을 다른 사물들이 다시 서서히 채워가고 산만한 영역은 더 늘어만 간다.

소유에 대한 집착은 일면 공허함을 메우고자 하는 불안정한 심리 상태의 표현이다. 특히 현대의 우리는 돈(물질과 권력의 확보 도구로서)의 노예가 되어가고 있다. 지조 높은 선비들의 청렴과 떳떳한 가난, 선사들의 무소유, 오직 사랑뿐이던 〈예수님〉, 탁발하며 생계를 이으신 〈부처님〉을 따른다면서 피치 못할 현실과 생존이라는 핑계를 대고 우린 양보가 없다.

한때 [트라피스트] 수도사들의 무소유, 침묵의 삶을 죄책감으로 아프게 바라보던 나도 마찬가지다. 현실의 삶과 가난한 마음이 병립하기 어렵다는 좁은 인식하에선, 청빈의 서원을 유지했더라도 지금처럼 심신의 부조화는 변함이 없었을 것이다. 그럼에도 불구하고 많이 가진 자의 검소함은 자부심인데 못 가진 자의 남루함은 궁상이라는 말을 신봉하게 된다. 어쩔 수 없다는 물질적 필요성은 반대급부로 나를 떳떳하게 만들지 않는다.

사실 가난을 뼈저리게 겪은 경험으로는, 궁핍을 감내하기는 싫으나 항상 부족한 느낌을 수반하는 생계 역량으로 인해 불안함은 사라지지 않는다. 결국, 의식주의 질을 낮추고 양을 줄이고 욕망을 제거해나가야 하는 어려운 실천만 남았다. 능력이 없다면 소유 욕구를 잠재워야 한다. 물질이 지배하는 현실에서 자유를 얻는 방법은 두 가지다. 구매 능력을 키우든지, 소유를 줄이든지. 하지만 양측에 속한 누구라도 완전히 만족할 한계에 다다를 수 있을까. 결론은 역시 물질에 대한 집착을 줄이는 것이 기력과 비용을 적게 쓰는 효율성 있는 방향이다.

현대의 우리들 삶을 영위하는 대부분의 수단은 편의성과 치장의 확장이다. 이는 자기 육체의 수고를 감내한다면 어느 정도는 대처가 가능하고, 원시성을 부끄러워하지 않는다면 자원의 소모가 줄어든다. 환경이 훼손되는 이유는 최소가 아닌 최대한의 소유방식이니, 치장의 기능에다가 우리는 물건의 진정한 용도 외의 생태 낭비를 더하는 셈이다.

고통에서 벗어나 살고 싶다면 은밀히 내 심중에 버티고 있는 탐욕을 직시해야 한다. 무엇이든 나약한 심리에 동조해주는 그 어떤 것(짓)도 근원 치료는 되지 않는다. 외물外物에 기대지 않고 내 존재의 본질적 가치를 지키려는 자존감이 없으면 고통의 터널에서 빠져나오기 어렵다.

무소유와 비슷한 생각이지만 『인생이 빛나는 정리의 마법』을 쓴 〈곤도 마리에〉, 청소로부터 다시 시작해 개인파산에서 일어선 일본의 〈마스터 마츠히로〉(『부자가 되려면 책상을 치워라』)의 주장처럼 주위 환경은 일단 [청결과 정리정돈]이 되어야 한다. 평소 생활 주변이 지저분한 사람은 어려운 상황 여건하에서의 잘못된 학습(습관)이 몸에 배어있거나 현재 그의 생활에서 넋을 빼놓는 문제가 있을 가능성을 드러낸다고 볼 수 있다. 즉, 문제에 싸여 다른 일을 여유롭게 할 수 없는 심리의 표현일 수 있다. 〈마츠히로〉는 "어지러운 방은 당신의 인생이 어지럽다는 걸 말해준다"고까지 표현했다.

정기적으로 물건의 필요성을 숙고하여 버릴 건 버려야 한다. 내가 이 삶을 마치고 나면 치워야 할 짐을 져야 하는 후인後人의 입장을 역지사지로 헤아려본다면 소유의 기준을 정할 수 있을듯하다. 죽어서까지 산 자의 터전일 땅을 차지하는 우리 장례 방식은 어떤가. 이승이건 저승이건 떠날 때는 찌꺼기를 남기지 말고 깨끗이 떠나버려야 한다.

내가 존재에 대한 연민이라는 관념에 기대는 것은 삶의 본질을 잊고 유한한 몸뚱어리의 호사라는 함정에 넋을 놓아버린 우리들이 참으로 측은하다는 생각이 들기 때문이다.

나를 만나는 시간

이주향

우연히 저자가 출연하는 라디오 방송 『~책마을 산책』, 『~인문학 산책』을 들은 적이 있었는데 차분하게 다가오는 목소리로 전해주는 책 이야기가 좋았다. 이런 방송 편성은 공영방송다운 프로그램 중 하나다. 난 공영방송사에서 국민을 어쭙잖게 가르치려 하지 말고 권력에 휩쓸리지 않는 객관적이고 공정한 시사전달과 대중을 위해서는 공존과 교양, 예의를 설득해주길 바라고 있다.

모 대학의 철학 교수인 저자는 쉽게 이해할 수 있는 철학의 전도사로 많은 이의 호감을 받는다. 공부란 깊어질수록 쉬워지는 법. 쉬운 것을 어렵게 만드는 사람이 있고 어려운 걸 쉽게 풀어내는 사람이 있다. 어려워야 전문성이 두드러진다고 생각하는 사람이 있긴 하다. 전문성은 자기가 집중한 분야에서 대부분을 통달해 막힘이 적은 것이다. 그러니까 내가 잘 알아서 남에게도 쉽게 전할 수 있다. 모호함으로밖에 설명할 수 없는 분야는 인류가 아직 명쾌히 입증해내지 못한 분야이거나 숙고하고 또 숙고해야 할 영적인 분야뿐일 것이다.

그녀는 이 책에서 나라는 존재의 가치, 내면에서부터

돌아봐야 할 우리의 삶, 자유로운 정신을 찾아가기 등에 대하여 다양한 고전 철학의 해석과 함께 독자도 사유에 참여해 보라고 동행하며 안내해준다.

나도 한때는 타인이 나를 평가하는 것을 잔뜩 의식하고 살았다. 그러니 자연스럽게 남과 비교하고 경쟁하고 때로 자기 비하와 미움의 감정을 키워왔던 게 사실이다. 치열한 경쟁 속에서 살아남으려고 내 영혼은 조금씩 허물어져 내렸던 것 같다. 내가 정말로 내 삶을 사는 것인지 알 수 없었던 당시의 고통을 지금 생각하면 어리석고 측은하기 짝이 없다. 내면으로 눈을 돌려 자신을 수긍하게 만들지 못하면 진정한 평화란 없다는 것을 이제야 알게 되었다.

우리 삶이 참으로 고단하다. 별로 가진 것 없는 어려운 여건하에서 살아남아 보려고 어쩔 수 없이 우리 한국민들이 택한 방식이 모두를 그렇게 표피적 삶으로 바꾸어 놓았다. 치열하게 내·외부로 극한 경쟁에 몰려야만 하고 극도의 스트레스를 생산해왔다. 그런 투쟁 방식에 기대야 하는 생존 상황 여건은 갈수록 나빠질 수밖에 없다. 사실, 우리들의 미래가 걱정되는 측면이다. 언젠가는 이런 질주 속도를 늦춰야만 할 날이 필연적으로 올 것이다. 물질 투쟁은 지구 또는 우리 국토 내에서의 제로섬 게임이니까.

극한 소모적 우리 삶의 방식은 종말이 있다. 그래서 저자가 말하는 자기 성찰이 필요해진다. 때로는 잠시라도 멈추고 생각해봐야 한다. 이 징글징글한 삶의 족쇄에 내가 주인인가, 노예인가? 그녀는 다양한 소재를 철학의 수단으로 쓴다. 그녀가 꺼내놓은 글들은 우리가 삶 속에서 한숨지으며 생각해봤음직한 주제들이다. 저자의 성향이나 사유가 어떤 점에선 동질감을 느끼게 하므로 이 책에 거부감이 덜한 것 같다. 나 역시 유아세례자인 가톨릭 신앙인이면서 힌두·불교 철학에 보다 경도되었다. 어떤 특정한 교리, 철학에 문을 닫아걸고 싶지 않은, 내면으로 이루어지는 사유에 관한 한 개방적(독불장군식!) 소요자逍遙者이고 싶다.

이 책과 비슷한 성향의 독서 경험으로는 중앙일보 종교담당 기자인 〈백성호〉의 『현문우답』, 『생각의 씨앗을 심다』를 더불어 생각해본다. 구도자를 꿈꾸었다는 그는 현실 속에서의 삶도 구도의 한 방편이라는 생각으로 대중의 공감을 이끌어내는 솜씨를 가지고 있다.

부자거나 아니거나 명상, 독서, 사유를 즐기는 사람들은 이런 글들이 친숙하다. 현실 세상에서는 일에 집착하거나 가난한 사람들은 삶에 허덕여 지적 여유를 부릴 자유가 적은 편이다. 실은 진정한 큰 복이란 바로 그런 자유를 갖는 것이다. 생존에 고단하더라도 햇볕의 따뜻함이 좋은 날, 한숨 돌리고 차를 마시며 창가에서 편안히, "그래 맞아"라고 고개를 끄덕이는 기회를 스스로 만들어야 한다.

밥벌이냐, 아니면 인간 존재와 삶의 본질에 보다 관심을 갖느냐를 두고 무엇이 중요하다 할 순 없다. 둘 다 너무나 소중하다. 그러나 일의 노예로 살다가 또는 먹고 사는 일에 허덕이다 갈 수는 없다. 인문학과 철학은 돈도 안 되는 편한 사람들의 분야라고 일축할 게 아니다. 생존부터 해야 하는 각박한 현실이지만 그 전쟁 통에서도 내 영혼을 위해서 부단히 노력해야 하는 것이 우리 인간의 우울한 숙명이다. 삶에 지칠 때 머리 아프지 않게 도움이 되는 글들이라도 접할 수 있으면 다행이다. 나를 다시 가다듬는 일은 내 삶과 존재의 가치를 높이는 노력이다.

NOW
(행성의 미래를 상상하는 사람들에게 A New Earth)

에크하르트 톨레

깨달음이란 삶을 이어 영구히 지속된다는 주장을 다시 생각해본다. 누군가에게는 어느 순간, 그 계기가 불현듯 다가오기 때문이다. 영적으로 깨달음을 얻었거나 견성했다는 선각자들은 어떤 찰나에 새로운 차원의 각성에 이르게 되는 경우가 있었다고 스스로 밝히는데 이는 같은 현상이라도 아무나 알아차리는 기회가 아니라 특정한 이에게 특히, 개별적으로 일어나는 일이다. 이미 임계점 가까이 축적된 결과가 한순간 방아쇠를 당기듯 툭 터지는 듯한 느낌이다.

일본의 선각자 〈에오〉에게는 죽을 각오로 진행한 명상 수행이, 예언가 〈에드가 케이시〉는 육체적인 사고의 계기가 있었다. 저자인 〈톨레〉는 우울증과 자살 충동에 시달리다가 우연히 각성에 들게 되었다고 한다. (영적인 진보는 극한의 고통을 통해 얻어지는 것일까? 치열하지 않고서는 성장은 없는 모양이다.) 이후 〈톨레〉는 영적 스승들을 찾아다니며 내면의 수행을 계속하였고 자신의 경험을 책으로 펴내 사람들에게 전파하고 있다. 그래서 영적 교사라 불린다.

그가 처음 내놓은 책이 『지금 이 순간을 살아라 The power of NOW』이다. 2005년 〈오프라 윈프리〉의 소개로 세계적인 베스트셀러가 되었으며 좀 더 보완되고 확장된 책이 본 저서이다. 역자가 부족하다고 생각한 번역을 다듬어 『삶으로 다시 떠오르기』로 개제한 다음 재발간하였다. 저자의 〈에크하르트〉라는 이름은 자신이 감명을 받은 13~14세기 신학자로 그의 사상은 부분적으로 〈톨레〉처럼 신비주의 체험과 연관되어 있다. 〈톨레〉의 본래 이름은 〈울리히 톨레〉다.

우리는 진리를 깨닫고자 이 세상에 온 것일까? 주어진 인생이니 그저 살아보는 것인가? 현실의 고단한 삶은 그런 질문 자체가 사치스럽다. 만약 사후의 내세가 있다고 믿는다면 그나마 유의하며 영적 발전을 기할지도 모른다. 적어도 '나는 누구인가?', '삶은 무엇인가?'를 생각하는 삶이 무의미하기를 바라지 않을 것이기 때문이다.

대부분의 선각자들은 이 몸뚱이가 자기라는 인식의 착각을 벗어 던지라고 말한다. 그로부터 비롯되는 집착에서 빠져나와야 진리를 볼 수 있다는 것이다. 유한한 육체의 안락을 위한 근시안적인 시각을 바꿀 것을 충고하고 있다. 그것은 지금, 이 육체 그 이상의 무엇이 있음을 전제로 한다. 하지만 그 진실에 확신을 가져야 잘못된 행위를 바꿀 게 아닌가.

〈톨레〉의 핵심은 '에고ego 버리기'다. "일단 인간의 지각 속에 어느 정도의 현존의식, 고요, 깨어있는 주의력이 있으면 모든 존재, 즉 모든 생명 형태 속에 있는 신성한 생명의 본질, 의식, 도道와 영靈을 감지할 수 있다. 그리고 그것이 자신의 본질과 하나임을 알아본다."고 주장한다.

자신이라고 믿는 감각, 감정을 추구하게 만드는 에고(허구의 이미지)와 본래의 자기를 뒤덮어버려 실체를 모르게 만드는 생각의 흐름(감각에 사로잡히는)을 벗어나야 한다. 에고가 사라진 사람은 본질의 의식 안에서 깨어나고, 그 본질은 다른 사람들, 다른 모든 생명체와 일체임을 안다. 당신이 그 깨달음을 이룬 자라면 새로운 인류의 종種이 된다. 그래야 에고로 인해 갈등과 폭력으로 물든 이 지구상의 삶을 변화시킬 수 있을 것이기 때문이다. 그래서 *New Earth*다.

진리의 실체를 알고 참된 나(불교의 진아眞我와 같은)를 찾는다면 내적 평화와 자유를 누릴 것이다. 이는 〈톨레〉 스스로의 체험이기도 하다. 책에서는 에고와 집착으로 마음이 작용하는 과정을 자세히 이해시키고자 하였고 그로 인해 얻게 될 자유와 기쁨에 이르는 방법을 제시하고 있다.

인간 본질에 대한 통찰을 이룬 인류의 스승들은 공통

된 가르침을 펼쳐왔다. 에고와 집착을 버림으로써 깨달음을 시작하라고. 긴 시간의 강설에도 여전히 오리무중인 것 같은 선문답이 아니라, 〈톨레〉는 의외로 상당히 설득력 있는 통찰을 준다. 이것이 영적 스승으로서 존경받는 이유일 것이다.

나의 아버지 손양원 목사

손동희

나는 종교에 선입관은 없다. 사실 성전聖殿 예식에 열중하지 않는 얄미운 길 잃은 양이며, 자만심에 빠진 천주교인이면서도 불경을 읽는 신앙의 혼혈아다. 자기 종교를 강요하거나 오해하고 있는 신앙만 옳다면서 끝까지 주장하는 건 정말 싫다. 편협한 사람이 오류 신앙을 확신하면 자기와 주변이 피곤(위태)해진다.

내가 사는 곳 인근에 〈손양원〉 목사님의 기념관이 있다. (이분의 삶을 이야기 하는데 객관적으로 표현하고자 경어를 쓰지 않으려고 해도 차마 그럴 수가 없다.) 지역 공항이 가까워 출장을 가는 길에 간혹 대기 시간이 남으면 그곳에 들러보곤 했었다. 다행히 그분께서 사역하신 교회를 포함하여 주변이 잘 가꾸어져 있다. 많은 기독교인들이 순례를 오는 곳이며 구역 내에 나환자 치유를 시작했던 피부·정형외과 병원도 있다. 치료 역량은 이 분야에서 아마 국내 최고의 수준에 손색이 없을 것이다.

목사님은 우리 근대사의 악의적 이념투쟁 하에서의 안타까운 순교자이지만 실은 그 이상의 숭고함을 보여준다. 사람으로서 감히 누가 이분을 평가할 수 있으랴.

나는 현세의 누구도 그분처럼 〈예수님〉의 가르침을 순종할 수 있으리라고 믿지 않는다. 이분의 일생에 대해 『죽음보다 강한 사랑』이라는 다큐멘타리도 제작되었었다. 기념관에 들러보면 생생하게 증빙되는 많은 사료와 유품들이 있어 숙연해진다. 속세에서 조그마한 이해타산과 욕심에 흔들리는 내가 부끄러워진다. 마음이 아파서 이분의 삶을 다 읽어내기가 무척 힘들었다.

그분이 선종하신 과수원은 이웃 도시의 외곽에서 구도심으로 진입하는 도로 옆 산골짜기에 있고 일부는 아파트 단지에 편입되었다. 바로 인접한 곳에 교회가 세워졌다. 예전부터 토목·경작 작업 중에 유골이 많이 나왔다고 하는데 동족으로서 함부로 죽이고 시체도 아무렇게나 내팽개치는 이념이란 게 무엇인지. 당시는 농사 외 아무것도 모르고 사상적 기본 이해도 없던 내 친척 촌부 한 분도 어처구니없이 휩쓸려 산에서 고혼이 되었던 혼돈의 시대였다.

목사님은 독학으로 신학을 공부하였고, 일제하에서는 신사참배 거부로 감옥에서 숱한 고초를 겪으셨다. 전도사 시절 [애양원]에 와서 목회와 봉사 활동을 시작하셨다. 애양원은 지금 기념관 인근 나환자 마을에 있었던 수용소다. 환자들을 위해 자신을 혹사하며 헌신적으로 돌보셨다 한다.

[여순 사건] 때는 자기 두 아들을 고문하고 처형한 – 〈예수〉를 부정하지 않는다고 – 좌익 학생(같은 학교 학우였던 자)을 사형 선고에서 살려내고 그를 양아들로 삼았다. 이 책을 쓴 딸은 그런 아버지를 진실로 이해하지 못했다고 회한에 젖어 든다. 그녀는 "아버지, 이렇게까지 하지 않으면 〈예수〉를 못 믿습니까?"하고 울부짖었다 한다. 목사님은 "원수를 사랑하라는 하느님의 말씀을 지키지 않으면 우리 신앙이 거짓이 된다."며 달래셨다 한다. 아들 〈이삭〉을 제물로 바치라고 요구받은 〈아브라함〉이나 사탄과 하느님의 내기 때문에 시험을 당한 〈욥〉의 심정이 이랬을지. 목사님은 결국 6·25 때 공산당원들에게 죽임을 당하셨다. 나중에 발견된 시신에는 심한 폭행의 흔적이 있었다고 한다. 그런 상황을 미리 피할 수 있었음에도 죽음을 받아들여 참 신앙의 본보기가 되기를 자청하셨다. 그분의 묘소는 아들들 무덤과 함께 지금 애양원에 있다.

마음에 깊게 새겨진 죄책감에 양아들의 일생도 순탄치 않았다고 한다. 목사님이 인도한 신학을 중도 포기하고 궁핍한 삶을 전전하다가 이른 나이에 죽었다 한다. 나중에야 자기 아버지의 실체를 안 그(양아들)의 아들도 목사가 되어 현재 목회자로 활동한다고 한다. 이게 무슨 기구한 인연인지. 저자가 말한 그대로 '참으로 별난 하느님'이신가. 이건 단순한 순교 이야기가 아니다. 종파를 초월해서 우리 평범한 속인들이 상상할 수 없는 지극한 사랑이란 이런 것이고, 원수를 사랑하라는 말씀이 바로 이런 것임을 아프게 보여준다. 누가 감히 이렇게 할 수 있겠는가. 무책임한 미사여구로 거짓 사랑을 차라리 말하지나 말았으면.

〈다윗〉을 소재로 극화한 미국 ABC 방송 드라마 『*Of Kings & Prophets* 이스라엘:왕들의 전쟁』에는 이런 장면이 나온다. 예언자 〈사무엘〉과 이스라엘의 초대 왕 〈사울〉 간의 대화에, 하느님이 "[아말렉]인들을 남녀노소 가리지 말고 죽이라 하셨다"고 〈사무엘〉이 신탁을 말하자 〈사울왕〉은 "아이들까지 죽이는 게 정말 신의 말씀이냐, 아니면 당신의 생각이냐"고 묻는다. 신이 정말 그러실까 의구심을 갖는다. 〈사무엘〉은 '하느님이 자기를 본떠 사람을 만들었다'고 혼자 말을 한다. 이 말은 하느님의 모습만이 아니라 그런 성정까지 본뜬 거라는 의미다. [손양원기념관]에서 학살당한 시신들의 사진을 보면서 알량한 힘만 주어지면 얼마든지 악해지는 인간의 심성에 회의를 느낀다. 이런 것도 어떤 깊은 신의 뜻이 있는 것인가?

진실은 생존이란 핑계로 수시로 드러내는 인간의 동물보다 못한 사악함의 문제다. 완장을 채워준다고 사람 목숨을 빼앗는 결정을 신념이라 포장하는 인간들이 내 주변인이라면 참으로 두렵다. 사람의 마음이 얼마나 취약하고 잠복한 잔혹함이 거대한지, 멀쩡하고 상식 있던 사람도 여건에 따라서 돌변하곤 하는 일이 비일비재하다. 비록 이성이 타격을 받아도 (신념·이념 따위가 우선이 아니라) 양심과 인간의 존엄성을 지켜내야 하는 어려운 사명을 지닌 존재가 인간임에도, 굳이 상황·명령에 핑계를 대고 기꺼이 악을 저지른다. 이것이 〈한나 아렌트〉가 말하는 [악의 평범성]이다.

나의 친구 마키아벨리

시오노 나나미

저술과 창작 역량은 찬탄을 받지만 그 사람의 인성이 기대하던 것과 다르다면 당신은 작가·작품에 대한 평가를 어찌하겠는가. 그런 경우가 종종 있다. 〈시오노 나나미〉에 대해서는 그녀 개인 본성은 정확히 몰랐지만, '일본의 위안부 범죄가 (서양) 세상에 널리 알려지면 안 된다'고 주장한 것은 한심스러웠다. '그녀 역시 정의를 분별할 줄 모르는 상업성 저널리스트란 말인가? 그래도 자기 모국을 옹호하는 기특함을 나무랄 수는 없는 것인가?' 사실은, 그녀가 큰 사람이 아닌 걸 안타까워할 의미조차 없는 거다.

과오를 인정하고 반성하면 좋은 이웃이 될 수 있음에도 일본인에겐 침략, 전쟁 중 범죄 행위에 대한 '잘못했다'는 자인自認은 그들에겐 차라리 죽을지언정 정말 하기 싫은 일인 모양이다. 나름 장점이 많은 국민성에도 불구하고 그 옹졸함이 주변에 적대감을 키운다. 변상해줘야 할 비용을 감당하는 것 이상으로 그들이 내심 두려워하는 정치적 판단이 있다. 그건 오판이 분명하지만, 그들에겐 잠재된 문화, 정서적 결함이 간단치가 않다.

독일은 철저히 과거를 드러내놓고 현재와 단절하려 하고, 일본은 감추려 하니 일본인들에게 아직 일말의 양심은 남아있긴 한 모양인데 자기 후손들의 미래는 걱정하지 않는 어리석음이다. 부정한다고 숨겨지거나 지워지는 역사가 아니다. 그렇게 추한 면을 덮어버리려는 일본의 장래가 걱정되는 건 그들이 그런 식으로 하다간 결국 국운을 나쁘게 끌어갈 것 같은 예감이 들기 때문이다. 나라의 운명도 길게 보면 한 인간의 경우처럼 원인과 결과의 카르마에 따라 명백한 균형을 잡아가는 패턴이기에.

그러나, 그들 못지않게 분통 터지는 일은 정작 국내에서 더 많이 일어난다. 이념으로 포장하지만 실상은 패거리들 이익만을 추구하는 영악한 정치꾼들, 국적이 어디인지 알 수 없는 사대주의자들, 국가 미래를 생각지 못하는 무능한 대외 관계, 거짓말을 일삼는 정치인, 국민을 개·돼지라고 칭하는 고위 공직자, 돈밖에 모르고 인간성을 상실한 경제인, 윤리와 질서에 취약한 국민성…. 이런 모습들이 일본인들이 우리를 만만하게 보는 이유가 아닐까. 제발 〈마키아벨리〉 당시의 [피렌체공화국]처럼 우왕좌왕하지나 말았으면 좋겠다.

예전에 국내에 선풍적인 붐을 일으킨 저자의 『로마인 이야기』에 나도 빠져들었었다. 역사를 흥미진진하게 서술해낸 힘(처음에는)이 있었다. 나중에는 로마가 힘

77

이 빠져 쇠망해가듯 그녀 얘기도 동력이 현저히 떨어져 갔지만. 우리마저 일본인들처럼 쪼잔하게 굴지 말고 〈마키아벨리〉 얘기로 돌아가 보자. 저자의 『로마인 이야기』에 앞서 이 책이 나왔었다. (벌써 20여 년 전의 책이다.) 비정한 권모술수가로 회자되는 〈마키아벨리〉는 어떤 사람인가에 관심이 많아서 구입했던 것이 본 저서였다. 국내에 단편적으로 소개된 〈마키아벨리〉 관련 책들(주로 『군주론』 위주지만.) 중 나름 동양인의 관점에서 쉽게 풀어갔기 때문이었다. 그녀는 상당한 자료 조사와 역사적 근거를 가지고 그럴듯하게 당시를 상세히 재현해 내었다. 〈마키아벨리〉는 『군주론』으로 해서 '냉혹한 모사가'로 그 인성까지 억울하게 오해를 받은 사람 중 하나일 것이다. 진짜 그런가?가 이 책을 읽게 된 이유다. 저자는 피렌체 시에 있는 [마키아벨리 산장]에서 받은 찌릿한 감정적 체험에 따라 그에 대한 글을 쓰려고 마음먹었다고 한다.

〈마키아벨리〉는 전형적인 관료(도시국가의 행정사무국장)였으나 정권 교체기의 정쟁에 휘말리고 더욱이 나중에는 억울하게 반역에 연루되면서 감옥살이를 하고 실직하게 된다. 그는 탁월한 글솜씨와 직무에는 능통한 일꾼임을 인정받았었다. 그러나 다시는 복직하지 못한다. 직위에서 쫓겨난 뒤 그의 생애 말년의 시기에 (아마도) 울분에 차서 『군주론』과 『정략론』을 썼다. 그러니 다른 한편으론 삐딱한 반발심 또는 현대 일부 기회주의 언론인·학자처럼 권력자에게 간택되려 그런 주장을 한 것이 아니냐는 의심도 생긴다. 실제 그는 위 두 저서를 권력관계자 등에 헌정하기도 하였고 어떤 기회로든 복직되기를 희망하였다. 하지만 그로 인한 기회는 없었다.

정치지도자는 무엇보다도 나라를 안정시키고 부강하게 해야 할 책무가 있는 건 맞는 말이다. 하지만 정치적 영향력이 적은 입지의 그가 하는 주장이 잘 받아들여진 것도 아니었다. 그의 말대로 위정자가 영리하게 정치를 실행했더라도 [피렌체공화국]의 멸망을 막지는 못했을 테니 말이다. 나중에는 『군주론』이 로마 교황청에 의해 금지 서적으로 지정될 만큼 위험하다고 생각되는 선동성이 있었음을 짐작하게 된다.

단편적으로 냉혹한 정략·모략가로 비치지만, 그가 주장하는 군주의 자질, 군사력의 필요성은 당시로서는 충분히 타당한 상황의 이면일 수 있다. 일부는 지금의 현실에서 우리 정치지도자가 차라리 그렇기라도 했으면 싶고, 술수가 때로는 조직에서 어설픈 방만함보다 나은 경우가 있다. 그도 그렇게 말했다. "조국이 존망에 걸려 있을 때 수단, 관대, 잔혹, 칭찬, 수치 등을 고려할 필요가 없다. 무엇보다도 조국의 안전과 자유를 유지하는 일이 우선되어야 한다."고. 그는 당대 이탈리아의 풍운아 〈체사레 보르자 공작〉에게서 당시의 상황에 맞을, 그나마 이상적인 군주의 모습을 발견한다. 공작이 『군주론』의 모델이다. 정책적 현명함도 없고 외부 정세에 안절부절못하는 정부의 모습에 실망하고 있었기에 공작의 냉혹하고 단호한, 술수도 마다하지 않는 실행력에 반하고 만 것이다. 아쉽게도 〈체사레 보르자〉의 시대도 오래가지는 못했다. 다만, 지금은 중세 시대와 달리 결과만 좋다고 술수와 사악함이 용서받을 시대는 아니다. 그러나 명확한 국가관이나 줏대도 없는 무능한 리더는 국가를 위태롭게 한다.

시대의 주류에서 밀려나면 현실에 대한 비판 능력이 고양되는 법이다. 이렇게 이해하면, 〈마키아벨리〉라는 인간이 드러난다. 일에 대한 열망과 역량이 있음에도 외면당하는 처지에서 가족을 부양해야 하는 가장의 실업에 대해서는 그 쓰린 아픔을 이해할 수 있을 것 같다. 실은, 그도 우리처럼 세속에 부대끼며 살 수밖에 없는 평범한 인간일 뿐이다. 저자도 그런 관점에서 본 거다. 그래서 그가 '친구'가 되었고.

나이 든 부모를 사랑할 수 있습니까

기시미 이치로

근래 제법 잘 팔린 책으로서 [아들러 심리학] 전문가인 저자가 쓴 『미움받을 용기』가 있었다. 이 책의 인기에 힘입어 『아들러 심리학을 읽는 밤』, 『나를 사랑할 용기』 등이 이어졌다. 인간관계에서 눈치를 살피며 사는 대다수의 평범한 소시민들에게는 모두에게 인정받지 않아도 좋으니 미움받을 용기로 살라는 그의 충고는 매우 마음에 와닿는 얘기였다. 일반적인 인식에서 크게 벗어나지 않으려는 사회적인 동물인 우리 인간으로서는, 대면하는 문제의 핵심을 꿰뚫기 위해 역으로 생각해 볼 필요가 있다. 〈아들러〉의 심리학은 말하자면 그런 류의 발상이라고 생각해본다.

이와 비슷한 내용으로 〈마크 맨슨〉이 쓴 『신경 끄기의 기술』이란 책이 있다. 당신에게 "해라, 혹은 말아라."라고 하는 것들은 애초에 부족한 인간으로서 개조 대상일 평범한 사람은 하기도 어렵고, 특수한 기법을 제시받아도 여전히 구체적으로는 뭘 해야 할지, 어떻게 할지 모르기는 마찬가지다. 그는 오히려 "뭘 하려고 애쓰지 마라, 신경 꺼"라고 하니 이건 또 뭔 소린가 싶으면서도 모처럼 맘이 편해진다. 그의 '신경 끄기'는 삶의 방향을 재조정하고 중요한 것과 그렇지 않은 것을 구분해줄 기술이라고 한다. 자기의 부족한 점과 부정적인 면을 그대로 받아들이는 것. 정말 책임져야 할 중요한 것 외에 "다 벗어 던져라"는 주장이 의미가 없어 보이진 않는다.

〈아들러〉를 인상적으로 대중에게 붐을 일으킨 〈기시미 이치로〉가 『나이든 부모를 사랑할 수 있습니까』라는 책을 냈다. 저자의 경험이 담긴 제목과 같은 그 말을 꺼내는 건 내게도 두려웠고 지독히 아픈 기억이 있다. 부모님의 오랜 병환과 죽음을 곁에서 겪고, 내게도 정신적·물리적 영향이 너무나 컸으므로 이 주제가 쉽지 않다는 걸 안다. 건강하게 노년을 향해가고 있을 때는 일부러 생각하고 싶지 않을 문제일지 모른다. 그러나 모른 척한다고 사라질 문제가 아니다. 곧 우리에게까지 다가올 미래다.

긴 병에 효자 없다는 속된 말이 있다. 사람은 기본적으로 자기 본위가 본능이기에 아무리 피를 물려받고 나누어도 내 생존이 잠식되기 시작하면 '방어'를 생각하게 된다. 아직 우리 사회에서 '효'라는 말에는 존중, 사랑, 희생 이상의 묵시적 압박이 있음을 부정하기 어렵다. 객관적 입장에서 바라보는 '효'는 절대 우위의 선이다. 그걸 책임지는 당사자가 감당하는 무게와 상관없이.

직장의 퇴직 시기가 가까워져 오면서 짚어진 숙제는 마음을 무겁게 했었다. 미완의 경제력으로 부모님과 자식의 미래, 나의 노후는 감내할 수 있겠는가, 라는 영악한 이해타산. 생계와 치료를 자식 외에 의지할 데가 없었던 부모님, 우리 세대 이후 불안해진 경제 상황에 따라 기회가 줄어든 우리 아이 세대, 밥벌이가 외줄 타기 같던 시기에 예상하는 위태로운 말년은 온전히 나만의 문제가 되어버렸으니.

저자의 주장은, 부모를 달라진 인격체 또는 내게 부담을 안겨주는 짐이 아닌 한 인간으로서의 가치에 초점을 맞추자는 거다. 부모가 다 옳다는 말은 아니다. 당장의 현실에선 책임과 의무만의 관계라는 틀에 묶이는 가면은 필요 없다. 돈 때문에 부모를 살상하고 핏줄을 외면하고 버리는 관계도 흔한 사회가 되어버렸다. 성장기에 부모의 과도한 기대와 압박에 아버지를 증오해 칼을 품고 다녔다는 아들도 있었다니 어쩌면 증오도 관심의 한 형태다. 혈연의 기본이 무너지면 사회도 같이 황폐해진다. 핏줄의 특성은 세포와 영혼에 존재하는 법이니 양심의 잠재 본능은 깊은 내면에선 속속들이 진실을 알고 있다.

저자가 제시한 숙제, 힘들다면 그의 말로 위로받을 수 있다. 정말 구체적으로 어떻게 받아들일 것인가를 생각해봐야 한다. 효에 대한 이상적 관념, 남의 생각이나 말은 다 필요 없다. 그것보다는 타당한 현실 대책을 세워야 한다. 경제적으로 감당할 수 있다면 매우 좋은 일이다. 그러나 돈만 주면 된다는 생각은 부모에 대한 모욕이다. 〈공자〉도 그런 말을 하였다. 부모의 육신을 부양하는 것보다 부모의 뜻을 공경해야 한다고. 개와 말도 부양할 수 있는 대상이니 부모를 공경하지 않으면 동물과 구별되지 않는다는 것이었다.

아무리 어렵고 힘들어도 부모님은 나를 버리지 않으셨을 터. 어렵더라도 최소한 일정 부분이나마 감당하고 보살펴드려야 한다. 어려진 부모의 응석을 다 받아주라는 뜻이 아니다. 공경과 사랑으로 포용해야지 부모를 외면해선 안 된다. 저자의 생각도 그렇다. 마지막이 좋아야 지난 과정이 용서되고 뿌듯한 마음으로 증오 없이 삶을 마무리할 수 있다. 부모님에게 그렇듯, 두고두고 내게도 그렇다. 효는 명분이나 말이 아니니 그런 식으로 무능·무실천을 포장하지 말라. 효는 물리적, 정신적 현실 감당 능력이다. 정확히 그것이다.

난설헌

최문희

세상이 저를 낳아준 어머니도 포함되는 여성이라는 존재에 대해 왜 그토록 차별을 일삼는가가 항상 궁금했었다. 만약 자신들의 누이, 딸이라면 그러겠는가. 작고 한 내 모친을 생각하면 여전히 안쓰러운 연민이 차오르는데 말이다. 몰락한 가정에서 강인한 그녀의 보살핌이 아니었으면 내가 제대로 학업을 마치고 밥벌이나 할 수 있었을까.

『1982년생 김지영』이 새삼스럽게 세태 상의 화두로 떠올랐었다. 우리 사회가 온갖 불평등한 처우로 어지럽고 소위 갑질이 만연하지만, 특히 여자라서 받게 되는 차별의 문제는 뿌리와 생명력이 너무나 깊다. (여성 비하의 관점은 구약성경의 〈이브〉까지 거슬러 갈 수도 있겠다.) 그것은 실제로는 만만한(또는 육체적으로 약한) 존재에 대한 희생양 만들기라는 못된 인간 본성 때문이다. 자신의 무능을 약자에 대한 분노로 표출하는 자존감 낮은 자들이 너무나 많다.

모계 중심에서 부계로 옮겨간 건 정착과 재산 소유가 생기면서 상속의 문제를 위한 방편이었기 때문이라는 주장이 있다. 단지 그것 때문에? 인간에 대해 우리가 너무 후한 이성적·도덕적 권위를 주는 것 같다. 항상 약자를 갈취하는 게 인류의 역사였다. 물리적으로 여성은 대부분 약자로서, 여성이었기 때문이 아니라 약자이기에 함부로 대하는 것이리라. 또한, 남성 중심의 정치가 거기에 숨어 있다. 사회, 종교 등에서 한 집단의 권력자가 어떤 약소 집단을 적으로 만들고 박해하면 자기 권력을 유지하는 도구로 쓸 수 있고 자기 잘못에 대한 비난을 돌릴 수 있다. 여성은 당장 보이는 가장 쉬운 핍박 대상이며, 성 착취의 쓸모가 있기 때문이다. 세계의 많은 여성비하 국가, 사회, 종교의 숨은 의도는 그것이 아닐까 싶다.

반대급부로 여성의 내면만큼은 강해질 수밖에 없다. 사회 적응력이나 의지적인 면에서. 감히 내 생각은 그렇다. 〈난설헌〉의 시어머니처럼, 같은 여성이면서 그 다잡은 독기를 또 다른 여자에게 내리물림하며 갚는 일은 여성 스스로에 대한 족쇄다. 대한민국이 오늘만큼이라도 이루어낸 발전은 (부정적인 후유증도 포함해) 모성들이 일궈낸 거라 할 수 있다.

여성들의 능력이 탁월한 면이 많음에도 여전히 21세기 현재에도 여성비하와 편견은 거의 변하지 않았다. 미국의 유명 여배우들의 성추행 피해 고백, 억지로 접대하는 자리에 불려 다니다 자살해버린 우리 젊은 여배우의 죽음에 대한 재조사 뉴스도 있었다. 사랑이 없는 성적 욕망의 대상으로서의 관점은 더욱 여자가 약자로서 취급받지 않아야 함을 보여준다.

우리 역사에서 존경받는 여성으로서는 〈신사임당〉과 〈허난설헌〉이 우선 떠오른다. 이름도 명확히 전해지지 않고 당호堂號로만 불리는 〈사임당〉이 〈율곡〉이라는 대학자·정치가를 키워냈기에 그녀라는 인간보다는 현모양처의 상징으로만 거론될 뿐. 사화에 몰린 친정과 그녀가 그린 그림에서 짐작할 수 있는 절제된 강인한 내적 응축의 힘은 잘 거론되지 않는다.

작가 〈최명희〉가 17년간에 걸쳐 말 그대로 혼을 쏟아 붓다시피 쓴 『혼불』을 기념하며 작가의 정신을 계승하고자 했다는 [혼불문학상]의 제1회 수상작이 본 책이다. 〈허난설헌〉(다행히, 알려진 그녀의 이름은 〈초희〉)에 대한 가능한 사료를 모아 작가가 창작해낸 이야기지만, 점차 혼이 사그라지듯 생명의 정기를 잃어가는 그녀의 불행한 삶의 과정을 실감나게 표현해 내었다.

운명은 좋은 일만 실컷 누리라고 베풀어주지 않는다. 천재이지만 조선시대의 여인이었으며, 시어머니의 핍박, 애정 없는 남편과의 결혼 생활, 아이들의 죽음이 이어지면서 "나에게는 세 가지 한이 있다. 여자로 태어난 것, 조선에서 태어난 것, 그리고 남편의 아내가 된 것"이라는 그녀의 탄식이 나올만하다. 남편이 시기하고 시어머니가 괴롭힌 원인의 하나이기도 했던 시詩에 대한 열정이라도 붙잡고 있지 못했다면 그녀의 삶은 얼마나 더 숨막히고 황폐했으랴.

작가의 글은 차분하면서도 조선시대에 가서 그녀를 살펴보는 듯 예스럽고 아련하다. 〈난설헌〉은 작가가 그리고 싶었던 아름다운 여인이기도 했다. 그녀의 생애를 읽는 동안 마음이 편하지 않았다. 마치 안개 자욱한 길을 헤매듯이 불안과 우울함으로 〈초희〉를 따라가야 한다. 두 여인들의 생애에 대해 알려진 바가 많지 않긴 하지만 그녀는 〈사임당〉과는 다르게 내면으로 담아두지만 않고 당찬 모습을 보여주기도 한다.

내 방 여행하는 법
(세상에서 가장 값싸고 알찬 여행을 위하여)

그자비에 드 메스트르

내가 바라는 글쓰기 방식(이 표현이 더 적합하겠다.)은 저자의 이 책과 같다. 간결함 속에 속도와 재치와 흥미로움이 가득하다. 내 의지의 성향은 명색이 공학을 전공하고 평생 밥벌이를 해온 직업 특성상 중언부언하지 말고, 표현을 간결하게 하면서 결론은 정확히 전해야 한다는 강박이 있다. 그러나 천성은 변하지 않는다. 소심하고 예민하니 온갖 무수한 생각이 머릿속에서 서로 엉켜 바람과는 다르게 나의 글은 중언부언 잡생각으로 넘치는 속내를 드러내고 만다.

나도 오래전 교통사고로 병상에 누워있을 때 이런 비슷한 생각을 안 해본 건 아니지만, 그는 이미 1790년에 본의 아니게 가택연금 처분을 받아 방안에 갇혀 42일간 자기 방을 여행하는 유명한 책을 남겼다. 저자는 이탈리아에 인접한 [사보이아 공국] (훗날 프랑스로 합병)과 러시아의 직업 군인이었는데 다른 장교와 법으로 금지된 결투를 하다가 이런 판결을 받았다. '그가 가택연금되었기 다행이다'라는 생각을 이 글을 읽는 동안 했었다. 그는 고통스러워했을지 모르지만 이런 즐거운 이야기를 남겨주었으니 말이다. 방에서 빈둥거려도 시간 보내는 데 문제가 없는 나와 같은 성격은 그가 남긴 사유의 유희가 즐겁다.

무슨 일로 결투를 했는지 정확하지 않지만 '어떤 이가 대놓고 당신을 무시하거나, 그렇지 않아도 당신의 부주의로 일어난 일에 화가 나 있는 상황에서 거기다 대고 불난 데 부채질을 하거나 혹은 당신의 여자에게 허튼 수작을 부린다면'이라고 밝힌 걸 보면 아마도 여자만이 주요 직접적 원인은 아닌 듯. 그의 글에서 자기도 몰래 – 생각 없이 – 발길 닿는 대로 찾아간 현실의 여자 이야기가 있는 걸로 보아 두 이유가 섞인 게 아닐까 싶다. 그는 이 결투에서 목숨을 던져버려도 좋다고 작정했던 것 같다. 그런 의도가 마지막 날을 그린 글의 행간에서 감지된다.

저자의 글은 간결하고 재치가 넘친다. 이런 사람이 군인이고 목숨을 건 결투를 하려 했다니. 그의 형이 익명으로 출판해 주었기에 그는 본의 아니게 작가가 되었다. 그는 화가이기도 했었다. 자기가 보고 있는 그림에 대한 설명이 있는데 매우 탁월하다. 그는 먼 미래에도 통할 대단한 글을 남겼다. 한정된 공간 안에서 길지 않은 단락으로 소품 같은 얘기를 풀어낸다. 이야기의 소재로 의자, 침대 같은 가구·장식품 외에도 하인, 애견 등과의 관계, 심지어 상상 속의 인물들과의 회합, 그림 속의 인물과의 대화 또는 자신이 보는 대상에 대한 생각을 42개의 이야기로 전개했다. 내 방을 여행하는 장점은, 부제副題처럼 돈 쓸 일이 거의 없는 알찬 여행이라는 점이다.

그는 인간의 본성에 대해 지성의 순수함과 동물적 힘을 영혼('부인婦人'이라고 부르기도 함.)과 동물성(플라톤이 '타자他者'라고 한 것을 인용하며)으로 구분 짓고 이들 간의 대화도 나눈다. 처음엔 이게 뭔 뜬금없는 소리야. 자기 방을 여행하다니. 그런데 갈 곳 없는 날, 방 안에서 뒹굴며 그가 안내하는 상상과 관찰을 통해 유머와 기발함 가득한 여행을 따라가며 매우 즐거웠다.

8년 뒤 쓴 『한밤중 내 방 여행하는 법』은 4시간의 밤 여행이다. 프랑스 혁명에 휩쓸려 조국과 직업을 잃고 떠돌다가 다시 군인이 되어(나라를 빼앗은 프랑스와 싸우려고 용병 계약과 같은 신분으로) 러시아로 떠나야 하는 전날 다락방에서의 한밤중에 떠올린, 역시 위트가 가득하며 박학한 성찰의 글이다.

너무 시끄러운 고독

보후밀 흐라발

말(言)과 사람에 지쳐서 힘이 빠진 날, 침묵에 관한 책을 찾다가, 그러나 무슨 책이든지 그 속에 몰두하는 자체도 침묵과 고독의 시간이 아닌가 하는 자각이 들었다. 〈세라 메이틀런드〉의 『침묵의 책』을 필두로 침묵에 관해 마음 끄는 책은 찾기가 너무 어려웠으므로.

독일 감독 〈필립 그로닝〉이 알프스 심처深處에 있는 [그랑드 샤르트리즈] 수도원([카르투시오 수도회])을 내레이션 없이 촬영한 영화 『위대한 침묵』과, 미국 [트라피스트] 수도사들의 '무소유와 진정한 은자의 삶'을 보여준 어느 방송사의 다큐멘터리 『침묵으로의 초대』는 완전한 침묵이 정말 아름답다는 감동을 준다.

체코 문학의 거장, 국민 작가라고 일컬어지는 작가의 이 책은 우리 소설가들 50인이 뽑은 2016년 올해의 소설이라는 광고 문안이 겉에 띠로 둘러져 있다. 『참을 수 없는 존재의 가벼움』을 쓴 〈밀란 쿤데라〉도 체코인이다. 동북부 유럽의 혼란한 근대近代 상황이 철학자다운 작가를 배출할 배경이었을까. 〈보후밀〉을 '체코 소설의 슬픈 왕'이라 부른다. 작가는 주목받는 사람들이 아닌 주변인들의 삶을 표현해왔다고 한다.

나치로 인해 다니던 대학이 폐쇄되어 노동을 전전했던 본인의 개인적인 체험이 녹아있는 듯한 이 소설의 주인공 〈한탸〉는 35년째 지하실에서 폐지를 압축하는 일을 하고 있다. 그는 폐지를 분류해서 압축기에 넣는 단순한 노동 속에서 사상을 '알코올처럼 녹아들 때까지 몸에 흡수해왔다.' 주인공의 표현이 그렇다. 그에게는 책이 단순한 폐지가 아니며 생물이다. 때로는 최대한 책을 구해내고 살려내려 애쓴다. 그러는 와중에 지식을 쌓게 되고 나름의 삶과 노동에 대한 의미를 찾아내었다. 〈한탸〉는 쥐들이 많은 습기 찬 지하 공간에서의 작업을 지루해하지 않는다. 고독 속에서 책을 위안으로 삼고 맥주로 노동의 동력을 얻는다. 그러나 이 작업도 현대식 대형 압축기에 밀려 그만두어야 할 처지다. 퇴직하면 평생 함께해온 이 폐지 압축기를 가져갈 생각도 해보지만, 마지막 선택(〈한탸〉는 이를 승천昇天이라고 여긴다.)으로 자기 스스로를 압축통에 넣어버린다.

〈한탸〉의 선택을 두고 평자들은 '책과 노동에 대한 한 시대의 종언', '사라져가는 것들에 대한 일깨움'이라 한다. 이런 상투적인 영혼 없는 언급보다는 한 인간의 실존의 가치에 대해서 숙고해보고 싶다.

외롭고 고립된 환경에서의 삶이지만 〈한탸〉의 머릿속은 매우 분주하다. 자기가 읽어낸 작가·철학자들과의 독백, 개인적인 회상들이 떠돌아다닌다. 자신의 내면처럼 작가가 거쳐 왔던 시대의 혼란함과, 광기, 폭력들처럼 세상은 여전히 별개로 시끄럽기만 하다. 〈한탸〉가 마지막에 선택한 '승천'은 비인간적으로 변해가는 시끄러운 세상, 책의 생명을 사랑했으나 파괴해왔던 자기 세계에 대한 마감이다. 현실에서 작가는 창가에서 비둘기에게 먹이를 주려다가 추락사했다고 한다.

작가 〈보후밀〉의 글에서 우리 작가 〈이상〉이 겹쳐진다. (『슬픈 이상』이라는 평전이 있었다.) 옮긴이는 작가의 소설에서 '연민'을 떠올렸다고 한다. 그의 작품에서는 우리가 느끼는 연민뿐 아니라 작가의 인간·삶·책에 대한 사랑과 슬픔이 공히 드러난다. 옮긴이의 소개처럼, 작가의 삶은 고단하고 파란이 많았을 것 같다. 우리 소설가 50인의 추천이 아니었더라도 작가 자신도 가장 사랑하는 책이라고 밝혔다.

노르웨이의 숲

무라카미 하루키

근래에 이 작가의 소설들을 거론하지 않을 순 없다. 일본에선 그에 대해 노벨문학상까지 거론되었다. 문학성이란게 꼭 고상하고 철학적이며 우아한 것이 아니라면야. 이 책은 그의 책들을 위한 서론이다. 〈하루키〉는 문학성과 통속적 인기의 경계를 교묘히 걸치고 있는 것 같은 사람이다. 우리 작가 중에는 〈이문열〉, 〈공지영〉, 〈박영한〉을 나는 비슷하게 떠올린다. 특히 〈이문열〉의 『젊은 날의 초상』은 우울했던 젊은 시절의 우리를 얼마나 홀렸던가.

『노르웨이의 숲』에 매료되어 『세상의 끝과 하드보일드 원더랜드』, 『양을 쫓는 모험』, 『태엽 감는 새』 등 거의 모든 〈하루키〉의 책을 섭렵했다. 그러나 화제를 모은 『1Q84』에서는 오히려 무당이 처음의 신기가 오랜 유명세에 탈색되어가는 듯한 진행성을 느꼈었다. 그나마 최근의 책 『색채가 없는 다자키 쓰쿠루와 그가 순례를 떠난 해』는 강박에서 벗어나 조금은 편안해진 것 같았다. 이 글을 쓰는 동안 내놓은 『기사단장 죽이기』는 역시 영리한 이야기꾼이라는 데 동의를 할 수밖에 없게 만든다.

소설가가 골머리 패는 현학성을 나타내거나 무슨 상을 받아야 위대한 문학가라고 인정을 받는 건 아니라고 생각한다. 탐구나 사유를 위한 것이 아니라면, 대부분 책이 재미·감동을 주기를 바란다. 물론 어려운(?) 책도 독자의 주의를 끄는 점이 있기에 택하는 거다. 소설은 관심을 가진 독자가 주관·풍문에 따라 선택하는 경우가 대부분이다. 만약 그런 점에서라면 세상의 인기를 바탕으로 선택해도 괜찮을거다.

이 책이 어느 땐가 갑자기 제목을 바꾸었다. 『상실의 시대』라고. 〈비틀즈〉의 노래에서 가져왔을 제목이 작가의 오역이라든가 생뚱맞다는 논란도 있었다. 어쨌건 '노르웨이 숲'은 오해를 일으킬듯하다. 그래서 바꿨을 것이다. 제호가 뭔 상관이랴만 『노르웨이의 숲』이 내겐 훨씬 정감이 있었지만 『상실의 시대』로 나온 뒤 베스트셀러가 되었고 (꼭 그 때문은 아닐지도 모르겠는데 그럴싸한 제목에 솔깃한 대중들의 특성은 있다.) 어느 해엔가 한국인이 최고로 좋아하는 일본 소설이었다고 한다.

도입부의 반주가 흥겨워 기타 연습곡으로 좋다는 주인공이 〈비틀즈〉의 노래 [노르웨이지언 우드]를 부른다. 원뜻은 노르웨이산 원목 가구를 뜻한단다. 〈존 레논〉의 경험이 섞여 있다는 이 노래에선 애매하게 지낸 하룻밤을 빈정대는 느낌이다. 여자가 자기 방에 데려가 노르웨이산 가구를 보여주고 "좋지 않아?"라고 말한다. 둘이 술 마시다가 여자는 침대에 자러 간다며 '난 새벽에 일*work*(속어로 *sex*의 의미도 있는)한다'고 깔깔거린다. 남자는 욕조에서 잤다가 아침에 일어나 보니 이미 여자는 떠나버리고 없다. 그래서 불을 지피며(가구를 부숴 난로에 넣은 건지?) '노르웨이 나무, 좋지 않아?'라며 혼자 되뇐다. 그녀가 했던 말을 비꼬는 것인 듯, 여러 상상을 불러일으키는 노랫말이다.

소설은 주인공 〈와타나베〉의 친구들과 또는 그가 만난 사람들의 자살, 심리적 방황, 섹스 등 우리 젊은이들이 열광할만한 자극적 이야기 요소를 고루 갖추었었다. 잦은 자살과 섹스 이야기로 군에선 금지했다던가. 자살에 대한 끌림보다는 좌절하고 이런저런 아픔을 겪는 젊은이들에게 위로가 되었다고 할 수 있을까?

아무튼 〈하루키〉의 글들은 현학과 통속 사이를 오고간다는 느낌을 정확히 표현하기가 어렵다. 이후의 책들은 저자가 의도한 듯 추상적이고 신비주의적인 사유의 유희로 흘러간다. 〈하루키〉는 평범 이상의 사치스러운 탐닉과 재미를 주긴 한다. 그는 정말 탁월한 글쟁이다. (그와 비견해보면 우리 작가들도 노벨상 받을만한 분들이 많은데….)

그의 소설에서는 은근하게 다가오는 섹스가 있다. 나마

저 섹스에 대한 원초적 잡담을 해보자면 ;

인간(동물) 사회의 근원적 문제 요인으로는 물질적 지배 욕구와 섹스라고 생각해본다. 〈프로이트〉의 '리비도'와 같은 동물의 유전자에 새겨진 본능, 즉 생존과 섹스에 대한 치열한 집착의 저변에는 결국 살아남아 종을 이어가야 한다는 잠재된 책무에 연결되어 있다. 성적 욕망이 없다면 종은 존속되기 어려울 것이다. 생生(또는 죽음에 대한 극한의 공포), 식食과 성性이 가장 강력한 본능인 이유다. 이것이 우주 내 생명체 유지 시스템의 근본적 진실 중 하나라고 할 수 있다.

스스로 인간·동물도 아닌 악귀로 전락하는 강간을 제외한 섹스의 기능에서 중요한 긍정성 하나는 합의한 상대와의 소통이다. 어쩌다가 순간적으로나마 평등해지는 일치 말이다. 그러나 사랑(영혼의 교감)이 없다면 배고파 밥 먹는 것과 다를 바 없다. 차라리 섹스를 밝은 곳으로 가볍게 드러내는 풍토가 사회의 잠재적 폭력성을 완화시키는데 도움이 될 것 같다는 상상을 해본다. 어차피 겉으로 윤리·도덕을 말하면서 억제한다고 해봐야 실은 숨어서 이런저런 짓거리 다 하는 판이니.

느리게 더 느리게

장 샤오형

한동안 느리게 살기가 유행이었다. 우리 현실에서는 그냥 말뿐이고 그렇게 살기는 결코 쉽지 않다. 정신없이 서두르는 삶을 대부분 좋아할 리 없겠지만(시간이 여유로우면 불안한 사람도 있긴 하다.), 느긋하게 살고 싶어도 여건이 그렇지 않은 걸 어쩌란 말인가. 느리게 대응하고 질척거리다간 주류에서 도태되기 딱 좋다. 하지만 건강, 행동, 말 등은 빠른 것보다 천천히 진행되는 게 좋은 점이 많긴 하다.

〈장 샤오형〉은 중국의 베스트셀러 작가다. 그는 하버드 대학의 심리학 교수 〈탈 벤 샤하르〉(『해피어 *Happier*』를 쓴 이다.)의 「긍정심리학」 강의 - 하버드 최고의 인기 강의였다고 한다 - 를 바탕으로 이 책을 냈다. 일종의 기회적인 자기계발서라 할 수 있지만, 점차 세상 돌아가는 속도에 지쳐가는 중국인, 또는 한국인들은 이 제목만으로도 관심을 가질만했다.

〈샤하르〉는 '행복은 과연 어디에 있는가'부터 탐색해보자면서, 공부와 미래의 성공만을 지향하며 경쟁하는 하버드생들에게 그것만이 전부가 아니라고 말한다. 미국 역시 학벌 중시 사회다. 나는 우리 교육이나 사회시스템이 민주·정의의 최고 모델로서 미국만 따라가려 하는 것이 못마땅하다. (미국을 좌지우지하는 소수 이너서클 그룹은 정말 공정하고 정의로운가, 때로 의심스럽기까지 하다.) 어떤 울타리 안의 사회제도는 거기에서 살아가는 사람들의 공존이라는 개념에 바탕을 둔다. 동족 공동체 의식이 강한 우리는 미국처럼 다양한 민족의 이민자들이 개척한 나라와는 다르다. 미국이 규범과 원칙을 표명하여 획일적 기준으로 사회를 안정시킬 수밖에 없다면, 우리는 혈연과 동류의식이 바탕에 깔려 있는데 그들처럼 기계적으로, 물리적으로 선을 그어야 하느냐는 생각을 해본다. 그들의 실상은 뼛속까지 철저한 개인 자본주의다.

「긍정심리학」은 오히려 우리 젊은이들에게 필요한 강의일 것 같다. 그러나 이런 강의를 입시생 또는 대학에서 가르친다면 부모나 학생 모두 좋아하진 않을 듯. 일류대학 입학과 미래의 성공 및 돈벌이에 즉시 도움이 될 분야는 아니기 때문이다. 우리 교육제도는 결과만 좋으면 된다는 것에 맛을 들인 기성세대가 만들어 놓은 것으로 은연중 폐해가 극심하다. 더욱이 경쟁과 자본 우선에 세뇌된 후세에 비추어보면 진정한 행복과 타인과의 공존을 배우지 못하는 아이들이 안쓰럽기 그지없다.

행복은 누구에게나 주관적인 감정이다. 행복의 조건은

어떤 실체적인 기준을 가진 게 아니고, 자신의 마음에 따른 것으로 욕망이 어느 정도라도 충족될 때 행복하다고 느낀다. 다만, 욕망의 그 '어느 선'이 불명하고 시간이 지나면 거기에서도 멈추지 못한다는 게 문제다. 물론 이런 정도의 분석은 누구나 한다. 그렇지만 현실의 표피적 가치를 외면하지 못하는 것이 우리 삶이다. 어느 정도는 삶의 기본을 갖추려는 게 생존을 위한 본능이기에 자신의 경우에 대해서는 초연해지지 않는 것이다.

〈마이클 샌델〉 교수의 『정의란 무엇인가』와 함께 하버드에서 인기 높은 〈샤하르〉의 강의는 우리가 목매어 추구하는 물질적 목표에의 돌진을 잠시 멈추고 항상 옆에 있었을 행복을 찾아야 한다고 말한다. 그런 것들로서, 돈과 내면의 행복, 다른 사람의 기대와 나 자신, 불완전한 나를 인정하는 것, 내면의 열정을 따르기, 분노의 제어, 고독의 기회 등을 생각해보라 한다. 〈샤하르〉의 생각은 행복이 가장 궁극적인 목표이며, 잠시라도 행복해 보려고 애쓰며 사는 것이다. 행복은 어디에? 행복의 장애 요인, 물질과 행복, 일에 대한 편견, 행복하기 위한 구체적 마음가짐·방법 등을 고찰해본다.

『느리게 더 느리게 2』가 이어졌는데 이는 본 저서인 『1』과 관련성은 없다. 『2』는 중국 현대를 이끌어온 베이징 대학 출신 선현·교수·학자들의 인생관을 타이완

국립중앙대학 교수 〈츠 샤오촨遲嘯川〉이 편집한 것으로 『1』의 흥행 성공 후 비슷한 비즈니스 기획이다. 불완전한 인생을 인정하고 삶을 수행하듯 살기, 덕행과 지혜, 너그러움과 감사, 자기 제어와 공익共益을 생각하는 것 등을 제시하였다.

확실히 부정적이거나 조급하면, 또는 표면적 삶에 집착하는 행위에 중독되면 행복은 없다. 모두 아는 것임에도, 현실의 행복은 책에서 눈을 돌리면 사라지고 없으니. 인간 존재와 삶은 특별한 축복도, 저주도 아니고 스스로 얽히고설켜 유전流轉하는 현상이라는 선각자들의 말이 유의해진다. 그러니 매 순간 감사할 줄 모르는 것이 더욱 큰 불행이란다.

니체의 인생 강의

이진우

평범한 인간이 짐작하기에는, 〈니체〉에 대한 연구가 심층적으로 이루어질 만하다고 여겨진다. 그의 사상이 곱씹고 곱씹어도 처음부터 정신 차리고 읽어가기가 얼마나 어려운지 추종자들의 공부가 이어질 수밖에 없다. 사람의 생각이란 당사자가 아닌바, 그를 다 알 수 없을 뿐더러 범인凡人을 초월한 천재인 그의 사상은 난해하기까지 하니 말이다. 그의 중기 저서 『인간적인 너무나 인간적인』을 읽으면서 이렇게 '인간적으로 비인간적'일 수 있을까, 한숨이 나왔다.

그의 저서 중에 『힘(권력)에의 의지』도 비전문적 탐구자들에겐 요해가 난감하긴 마찬가지다. 대중의 설득을 위한 배려보다는 자신이 추구하는 이상의 경지에 대한('이렇게 자만에 찰 수 있는가' 생각하게 되는) 지향만을 염두에 둔 것 같다. "자기 사유를 이해하든 말든, 못 따라오겠거든 말아라"라는 식으로. 〈니체〉 스스로 '초인'처럼 현실에 안주할 수 없는 사람으로서 항상 현재를 넘어서려는 의지를 잊지 않았기에 친절할 필요가 없었던 것일까? '아포리즘'이라 불리는 잠언 형식을 이용한 표현에는 과연 그만의 광기에 가까운 총기가 느껴진다. 조현병을 앓았다니 잠깐씩 안정 상태로 돌아오면 다시 나빠지기 전에 집중적으로 저술을 하고자 했기에 잠언처럼 보일 수 있다는 설은 정확하지 않은 것 같다. 사람들이 기성의 고정관념을 답습하지 말고 '생각해보기를', '나아가기를' 바란 점에서 유추해보면 아포리즘은 의미가 있다.

일부 저작은 〈니체〉가 사랑했던 여동생이, 어렸을 때부터 모아 온 자료를 무작위로 덧붙인 자의적 편집이라고 알려졌다. 그래서 더 복잡해졌거나 혼란을 가져왔다고. 그런 설을 무시할 수 없기도 한 것이, 그의 이런저런 생각의 단편들이 그냥 한데 뒤섞여 묶인 느낌이 드는 때도 있다. 그가 오랜 두통과 착란에 시달렸다는데, 집안 내력인지 아니면 지나친 사유의 결과인지, 의사들의 추정 진단 중 하나처럼 뇌에 침투한 매독균의 영향인지. 두통은 어려서부터 그랬고 치료약물 때문에 환각에 간혹 빠졌기에 뭐가 진실인지는 모른다. 그의 사상의 깊이는 적어도 수십 년은 당대를 앞질러간다. 스스로도 백 년 뒤에는 자신이 말한 허무주의가 도래할 거라고 했다. 역시나 그 말대로다. 그러니 당대의 당사자는 머리가 아팠을 수밖에.

〈니체〉의 글에는 촌철살인, 몽매무지를 일깨우려는 선각자의 오만, 생각 없는 대중에 대한 답답함 등 정말 복잡한 심사가 가득하다. 〈파스칼〉, 〈루소〉, 〈로맹 가리〉 등 시대를 앞서간 천재들은 꼭 이러는가. 쉽고 단순한 것만 해득 가능한 나로서는 이 천재 사상가에게는 미안하지만 화장실 변기에 앉아 몇 달째 읽어가고 있다. 하긴 평범해서야 어떤 위대한 철학이 나오겠는가. 제대로 이해하려면, 아니 전 저작을 온전히 읽기만 하려 해도 화장실에서 언제까지 죽치고 있어야 할지 모를 판이다. 거의 세 계절이 지나가고 있다.

전 포항공대 〈이진우〉 교수의 〈니체〉 사상의 핵심을 간파할 수 있는 인문학 영상 강의를 모 방송사에서 제공하고 있다. 이 방송강의는 대중이 접근하고 이해하기가 좀 더 쉽다. 그는 그걸 바탕으로 『니체의 인생 강의』라는 책을 냈다. 『니체의 인생 강의』가 〈니체〉 철학의 입문서라고 하지만 범인凡人들에게는 그만하면 핵심이 잘 축약되어 있어서 충분하다(화장실에서 치질 걸리도록 앉아 있지 않아도 된다.)고 생각한다.

〈리 스핑크스〉의 『가치의 입법자 프리드리히 니체』는 〈니체〉의 해득에 어려움을 겪는 나 같은 이에게는 기본을 충실히 하는 데 유용하다. 다른 관점과 폭넓은 범위의 재해석인 인도의 명상 철학자 〈오쇼 라즈니쉬〉의 『오쇼의 차라투스트라』도 있다. 이 책은 〈니체〉의 저작들을 읽다가 지쳐서 아직도 끝을 보지 못했다. 그러잖아도 복잡한 내 머릿속을 당분간은 더 휘젓고 싶지 않다. 고급 사양이 아닌 뇌 처리용량의 한계다.

〈니체〉의 사상 중 가장 마음을 끌어당기는(대표작으로 알려진) 저서는 역시 『차라투스트라는 이렇게 말하였다』다. 이 책은 그의 사상이 가장 명료하게 완성된 것이기에 이전의 저작들은 여기에 이르기 위한 서설이고 이후의 저작들은 이것을 설명하고 보충하기 위한 부언이라고 할 수 있다고 한다. 오랜 투병 이후 날카로움이 조금 완만해지고 원숙해졌으며, 동양·불교적 사유의 느낌과 함께 그의 철학의 심오함을 군말 없이 공감하게 된다. 오히려 건강이 악화되어가는 시점에서 사유는 더 강하게 불타올라서 짧은 기간에 초고를 완성했다.

〈니체〉에 대해 먼저 떠오르는 나의 선입관은 '새롭게 바라보기, 삐딱하게 생각해보기, 뒤집어 생각해보기'였다. 그의 주장대로 망치를 들고 기존 관념을 두들겨 깨버리는 철학이다. 〈니체〉의 사유의 처음은 '신은 죽었다'고 선언한 반反그리스도적 니힐리즘이다. 신이 죽었다는 건 역설적으로 신을 부정한 게 아니다. 기독교가 모든 인류의 (신 앞에서의) 평등(나는 이 말을 신 아래의 균등한 존재라고 이해해본다.)을 주장하면서 답보적(내적인 성장과 발전을 제한해버린)인 상황에 빠진 걸 경고하는, 무작정 신에게 모든 것을 맡겨버리는 기존질서(유일사상으로 고착화 되어버린)에 대한 비판이다.

스스로를 넘어서려는 에너지인 '힘(권력)에의 의지'는 본 의미와 달리 나치의 명분에 이용당했는데, '신은 죽었다'는 의미의 근저에 있는 '영적 성숙 정도가 낮은 인간마저 우리와 평등해야 하는가'(같이 가야만 하는가.)라는 생각을 오해함에서 비롯되었다. 그건 현실에 맹목으로 자족하고 마는 사람들과 그런 삶에 대한 질책일 뿐이다.(여동생이 편집시 나치 주장에 부합되는 의도를 가졌었다고 한다.) 그가 말하는 초인(머무르지 않고 꾸준히 자기를 극복해가는)은 *Superman*이 아니고 *Overman*이다. 동물에서 인간을 거쳐 초인으로 나아간다는 그 의미에는 진전(나아간다)의 의미가 있다. 머무르면 동물과 다를 바가 없는 것이니.

〈니체〉의 철학은 상당히 동양적이다. (〈오쇼〉의 말처럼 그가 동양에서 태어났더라면 그를 위해서나 그의 사상을 위해서나 훨씬 좋았을 것을.) '생을 반복하고 싶을 만큼 운명을 사랑하고 매 순간을 긍정하자'는 운명애運命愛(*Amor fati*)나 영원회귀(반복해야 한다면 다시 후회하지 않을 정도로 운명을 사랑하라!)의 사상은 특히 그렇게 느껴진다. 알프스 산자락에서 요양하면서 그는 깨닫고 이 생각을 다듬었다. 영구히 똑같은 상황이 반복된다면 어쩔 것인가. 그래서 초인으로 나아가야 한다는 것. 현생 또는 전생轉生이든 인간이라면 고착된 숙명을 벗어나려면 그렇게 도전해봐야 하는 것 아닐까.

〈니체〉가 '기존의 진리라고 믿는 것을 타파하고 새로운 가치를 찾아가자'며, 신을 빙자하는 거짓과 위선의 기성 인식을 뒤집었던 건 당시로는 굉장한 파격이었을 것이다. 그의 신념, 용기, 더구나 진실을 꿰뚫는 철학에 경의를 바친다. 맹신의 구복신앙과 내면의 영성개발보다는 물질주의에 빠져 허덕이고, 자기 가치를 낮춰보는 환락 천지의 세상은 〈니체〉가 살던 시대나 지금이나 변한 게 별로 없다. 인간 역사는 그냥 돌고 돌 뿐이다. 그걸 그는 그토록 경계했건만.

대량살상 수학무기

캐시 오닐

개인적인 경력에도 제3의 분석가들에게 나의 역량과 경력이 수치로 계량화되어 해체(난도질)되는 과정을 수없이 거쳐 왔다. 심지어는 내 사생활·인성까지. 나를 발가벗겨 내던지고 결과를 기다리던 그때는 화가 나면서도 자격지심에 식은땀이 흘렀었다. 더욱이 타인他人들을 통한 객관적인 눈에 비치는 평가 중에는 나라는 인간의 실체로서 부정하기 어려운 측면도 없지는 않았다.

사람을 평가해서 사용하고자 하는 입장에서는 뭔가 그럴듯한, 자기 판단의 실수나 무책임을 덮어줄 외부 의존 기법이 필요하다는 걸 수긍 못 하는 건 아니다. 그러나 내 생계를 핑계로 인정하고 싶지 않은 사람에 의해서, 또는 외부 전문가랍시고 사람을 정형화하려는 낯선 사람들에게 나에 대한 평가를 맡긴다는 것에 '진정한 자유란 남의 판단에 내가 처분되는 것이 아니다'라는 자각이 실감 났었다.

세상은 가만히 있고 싶다고 그대로 두지 않는다. 나를 엮어 들어간다. 벗어나 가만히 있으면 나는 세상의 주류에서 도태되고 버려진다는 두려움을 일으켜 옭아맨다. 한데 마지못해 끌려 들어간 세상 흐름이란 게 꼭 정의롭기만 하지는 않는 것 같아서 고통스럽다. 사회 흐름을 선도하는 자들이 대의를 핑계로 실상은 자기들의 이익을 위해 무력한 이들을 호도糊塗하는 거라는 의심이 생기게 하기 때문이다.

사회상의 변동은 국가 간에도 예외가 아니다. 어떤 나라가 주도하거나 일으킨 변화에 거의 모든 나라가 휩쓸리는 세상이 되었다. 이제 [알고리즘]은 인류의 삶에서 거대한 흐름이 되었다. 대학에서 수학을 가르치다가 수학을 현실에 활용한다는 것에 끌려, 헤지펀드 회사인 [디이 쇼D.E.Shaw]로 옮긴 저자는 퀀트Quant로서 선물투자 등에서 계량화 분석 일을 하던 중 2008년의 세계적 금융위기를 촉발한 [리먼사태] 이후 자기가 해오던 일의 방식 이면에 숨겨진 불합리함을 [대량살상 수학무기(*Weapons of Math Destruction, WMD*)]라 주장하며 그 진실을 밝히고 있다.

알고리즘을 본격 적용하는 미국과 마찬가지로 우리나라에서도 오래전부터 아이들의 교육 분야는 이미 심각한 문제 상황이다. 미래 특권을 누릴 자리는 한정되어 있는데 자식이 도태될까 봐 불안함에 무한정 돈을 쏟아붓는 사교육 문제와 대학의 서열화, 기업화 경향은 사회의 계층 간극을 더욱 키우고 있다. 취업 시 수치 계량화 분석 작업은 우리나라 기업에서도 성행하고 있다. 인·적성 테스트는 아예 자기를 대변할 기회조차 주지 않는다. 이 테스트는 결과가 일관성이 있으면 좋은데 때마다 다소 유동적이며, 대응 방법을 알면 그나마 조금 대비할 수는 있다. 사람은 겪어 봐야만 아는 것이지 수치로 인간의 진실을 어찌 다 알겠는가.

현실에서의 해결 절실한 세태 말고도 방범, 금융(대출·보험), 노동, 기업 생산성, 건강, 선거와 정치 등 사회 모든 분야에서 거리낌 없이 활용되는 통계수치의 불확실한 이면, 피부로 느끼는 불완전함의 위험성, 이로 인한 계층 간 간극은 민주주의의 근간을 흔들 수 있다고 저자는 주장한다. 소위 [빅데이터]라고 불리는 것에서 더는 숨을 곳이 없다. (현대에는 온라인서핑 한 번만 해도 온갖 유사 정보가 징그럽게 따라온다.) '인간·상황에 대한 데이터 분석'이라는 폐해는 처음에는 저소득자들, 사회 소외층, 소수자들, 비주류 인종 등이 표적이 되지만 결국 사회가 위태로워지면 모두가 피해자가 된다.

인간 사회 안에서 이너·아웃 서클 간의 편견은 항상 있었을 뿐 아니라, 많은 사람을 포함한 얽히고설킨 문제를 해결해야만 하는 입장에서는 무슨 수를 쓰건 단순화해야 한다는 압박감을 이해하긴 한다. 공정성이 없고 선의의 희생자를 양산하지만 말이다. 하지만 현대처럼 전방위적으로, 대규모로 사람이 수치 중의 하나로 지배당하는 상황은 초유의 일이다.

수학을 이용하는 알고리즘이 사람을 진실로 평가할 수는 없다. 알고리즘을 이루는 기반 데이터가 완벽하지 않을뿐 아니라 인간이라는 복잡한 속성이 어떻게 정형화가 될 수 있는가? 쌓인 오류는 언젠가 큰 위험으로, 사회시스템의 붕괴로 이어질 것이다. 하지만 점차 오차는 줄어들 것이고 이에 의지하는 경향은 더욱 심화될 것이다. 국가 정책에서부터 온갖 분야에까지 이런 데이터를 수단화하려 할 것이며, 먼 미래에는 인간은 누구도 그런 취급을 당하는 것에서 자유롭지 못할 것이다.

평범한 사람들이 자신도 모르게 통계수학의 과학이라는 가면을 쓰는 시스템하에서 삶의 주도권을 잃어버리고 끌려가는 이상한 세상. 또 다른 전체주의다.

THE FACE(얼굴)

대니얼 맥닐

똑같은 얼굴은 없다. 무한정의 경우의 수가 있다. 하지만 얼굴이 없는 생물체도 있다. 성게, 불가사리, 조개 등등. 그러나 그것들에게도 우리가 모르는 얼굴이 있을지 모른다. 하여간 우리가 아는 얼굴에도 다양한 변이가 존재한다. 그렇더라도 인간의 얼굴은 공통점이 많은 유형끼리 묶어볼 수가 있다.

서양이나 우리나 얼굴을 보고 감지해내는 느낌은 비슷한가 보다. 내 생각에 이것이 관상법의 원류일 수 있겠다 싶다. 그렇다면 관상술은 근거가 있을까? 저자는 얼굴(표정과 피부)이 보여주는 신호(시그널)는 인종, 문화, 국경을 넘는 소통의 네트워크로서의 기능을 한다고 한다. 저자의 얼굴 분석은 생물학적, 구조적 분야이므로 우리가 생각하는 관상은 아니다.

과학 저널리스트인 저자는 해부학, 생리학, 인류학, 심리학 등 얼굴에 관한 거의 모든 방법을 동원해, 관상으로 보는 운명이 아닌, 얼굴이 나타내는 숨은 의미와 내면의 진심을 밝혀낸다. 사람의 얼굴을 한 번도 본 적이 없는 신생아도 정상적인(또는 보다 아름다운) 얼굴 형태에 먼저 눈이 따라간다는 연구 결과가 있다. 본성적으로 진화의 적응성을 가지기 때문에 호감적인 얼굴에 반응하는 성향을 가지고 태어난다고 한다.

저자는 얼굴의 여러 부분의 구조와 기능, 각 문화·사회적인 특징, 의사소통 수단으로서의 기능, 그 자체의 아름다움으로 이야기를 풀어간다. 아직 인식의 미개척 분야일 얼굴이라는 주제에 대한 심도 있는 과학적·인문적 탐구다. 이로써 더는 얼굴에 대한 과학적 고찰은 필요 없을 것 같다.

그는 진화와 해부학적인 신체의 특징을 말하길, 털이 없는 얼굴로 인해 사회를 만들고 공존할 수 있었다고 한다. 표정을 읽을 수 있어 메시지의 다양성을 가지게 되었기 때문이다. 두 발로 일어서면서 방어와 공격 기능이 약화된 대신에 도구를 사용하는 데 유용해졌다고. 두 쌍의 눈은 시차視差를 통해 거리를 확인한다. 또 튀어나온 코에 대한 여러 가지 가설과, 진화적으로 가장 오래된 건 입이라는 것 등에 대해 과학적 연구 근거를 제시한다.

얼굴의 차이로 인한 변화(구별)의 요소에 대해서는, 일란성 쌍둥이라도 다른 부분이 있기에 유전자가 완전히 결정짓지는 않는다고 주장한다. 자궁 내에서 자리 잡고 있었던 환경 차이로 이해할 수 있다는 뜻이다. 우리는 얼굴이라는 유형의 카테고리를 인식하고 뇌는 패턴을 인식한다. 얼굴은 약 100개의 조각으로 이루어진 모자이크 같다. 소프트웨어화하여 얼굴인식 판독이 가능한 이유다.

관상에 관해서 동양에선 체계적인 철학이 있다. 확실히 제일 먼저 내면의 감정이 정확히 드러나는 건 얼굴이다. 순우리말인 '얼굴'의 뜻은 얼을 간직하는 창고('얼골'에서 유래되었다고 한다.)다. 얼굴에 그 사람의 생각과 감정, 살아온 모습이 축적되어 외부로 비친다. 그래서 꼴값을 한다고 말한다. 우리의 선입관은 이러한 바탕에서 우러난 경험으로 실제로는 얼굴, 말투, 몸짓, 눈빛의 여러 정황을 참작해 종합적으로 간파하는 것이다.

만화가 〈허영만〉 화백은 유명 관상가 〈신기원〉 씨의 관상 이야기를 만화 『꼴-얼굴을 보고 마음을 읽는다』로 그려냈다. 신 선생 지론은 관상은 얼굴을 통해 마음을 읽는 것이다. 표정을 연습하고 호감을 이끌어내 운명을 개선하는 것이 가능함을 주장하는 인상연구가 〈주선희〉씨의 의견과 달리, 신 선생은 인간의 본성은 결코 바뀌지 않고 그것이 얼굴에 반드시 드러난다고 한다. 나도 신 선생의 생각에 공감한다.

아무튼 이 책은 얼굴에 관련한 거의 모든 물리적 탐구를 종합해낸 아주 흥미로운 내용이 가득하다. 현대인은 마음은 진즉 잃어버렸고 얼굴만 그럴듯해도 유리한 세상이다. 난 젊은 연예인들의 얼굴을 구별하지 못하는 때가 많다. 모방의 틀로 만들어낸 인형들이다. 그러니 개성적인 매력도 사라졌다.

저자도 아름다움은 우등한 인자로 인정받는 경향이라고 말하지만(인간의 잠재적 유전자의 의지도 그렇게 추구한다고 한다.), 얼굴이나, 목소리, 체형, 신체적인 우아함만이 아니라 성격, 통찰력, 기뻐하고 사랑할 줄 아는 여유 등의 개성이 빛을 발하면 더욱 아름다울 거라고 덧붙인다.

도덕경 道德經

오강남 譯

동양 철학의 깊이를 새삼 깨달아가는 요즘이다. 단편적으로 지식을 습득하거나 몇 구절만을 인용하여 접하던 얄팍함을 벗어나 적어도 몇 권은 심독해야 한다고 생각해본다. 동·서양을 불문하고 우월함을 비교할 필요도 없이, 위대한 철학들은 궁극에는 어디에선가 만나는 것 같다. 비중을 두고 자주 살펴보게 되는 동양철학서로는 『주역』, 『도덕경』, 『논어』, 『맹자』, 『묵자』 등이다. 근대 이후 우리가 서양철학 기반의 인문학 교육을 받아옴으로써 동양 인문학·철학은 주역을 필두로 한 사주팔자·운명 해석 같은 데나 써먹는 거라는 엉뚱한 선입관을 갖기 쉬운데, 서양철학이 실존·실천적인 문제에 집중하고 현실에 기반을 두었다고 치면 동양철학은 만물의 존재와 본질에 대한 통찰을 이미 너무도 오래전에 상당한 깊이에 이르렀었다고 생각한다.

〈임형석〉의 『중국 간독시대, 물질과 사상이 만나다』에는 한나라 시기의 무덤에서 나온 〈공자〉 시대의 『주역』이 현대와 달랐다거나, 〈노자〉의 『도덕경』이 『덕도경』 형식으로 발굴되었다는 내용을 전한다. 그 때는 현실의 덕이 진리적 추상성인 도에 앞서는 중요함으로 인식되었을 거라는 주장이다. 『도덕경』이 발견된 판본의 시대별 차이가 있고 당시 한문의 쓰임·문법이 현대와 다른 경우가 있었으니 해석에 따라서는 전혀 다른 뜻이 되기도 하며 문법과 글자 자체의 다양성에 묻혀 오리무중이 될 수 있다.

이 책을 선택한 이유는 모 출판사에서 일본 학자들의 불교 서적들을 기획, 간행했는데 그 내용이나 구성들이 담백하고 쉬웠던 기억에 따라 그 출판사의 책들을 우선한 것뿐이었다. 역자인 〈오강남〉 교수는 『예수는 없다』를 통해, 맹목적인 한국의 신앙행태에 대해 비판적 소신을 밝혀온 명망 있는 비교종교학자다. 〈도올 김용옥〉의 〈노자〉 강의를 비판한 『노자를 웃긴 남자』를 쓴 〈이경숙〉의 해석도 이해에 도움이 되어서 비교하며 읽었다. 그녀 역시 해석의 오류에 대해 상업적 - 책이 의외로 많이 팔렸다. - 이라는 지적을 받으며 일부 정통 도가道家연구자들의 비판이 따랐다.

『도덕경』에선 항상 제일 먼저 '도가도 비상도道可道 非常道, 명가명 비상명名可名 非常名'의 의미를 두고 논란이 많다. 심오한 뜻이기도 하겠거니와, 어이없는 풀이를 보면 '정말 도道가 어렵구나'라는 생각을 하게 된다. 만약 누군가 내 생각을 묻는다면, '우주 변화의 원리란 제 현상의 궁극이며 무상無常한 것이므로, 우리가 도라고 말할 수 있는 것이 과연 우리가 사려하는 협의의 영역이나 이름에 한정될 수 있는 것은 아니겠지'라고 답하고 싶다. 도道란, 말로 납득시킬 수 있는 성질이 아니라는데, 정말 말로 설명할 수가 없겠는가. 억지로 할 수야 있겠지만(〈노자〉도 부득이하게 말해본다고 했다.) 그 설명이 도의 실체는 아니다. 도는 당신의 체험 속에 절절히 녹아들지 않으면 그냥 막연한 지식일 뿐이다.

혼란한 세상에서 살아남으려는 의지(생의生意)를 보전한다는 뜻이 양생술, 도술, 선도 등으로 발전한 데다가, 도사들의 전설담(학과 함께 노닐고 수백 년이 넘게 오래 산다는 이야기)까지 섞여 중국에서는 토속신앙인 도교가 한때 번성하였다. 그러다가 세상이 좀 더 현실적이고 구체적으로 복잡하게 변화해오면서 도가와 도교가 다름에도 이런 뜬구름 잡는 듯한 얘기에 오해받아 도가철학이 오래 소외된듯하다. 왕조의 치세에는 보다 현실적이며 계층의 도리를 설하는 유가의 학문이 유리하다는 판단도 도가의 위축을 부추긴 셈이다.

도가의 주장을 쉽게 한마디로 대변한다면, '무리해서 변형·집착을 기하지 말고 주어진 대로, 순리대로 살다가자'는 뜻인 것 같다. 무리하지 않고 순리대로 살면 오래 살 확률이 높아진다. 무엇에든 인위적 개입(요즘 같으면 환경오염 포함)도 일으키지 않는 것. 현실을 완전히 초월한 것이 아닌 이상적인 통치에 대한 바람이 많았던 것으로 보이는 〈노자〉를 계승하고 그 사상을 더욱 깊고 특별하게 발전시켰다는 〈장자〉는 도가의 실질적 대표자라고 할 수 있다. 〈장자〉의 글을 읽으면 이게 무슨 뜬금없는 소리인가 하는 생각이 간혹 드는데, 아마 이분의 비유, 해학, 초월적 경지에서 바라본 속세의 허탈함, 심하면 빈정거림 같은 느낌 때문일지 모른다.

어떤 사안에 대해 국외자로 물러서서 어느 편에도 치우치지 않고 그것의 핵심을 간파하고 있다고 생각해보라. 아마 〈장자〉처럼 노닐 듯 관조하며 뜻 모를 소리를 던졌으리라. 〈장자〉는 완벽한 방관자적 자유로움을 노래한 거겠지. 도를 깨닫고 체득하면 물아양망物我兩忘, 자연과 합일하여 진정한 자유를 얻을 것이다. 생명이 너무나 하찮아진 어지러운 세상에서 자유를 가진다는 건 매우 중요하다. 자유가 없다면 남에게 생존마저 맡겨야 하는 거다. 사람에겐 자유가 곧 생명이다. 진실로 그가 말하는 대붕大鵬이 되어서 멀리 하늘 위를 날아보고 싶어진다.

〈장자〉의 이야기는 우화라고 하는데, 〈예수님〉이 말씀하신 '비유'와 비슷하되 이러한 전언傳言이 실제로는 진의가 사람들에게 잘 납득되지 못하는 경우가 생긴다. 〈장자〉는 썰의 규모가 우리의 상상 이상으로 엄청나다. 내 짧은 소견으로는(무식하지만 내 생각일 뿐), 그분은 이미 삶과 생명의 본질을 알았다. 그러니 어리석은 대중의 행위가 얼마나 허망한가! 어차피 무슨 말을 해도 생존에 허덕이는 인간들인지라 들으려 하지 않는구나, '차라리 물러나서 보자'는 느낌으로 다가오는 것이다. 어쩔 땐 이렇게까지 비트는가 하다가도 가슴이 찡한 외로움을 맛본다.

현대에서는 양자물리학 등이 밝혀낸 과학의 발전으로 상당 부분 주역·도 등의 원리가 납득되어가는 과정에 있다. 오히려 천체물리학, 양자역학 등의 분야에서는 『주역』과 『도덕경』으로부터 유추해내고 과학에 적용할 수 있는 것들이 많아졌다. 그러니 『도덕경』이 하버드 대학생의 필독서라 하지 않던가. 중국 고전을 읽으면서, 한문에 지식이 많았더라면 얼마나 좋을까 하는 아쉬움이 남는다. 본의를 깊고 정확히 알고 싶기 때문이다.

돈에서 자유로워지는 시간

고득성

경제와 돈에 관한 수많은 책들을 읽어왔지만 돈이란 기회와 여건이 맞아떨어지는 운 좋은 사람들의 얘기라고 믿고 있었기에, 내가 여기 쓰는 독서 여담의 글들이 조금이라도 격조가 있는 거라면 본 책을 거론하지 않았을 거다. 하지만 나의 독서 관점 대부분이 [명상과 치유]라는 부분에 편향된 와중에서도 돈이야말로 이 '명상과 치유'를 속박하는 속 깊은 사유가 되기 때문에 무시하기 어려웠다. 난 뼈저리게 이를 통감하는 체험을 했다. 그래도 '저급하게 돈에 매달리지 말자'라고 초연한척한 태도를 견지해 왔는데 내심은 끝없는 돈의 흘러나감 때문에 여전히 안달하는 품격 낮은 수준의 속물이다.

극소수의 특수층이 아닌 대다수의 사람들은 돈 때문에 뼈아픈 경험들이 있고 걱정은 평생 떠나지 않는다. 제발 죽는 날까지 이러지 말자고 다짐하느라 나의 자가 수행의 상당 부분이 소모되고 있다. 돈이 우리가 떠들어대는 행복의 절대 조건이 아님은 분명하다. 평범한 사람이 상상할 수 없는 돈을 가지고서도 천박한 마음으로 걸인과 다를 바 없이 행동하는 사람들이 있고, 가난해도 행복하게 사는 사람들이 있다. '운'과 '복'이란 걸 생각하면 그런 말을 헛소리라고 묵살하려는 생각은 들지 않는다. 어떤 이는 엉뚱한 짓을 하는데도 돈이 따라붙고, 누군가는 이성적인 판단을 내리는데도 이상하게 꼬여 애써 모은 돈을 날리는 걸 숱하게 보아왔다.

복福도 핏줄(대물림) 우선이기보다는 개별적이다. 소도시인 내 고향에도 나름 몇몇 큰 부자 가문들이 있었는데 2대를 넘기지 못하는 경우가 많았다. 대부분 2세들에게 돈에 관해 잘못된 학습을 대물림한 때문이었다. 그나마 우리가 상상할 수 없는 소위 먼 세상의 규모가 큰 부자 가벌家閥들은 나름 체계적으로 수성守城에 애쓰기도 하거니와 덩치가 워낙 방대하니 3대 이상 정도는 유지하는 것 같다. 더구나 요즘 세태는 돈 있는 곳에 돈이 모이고, 이 부의 기득권을 영구히 유지하고 존속시키려는 그들만의 이너서클이 세상을 좌지우지하고 있다. 돈과 자유는 속세에서는 철저히 종속적 관계에 있다. 물론 무소유와 우뚝 선 자존의 정신으로, 초인적 검약을 하면 돈은 의미가 대폭 적어진다. 그러나 나 역시 일종의 속물이라 [돈∑자유]의 함수관계 방정식을 풀기 위해 지겨운 족쇄를 벗지 못하고 있다.

은행의 PB 담당인 저자는 정말 돈 많은 부자 멘토들의 사례와 조언 등을 포함한 전문가적 식견으로 돈에 관한 현실적 이야기를 전하고자 한다. 이 책 내용은 읽어보면 도움이 되는 건 분명하다. 실은 그렇게 실천해도 대부분 사람들은 아마 현생에서 더는 기회를 잡기 어려울지 모른다. 기초 생계에도 급급한데 종자돈 모으기는 사실은 어렵다. 나도 대부분 저자의 생각에 동의하고 상당하게는 그렇게 실천하고 있지만, 요즘엔 온 세상에 마구 풀어 놓은 돈들이 쓸 곳을 못 찾아 부동산과 주식, 암호화폐 등으로 날뛰는 바람에 나 같은 투기 겁쟁이에게는 수익이 불어날 일이 없다. 평생 모은 쥐꼬리만 한 저축이 가만히 앉아서 야금야금 축나는 이 더러운 느낌이란! 그러니 모두 일확천금이라는 환상에 눈이 멀었나 보다.

그냥 돈 이야기나 해보자. 돈을 쫓아다니면 돈의 노예가 되는 건 맞다. 계속 쫓아가는 상황이 이어진다. 돈을 탐내는 인간들의 욕심이 추한 거지 실제 돈은 고귀하다. 그러니 존중하는 마음이 필요하다. 아등바등 독하게 모으는 데만 급급해서는 돈은 오래가지 못한다. 돈도 자존이 있기 때문이다. 천대(더럽게 모으는 일도 포함된다.)하면 돈도 그렇게 앙갚음한다. 돈을 목표로 하기보다는 자기의 이상과 노력을 현실화해가는 도중에 돈은 따라오는 경우가 많다. 기댈 곳 없는 평범한 사람들은 절약과 검소함을 더 실천할 수밖에 없다고 생각한다. 차라리 무리한 돈 욕심에서 비켜서야 자유의 기회를 좀 더 벌 수 있기 때문이다. 평균적으로 돈이 돈을 물고 온다. 돈은 돌아야 한다. 그래야 사회 역시 잘 돌아간다. 억척스럽게 모아만 두는 돈은 자기 돈이 아니며 공동체를 위해서도 해로운 행위다. 빈부 격차가 극심해지는 현대 사회현상이 그렇게 가고 있다. 부자도 돈에 관해서는 부족감에 허덕인다. 돈의 위력을 아는 그들로서는 더 두려워하므로 어느 정도에 만족하고 멈출 수가 없어진다.

지구상에서 돈(물질)은 제로섬 게임이다. 유한한 자원 환경하에서 누군가의 결핍이 다른 누구에게는 부로 쌓인다는 논리를 억지라고 할 수 없다. 노후 돈 걱정을 여전히 하고 있는 지금, 억지로 결론을 내려 보면 습관과 마음으로 돈 욕심의 규모를 줄일 수 있다. 그렇게나마 한다면 반대로 자유로울 공간이 조금이나마 커지기 때문이다. 돈 없으면 서러운 일 많다. 돈 때문에 자유를 침해당하고 무시당하는 세상이다. 내가 알게 된, 큰 돈 번 사람치고 '돈 가지고 안 되는 일 없다'는 사고방식의 틀에서 벗어난 사람은 드물었다. 이런 이들은 사람을 인격체로 보지 않는다. 모든 관계는 이득 여부를 따지는 것 외엔 아무것도 아니며, 타인은 자기 이익을 늘리거나 지켜줄 도구로만 본다. 그러므로 모두에게 예외 없이 자존을 위해 소중한 돈이다. 아끼고 인내하며 돈만큼 인격도 고결해져야 한다. 그래야 돈이 오래간다.

앞으로의 세상 돌아가는 상황과 경제에 대한 추이를 이해하려면 〈홍성국〉의 『수축사회』가 도움이 될 것 같다. 〈홍성국〉의 판단처럼 지구상의 인구는 늘고 있지만, 우리나라를 포함한 대부분의 앞선 사회의 경제 팽창 성장은 이미 끝난 것이다. 우리는 남북한이 한 경제 블록이 될 경우 외에 큰 기회가 더는 없을지 모른다. 미국의 세계적인 투자가 〈짐 로저스〉도 『앞으로 5년 한반도 투자 시나리오』에서 그렇게 말하고 있다. 돈에 대한 구체적이고 현실적인 태도와 방안은 본 책을 참조하되, 운을 부르는 신중한 행실에 대해서는 〈김승호〉의 『운명수업』이 괜찮을 것 같고, 〈이서현〉의 『내가 춤추면 코끼리도 춤춘다』는 의미 있는 통찰을 일으킨다.

뒷모습

미셸 투르니에

사랑하는 사람이 떠나가는 뒷모습은 대부분 슬프다. 삯바느질로 자식들 학비를 벌던 어머니의 뒷모습, 사업에 실패한 아버지의 처진 어깨는 지금 떠올려도 애잔하다. 당신의 파산으로 집안이 경제적으로 밑바닥을 헤맬 때 나 하나라도 부담을 덜어드리고자 군에 입대하려고 떠나는 날, 쇠약해진 모습의 부친은 돌아서서 담벼락에 기대어 눈물을 글썽이셨다. 훈련소 가는 길이 얼마나 힘들었던지. 그러나 부모님에 대한 나의 책임을 생각하면서 인내하고 군복무를 잘 마쳤었다.

저자 말처럼 뒷모습은 진실이다. 그러나, 돌아서는 상대의 뒷모습에서 갑자기 좀 전 그의 앞면의 가면을 깨닫는 경우가 있다. 뒷모습을 보고 애틋하게 느끼는 것과 달리 뒷담화나 욕을 하는 때는 의외로 많다. 이럴 땐 말과 행동(입술 모습)을 그가 완전히 멀어질 때까지 잠시 참아내야 한다. 우연히 상대가 적의를 감지하고 돌아서는 황당한 일이 있으니.

나는 사람의 먹는 모습과 뒷모습에 간혹 인간을, 미운 그를 용서해주고 싶어진다. 저나 나나 험한 세상살이에 먹고 살아남자고 이러는걸. 잔혹하고 사악하기 그지없는 우리 인류의 잠재적 어두움을 잠시 이해할 수 있다. 그렇게 만든 세상과 환경이 그럴 것인즉.

소설가 및 산문 작가인 저자는 사진작가 〈에두아르 부바〉와 함께 이 책을 냈다. 53장의 사진을 통해 진실을 탐색해보는 장場을 만들어냈다. 달리 표현하자면 이 책은 사진집에 감상을 덧씌운 거라고 할 수 있다.

나는 동영상보다 사진을 선호한다. 칼라보다는 흑백을. 사진 한 장이 펼쳐 보이는 미처 다 보여주지 못한 더 큰 상상의 세계가 좋다. 처음과 끝을 온전히 보여주는 것보다, 공간을 꽉 채운 것보다, 감상자의 여백을 배려해주는 것에 끌린다. 『다큐멘터리 사진전』의 사진들을 감상하다 보면, 누군가의 생사를 가르는 순간, 숨어있는 진실이나 슬픔, 끼니를 연명해야 하는 아픔들이 마음을 붙잡는다. 오래전 모 국가의 영사관에서 기획한 『세계 여성 사진전』을 보러 갔었다. 남자들보다 생을 무겁게 지켜내 가는 그녀들이 내 어머니와 겹쳐 여러 사진 앞에서 발걸음을 멈추어야 했었다.

요즘 부딪치는 사람들로 인해 얼마나 마음의 상처가 많았던지. 이런 상황을 찾아온 내가, 업業이, 신이란 존재가 있다면 원망스럽기 그지없었다. 납득시켜줘야 하는 소위 가진 자들의 억지에 지쳐가고 있었다. 생존에 자존을 파는 사람들. 나도 결국 이런 류인가? 자괴감이 온몸을 감싸고 있었다. 다행히 흑백의 이 사진들(오히려 글보다)이 갑자기 여러 생각을 떠올리며 연민을 만들어 주었다.

난 사람들이 서로를 미움보다 차라리 연민으로 보기를 바라고 있다. 그럼 증오를 참아낼 수 있기 때문이다. 어디 전부 네 탓일 뿐인가. 외부의 에너지를 뺏어야만 생존할 수 있는 이 세상에서 내가 있어 너를 만났고, 나 역시 완전하지 못하므로 불완전한 당신을 찾았으니, 미움으로 돌아서 버리면 우리에게는 다시는 완전해질 기회는 오지 않을 것이기에.

럼두들 등반기

윌리엄 어니스트 보우먼

〈잭 니콜슨〉과 〈모건 프리먼〉이 주연한 영화 『버킷리스트』에서는 시한부 판정을 받은 두 사람이 죽기 전에 한번은 해보고 싶었던 일들을 시도한다. 나도 언젠가 [꿈의 목록]을 감동적이고도 열정적으로 제안하는 분의 강연을 듣고 리스트를 만들어보자고 생각했었다. 그런 리스트에는 분명 여행이 꼭 낀다. 아니면 [○○산행(종주)], [○○길 걷기] 같은 것들이.

현재가 변함없이 지속될 때는 누구든 반복되는 환경을 잠시라도 전환해보고 싶은 욕구가 잠재한다. 나도 한동안 ○○길·○○산행에 미친 듯이 몰두했다. 마음 기댈 곳 없는 경쟁이 과도한 사회에서는 이런 발광이라도 하지 않으면 정말 미칠 것 같게 만든다. 그래서 온통 등산복만 입고 쏘다닌다. 우리가 하는 육체 행동 중에 뛰기가 힘들다면 마음을 달래주는 좀 더 쉬운(탁월한) 방법은 산행과 걷기다. 인간 세상에서 잠시 외곽으로 벗어나 육체의 고통을 감내하며 혼자 있어 보는 어느 정도 긴 시간 동안에는 치유의 힘이 분명 있다. 인간들의 밀도가 긴장감을 일으키므로 때로 자연에 의탁하는 것이 필요하다.

〈정유정〉의 『히말라야 환상 방황』을 읽은 후 [안나푸르나 트래킹]도 꿈꿔보았으나 자신은 없다. 이런저런 생각이 많았던 내 지인도 이 트래킹을 다녀온 다음 나에게 '당신도 다녀오시면 좋을듯하다'라고 추천을 했다. 알고 보니 의외로 내가 아는 사람 중 다수가 [히말라야 트래킹]을 다녀왔다고 한다. 그들의 다음 목표는 대개는 [산티아고 순례길], [알프스-몽블랑 트래킹]이었다.

〈정유정〉은 위 책에서 『럼두들 등반기』를 즐겁게 읽은 얘기를 했는데, 실은 나도 그녀의 [안나푸르나 트래킹 기행]을 그렇게 읽고 있었다. 국내에는 그녀로 인해 『럼두들 등반기』가 재발간 되었다. 실제 [럼두들]이 있는지 인터넷에서 조회해보는 것이 바보짓이지만 역시나 멍청하게 그러고 말았다. 저자는 몇 가지 가상의 단어를 만들어냈는데 [럼두들]도 그렇다. 그냥 가벼운 유머러스한 책이라는 인식 때문에 출간 당시(1956년)에는 관심을 얻지 못했는데, 재미는 있고 기발한 유머에 키득거리게 되는 매력적인 내용이라 등반가들 사이에 오래도록 회자되는 책이었다 한다. 그래서 남극에는 [럼두들 봉우리]가 있고, 카트만두에는 [럼두들 식당]이 있다고 한다.

병을 달고 사는 등반대의 주치의, 길을 잃어 팀에 아직도 합류하지 못하고 저 혼자 전 세계를 헤매고 돌아다니는 안내자, 포터들과 맨날 싸우는 교섭가, 쓸모없는 실험에만 매달리는 과학자, 피로한 보급 담당자, 끔찍한 요리만 만드는 요리사, 사진은 찍지 못하고 장비만 붙들고 있는 사진가 등과 자기 팀이 완벽하다고 믿는 낙천적 리더가 등반팀을 이루고 있다. 리더는 자기 팀은 조화롭고 단합된 팀이라 잘 굴러간다고 만족해한다. (현재 여러 나라의 리더들이 이런 착각으로 산다. 그럼에도 나라는 당장 무너지지 않고 흘러간다. 그러다 끝내 파산시키고는 책임도 지지 않는다. 럼두들 등반팀은 귀엽기라도 하다.) 이들 오합지졸 팀의 정신없는 활약은 등정에 아무런 도움이 되지 못하는 상황에서 그나마 계약을 지키려는(돈은 받아야 하니까), 습관적으로 행동하는 체계적인 포터들의 도움으로 우여곡절 끝에 정상에 오르게 된다.

장난 같은 내용이지만 현실은 그런 사람들 투성이다. 그런데도 세상은 유지되니 우리가 이 책을 지금도 읽고 즐거워하는 거겠지. 최근에 꽤 인기를 얻은 스웨덴 작가 〈요나스 요나손〉의 『창문 넘어 도망친 100세 노인』이란 책과 함께 '어찌 이런 상상으로 사람을 웃게 만드는지' 신통한 생각이 들었다. 답답한 최근의 내 심상에 겨우 의지하고 있는 책 읽기에서 나를 웃음 짓게 해주는 고마운 책들이다. 유머를 잘하거나, 유머에 공감할 줄 아는 사람은 그래도 인간적인 면모가 남아있는 사람들인 것 같다는 선입관.

로징냐(장미), 나의 쪽배

J.M.바스콘셀로스

이 작가의 『나의 라임 오렌지 나무』가 처음 국내에 소개되었을 당시에는 청소년 문학이라는 특정한 대상을 위한 책이 아니었는데, 언제부턴가 소년, 소녀들을 위한 권장 도서라는 소개가 따라다닌다. 개구쟁이 소년 〈제제〉와 〈뽀르뚜까〉 아저씨의 가슴 찡한 우정은, 오히려 동심이 손상된 성인이 읽어야 한다는 말이 맞을지 모르겠다.

『나의 라임 오렌지 나무』가 인기를 얻은 직후 소개된 『로징냐, 나의 쪽배』는 쓸쓸하고 아련해지는 감상을 떠오르게 해주었다. 비 오는 날 커피 한잔을 마셔가며 아쉽고 아팠으나, 따뜻함을 일으키는 그런 것처럼. 세상에 때가 덜 묻고 탐욕이 좀 줄었다면, 내가 말하는 아련하다는 느낌을 대부분은 공감할 것이다. 순수함이 티끌만큼이라도 남아있어야만 애초의 선함으로 자기를 돌아볼 여지라도 있다.

이 책을 읽던 때는 청년이었으니 나이 든 지금보다는 순진했을 것이다. 세월 따라 성장한 게 아니라 삶의 방어라는 명분 아래 얼마나 단단한 갑피를 두르고 있는지 깨닫고 슬퍼진다. 하늘을 우러러 한 점 부끄럼도 없기를 그토록 바랐건만 죄의식만 쌓아왔다는 인식. 이상하게 나이 들어가면서 마음이 약해지고, 가끔 나의 감상은 무척 심각해진다. 순하고 여려진다는 뜻이 아니다. 다시 돌이킬 수 없다는 허전함이 커지며 저 깊은 곳에서 가슴이 저린다. 간혹 절절한 고독감에 사물과 자연에, 강아지에게 중얼거리는 나를 발견한다. 이젠 가슴 졸이는 스릴러, 마음 아파지는 주제는 감당하기 어려워져 피해진다. 예를 들면 영화 『대호』를 보면서 정말 안타까웠다. 인간 생존을 위한 투쟁이야 이해하지만 자연에 대한 인간의 냉혹한 마음이 씁쓸해진다. 그런 감정이 오래가고 잔상이 깊게 남는다. 나만 청승맞게 유별난 외톨이로 늙어가는 것인가?

처음엔 『로징냐, 나의 쪽배』로 발간되고, 국내에서 의외로 반향을 일으킨 뒤 『장미, 나의 쪽배』('로징냐'의 원음은 '호징냐'로 장미라는 뜻.)로 재출간 되었다. 〈은희경〉의 『새의 선물』, 〈하퍼 리〉의 『앵무새 죽이기』도 이런 류의 순수한 감성을 일으킨다. 『로징냐, 나의 쪽배』(그냥 '로징냐'라 부르고 싶다.) 같은 애잔한 감동을 주는 글을 쓰는 우리 작가가 있으면 좋겠다. 넘치는 감상도 이렇게 아름다울 수 있으니 사람들을 순하게 만들 수 있을 것 같다.

사물과 의사를 소통할 수 있는 〈제오로꼬〉는 그것 때문에 정신병원에 갇혀 강제로 치료를 당한다. 자신이 정상이 아니었다고 강요받아 스스로도 그렇게 믿은 다음에야 병원을 나올 수 있었다. 그러나 자신을 받아들여 주는 이는 역시 아무도 없다. 그러다가, 그의 쪽배 〈로징냐〉와 다시 얘기를 나눈다.

누군가를 아프게 바라보고 짝사랑에 빠졌거나, 잃어버린 동심을 자각하고 쓸쓸해지면 이 책으로 눈물지을지 모른다. 정말 외로우면 사람이 아닌 대상과 얘기를 나누는 때도 있는 것. 나의 경험에도, 반 은둔자의 삶을 택해 수목 속에 잠겨 들었더니, 자기도 모르게 사람이 아닌 자연에 말을 걸게 되었다. 사람만 친구가 아니다. 사람에게만 의지하는 외로움은 죽는 날까지 치유하기 어렵다. 하지만 속세의 제삼자가 보면 〈제오로꼬〉 같은 정신 온전치 못한 놈이라 할지 모른다.

리더의 그릇

나카지마 다카시

대부분의 날에 뉴스를 보다가 울화가 치민다. 우리나라가 아닌 다른 세상 돌아가는 꼴이야 먼 남의 일이니까 모르는 척, 귀 닫고 눈감을 수 있지만 내가 속한 우리의 사정에 대해서는 도저히 그렇게 무심할 수가 없다. 나라든 기업이든 어떤 조직이나 리더를 잘 만나야 한다. 빼앗긴 나라를 되찾자마자 참혹한 전쟁을 치르고 나서는 수단과 방법을 가리지 않고 먹고 살아남아야겠다고 정신없이 뛰어다닌 수십 년 사이에 어느덧 국민들의 공동체 의식이나 윤리는 상당히 흐트러졌다.

규모의 크기와 상관없이 조직의 리더는 그가 책임져야 할 카테고리의 흥망성쇠를 가르는 가장 중요한 요소다. 몇 국가들에서 국가수반이나 핵심 정책자의 무책임한 행태가 나라를 쉽게 혼란에 빠트릴 수 있다는 것을 여실히 보여주었다. 리더는 아무나 할 수 있는 자리가 아니다. 뼈저리게 매 순간 반성하고 자기 절제를 해야 하는 고독한 자리다. 따르는 이들에게 바른길을 보여주는 솔선수범만이 그가 최우선으로 강력하게 실천해야 할 역할이다. 미래와 대국을 헤아리는 큰 그릇이어야 하므로 소소한 잡무에 몰두하면 안 된다. 그래서는 국가·조직이 가야 할 미래로의 중요한 방향성을 잃어버린다.

일반적으로, 아랫사람들의 마음에 드는 리더는 거의 없는 법이다. 사실 부리거나 따르는 사람 각각의 입장에서는 누구라도 내 맘 같지 않다. 나는 직장에서 터무니없이 업무 외의 수발을 요구하던 상사들에게 수없이 시달리고서는 이상적인 리더란 원래 없는 거라고 포기해버렸다. 물론 완벽한 사람은 없는 거고, 강한 집착적 편향성은 성공의 요인일 수 있다.

남자라고 다 사내다운 게 아니라, 좀생이는 넘쳐나고 그릇이 큰 사람은 정말 드물다. 먹고 살려는 생존의 현장에서 실제 정의롭고 자애로운 인간은 거의 없다. 그런 점을 불평하기 시작하면 끝이 없다. 그런 부류들에 시달리다가 일찍 생업을 포기하게 되거나 안정된 삶을 찾기 어려워 방황하는 사람도 많다. 맹수들이 아닌 인간의 세상이므로 경쟁과 쟁취를 뛰어넘는 정의의 의지는 조금이라도 있어야 하지만 인간도 결국 야생의 동물과 크게 다를 바 없다. 리더는 인기 직업이 아니다. 말하자면 아랫사람들의 환심을 사려는 리더는 일종의 무능력자적인 면이 있다.

저자의 본 책이 기업에 먹혀들어가는 상업적 처세 수업용 교재라면 던져버렸을 거다. 이 책은 한마디로 현세를 살아가는 관계 속에서의 자기 수양서라 할 수 있다. 일 년에 2천 권의 책을 읽는 다독가인 저자가, 중국 명나라 말기의 관료 〈여곤〉이 직위를 내려놓고 은

거하며 제자들을 가르치며 써낸 『신음어』란 책을 바탕으로 인격체(리더)라면 지향해야 할 가치관·실행에 대한 생각을 서술한 것. 신음呻吟이란 앓는 소리다. 끙끙 앓듯 아프게 느끼며 토해낸 사유물이란 뜻이다.

〈여곤〉이 분류한 6단계 고위공직자(대신) 중 진정 나라를 걱정하는 1, 2급류 정치인과 공직자는 우리나라에는 과연 있는지 의심스럽다. 오히려 넘쳐나는 하급(직급이 아니다.) 정치인, 공직자가 부리는 말썽으로 매일 뉴스가 시끄럽다. 어떤 고위직 공무원은 섬겨야 할 대상인 일반 국민에 대해 심한 비하의 표현을 해서 말썽이 일었다. 공직자가 국민으로부터 부여받은 권한을 시혜를 베푸는 것으로 오해하면 안 된다. 언제부터 고귀한 계층이었단 말인가. 차라리 득도, 해도 안 되는 3급류 공직자가 더 나은 형국이니 이를 어쩌면 좋단 말인가.

리얼리티 트랜서핑

바딤 젤란드

[트랜서핑]은 저자가 만들어낸 용어다. 말하자면 파도타기와 같이 운명을 '옮겨 타고 간다'는 의도다. 운명이란 말 자체가 명命을 움직여간다는 함축성이 있다. 마치 배를 타고 바다에서 파도 위를 항행하는 것과 같은 느낌인 것이다. 『우주심과 정신물리학』을 쓴 〈이차크 벤토프〉와 같이 러시아에서 우주의 실체·영성에 대한 다양한 공부의 깊이가 있다. 러시아판 『시크릿』이라고도 불리는 이 책은 오스트레일리아의 방송인이던 『시크릿』 원저자와 달리 좀 더 논리적인 접근을 보여준다. 저자 〈바딤 젤란드〉는 물리학자이다.

내가 탐구해온 우주의 실체라는 명제에 대한 답은 이미 충분히 세상에 전해져오고 있었다고 믿는다. 불경, 성경 등을 포함해서 다양한 경로로 확고한 진리를 말하고 있다. 다만 편의대로 수준 낮은 해석을 하고 맹신을 하기에 제대로 전달되지 못하고 현대와 같은 모호함으로 남아있다고 본다. 원래 의지나 관심이 오도誤導되면 곁에 두고도 모르는 법. 이런 비전은 아주 조심스럽게 전승되어 오거나, 명상 중에서의 상위 영에 의한 지도, 개인적인 각성 등으로도 통찰이 가능한 것이라고 들 비주류 과학계에서는 주장한다. 쉽다고 저자들은 강조하지만 실천하려고 시도해보면 쉬운 것이 아니므로 어쩔 수 없는 운명이라고 맡겨버리게 된다. 제발 쉬웠으면 좋겠지만 그렇지 못하므로 인간 세상이 변함없이 혼란한 거겠지.

저자는 [펜듈럼(진자振子)]이라는 표현으로 에너지의 진동을 설명했지만, 일본의 요절한 선각자 〈에오〉는 '에너지에 기생하는 우주(에너지를 착취하여 연명하는)'라는 개념으로 설명을 했다. 우주 내의 제 물질 현상은 에너지의 응집과 해체를 통한 순환이다. 에너지가 파동적으로 운동하게끔 하는 동력은 소용돌이 회전력(토션 필드)이라는 주장이 있다. (항성 주위를 도는 행성과, 원자의 구조에서는 전자電子가 유사한 운동을 한다.) 어찌 됐건, 물리적인 법칙으로 보면 에너지(파동)의 불균형은 균형을 찾는 방향으로 움직인다. 인간의 존속 실체도 죽으면 사라지는 육체가 아니며, 영혼이라고 불리는 에너지 결정체라 할 수 있다. 여기서 에너지란 우리 운명을 쥐고 흔드는 힘이다.

에너지를 키우는 것은 갈등을 확대하는 것과 같다. 즉, 갈등과 집착이 오랫동안 에너지를 양산해낸다. 열망, 욕망, 간청, 간구는 실제로 전혀 쓸모가 없는 마음가짐이다. 나쁜 상황을 탈피하게 되는 것이 아니라 집착과 부정적 감정으로 인한 악순환에 빠지게 만든다. 그러나 생명체로서 거친 환경 속에서 살아남으려면 긴장하고 경계해야 할 수밖에 없다. 두려움은 우리 유전자에 남은 가장 원시적인 감정이다.

에너지의 증폭은 그 상황을 키운다고 보면 된다. 부정적인 감정에 몰두해서 상황이 개선된 걸 본 적이 있는가? 혼자 상상 속에서 한없이 나쁜 상상의 심연으로 몰아만 간다. 부정적인 감정보다는 긍정적인 감정이 유용한 이유는 집착을 벗어난 평정과 객관적인 관찰에 더 쉽게 접근할 수 있기 때문이다. '감정을 다스리는 법', '무념과 무상의 도리', '마음이 가난한 자', '하늘에서와 같이 땅에서도 이루어지는 진리' 등 성인과 선지자들에 의해 이미 가르침이 있었다는 것을 왜 모를까? '매사에 감사하라'는 말, '네 이웃을 내 몸같이 사랑하라', '항상 깨어서 마음을 관찰하라'는 말씀들. 이는 부정을 피하고 긍정으로 돌아서려는 방편을 제시해주는 것이다. 이것이 인간 에너지의 불균형을 그나마 바로잡아주는 방법이다.

저자는 그냥 파도를 옮겨 타듯이 의도를 가지면 된다며 매우 간단하다고 한다. 단순한 의도라니. 이걸 납득하여 설명하기가 너무 어렵다. 누군들(필경 대다수 사람들) 지금 현실을 바꾸고 싶지 않겠는가. 운명의 흐름을 건너뛴다는 건 '껍질을 벗기는 듯한' 혁신을 요구한다. 그래서 역시 운명이다. 그럼에도 할 수 있다고 저자는 주장한다. 그렇게 옮겨 탄 사람들을 얼마든지 찾을 수 있다나. 나는 저자의 논리에 동의하고 이해할 듯하다. 다만, 이해하는 것·말처럼 되지 않고 실행에 자주 무너진다. 현실은 정신을 흩트려 놓는 힘이 너무 강하다. 공부라고 해본답시고 도전할수록 미천한 나의 역량에 좌절만 심해진다. 도고일척道高一尺 마고일장魔高一丈이라고, 겨우 도道에 일보나마 접근할라치면, 심마心魔는 삼천장三千丈이나 늘어난다.

복은 절대자에게 빈다고 오는 게 아니다. 마음을 다스리지 않고는 무엇도 얻을 수 없다. 그물에 걸리지 않는 바람처럼 단련하거나, 성찰을 통해 적어도 각성하려는 자세를 견지한다면 운명의 흐름에서 방향성의 주인일 수 있다는 것이 나의 소박한 의견.

마음의 미래

미치오 카쿠

마음과 존재에 대한 의문은 평생 나의 화두다. 왜 쓸데없이 그런 생존 현실 외적인 문제에 집착하느냐 물어보면 '업보인가 보다', 라고 답해버린다. 좀 근사하게 구실을 붙여본다면 〈니체〉의 말처럼 삶의 의미를 더 부여해보려는 의지가 있다고 하고 싶다. 단순하지 않고 기복이 심한 내 심리 상태를 덮어두고, 먹고 사는 일에만 몰두하다가 죽고 싶진 않다. 사는 데 꼭 그럴듯한 의미나 가치가 있어야 한다고 고집하지는 않겠다. 어떻게 살아도 일단 주어진 명命대로 사는 건 맞다. 내 삶에 대한 숙명도 특별히 대단한 것은 아니라고 어렴풋이 짐작은 한다. 하지만 적어도 궁금한 건 알고 싶다. 밥을 먹고 몸뚱이를 유지하다가 종내에는 죽음에 이르는 이 짓이 대체 무엇을 위함인가 하는.

실존의 상당한 부분이 실제로는 마음의 영역이라는 데에 생각의 끈이 닿는다. 마음이 비물질적이라는 믿음은 옳지 않다고 나는 알고 있다. 마음 때문에 몸이 반응하게 되므로 분명히 유형의 결과로 유도하는 실체다. (전기나 전파처럼) 눈에 보이지 않을 뿐. 보이지 않아도 진실은 진실이다. 과학이란 수단으로 입증되어야만 믿겠다는 태도가 옳다고 한다면, 인간이 밝혀낸 과학 수준이 얼마나 미미한지 생각해보라.

한 작가의 책에 마음이 끌리면 무모한 욕심 때문에 그 작가의 책을 거의 다 찾아 읽는 소모성 짓거리를 해왔다. 하지만 처음 감동을 받은 책만 못하다는 생각에 당혹스러울 때가 적지 않다. 〈미치오 카쿠〉의 이 책이 그렇다는 말은 아니다. 다행히 그의 글은 명색이 공학도인 내게 흥미로워 연이어 읽었다. 그는 [끈 이론]과 [평행우주론]을 주창한 세계적 석학이다. 그의 『평행우주』를 읽고서 [다중 우주]도 불가능하지 않을 거라는 생각을 해본다. 그만큼 그의 논지는 허황되지 않다.

이번에는 인간의 마음에 대한 물리학적 접근을 시도하고 있다. 인간의 마음이 물질로 전환(형상화)된다는 믿음하에서는 마음도 물질이고, 물리 법칙을 따르게 되는 건 당연하다. 그가 소개하는 뇌 연구의 사례들을 보면, 뇌의 부분별 자극에 따라 두 가지 자아의 표출, 잃어버린 기억의 재생 등 놀라운 현상을 보여주는 실험결과가 있다. 뇌가 영혼이고 우리의 주체일까? 뇌에 관해 근래의 발전된 기술을 이용한 실험은 뇌가 인식의 주체라는 걸 보여주고 있다. 심장은 마음이 아니라 인체의 구동 엔진이다. 기술의 발달은 잠재적 의식을 실험결과로 드러내게 하는 단계까지 왔다고 한다.

지능이 사회적 성공 여부와 관련이 있는지를 알아보려

는 실험에서는 지금의 욕망을 충족시키기를 참고 인내할 줄 아는 행동이 더 유용함을 드러냈다. 이게 인간으로서 동물보다 좀 더 나은 요소인지 모른다. 아니다. 동물도 목적을 위해 인내한다. 사람이나 동물이나 목적하는 것을 달성하는 데는 당장의 유혹을 참을 수 있어야 한다. 좌뇌와 우뇌의 기능 차이(좌뇌를 억제하면 기억력, 예술적 역량 등 소위 서번트 능력이 비약적으로 향상된다.), 인지 차이(좌뇌와 우뇌가 다른 생각을 하고 있다.) 등은 본능이란 상호 보완적이면서도 생명에 위험할 과도한 행동을 견제하는 것이 아닐까 추정하게 만든다.

뇌에 관한 여러 발전적 발견을 보면서 나는 불교에서 말하는 여러 단계의 의식에 생각이 미쳤다. 잠재의식과, 현실에서의 기억 및 감정이 축적되어 운명을 발현시킨다는 것이 불교 운명론적 입장의 중요한 부분이기에. 왜냐하면, 가까운 미래에 기억까지 주입하고 변형시킬 수 있는 단계가 가능함을 보여주는 조짐이 있기 때문이다. 영화 『매트릭스』에서 〈네오〉를 포함한 주인공들은 주입된 지식, 무술 실력으로 헬기를 조종하고 적과 싸우는 능력도 부여받을 수 있다. 이런 영화 속 이야기가 장차 헛소리가 아니게 될지 모른다.

이 책은 선입관으로 예단했던 우주와 연계된 마음의 탐구가 아닌 인간의 의식에 관한 탐구다. 자꾸만 불교의 유식설說唯識이 겹쳐지는데, 이미 수천 년 전에 인간의 의식에 대해 탐구하여 분류하고 정의를 내려놓은 그것과 일맥상통하기에 그렇다. 이제는 생존 활동을 위한 다섯 감각과 의식(판단 기능)은 차치하되, 에고ego와, 더 깊이 잠재되어 있다는 무의식의 세계까지 밝혀지는 것일까. 그건 단순한 문제가 아니다. 우리의 누적된 업業까지 변형된다는 건 운명론적인 개조가 가능하다는 얘기가 된다. 인간의 마음이 소프트웨어로 다운로드 되어있는데 그걸 변형시킬 수 있다면 우리가 신처럼 운명을 주도할 수 있을까. 영화 『블레이드 러너』나 『토탈리콜』같이 심어진 기억을 자신이라고 오해하는 일이 불가능하지 않을 것 같다. 갑자기 이야기가 비약되었으니 잠시 이 책에 대해서는 너무 객적일 이런 주절거림을 멈추자.

의식이 판단 기능까지만 한정한다면, 뇌는 일종의 컴퓨터라고 할 수 있다. 그러나 기능적인 면에선, 인공지능(AI)이 인간보다 우월하게 발전될 것이 분명하다. 천재 기사 〈이세돌〉과 바둑 대결을 벌인 [알파고]에서 확실히 깨달았다. 사람이 AI보다는 뭔가 확실히 우월한 다른 점이 확신되어야 할 텐데 어쩐지 불안한 감이 없지 않다. 인간이 단순한 기능에 한정되어버리면 몸뚱이 하나 건사하려고 이 우여곡절의 세상을 애써 살아야 한단 말인가? 저자 〈카쿠〉는 「마음과 의식에 대해 밝혀진 현상」, 「육체를 넘어서는 의식(마음)의 조종·향상

가능성」, 「꿈이라는 변형된 형태의 의식(과도한 기억 활동·수집 정보의 정리·분석을 하기 위한 방편이라고 추정하는)과 물질(육체)를 넘어선 의식(에너지 또는 외계의)의 존재」에 대해서 현재까지 밝혀진 과학적 근거를 바탕으로 아주 세밀한 탐구와 의견을 제시해준다. 막연히 생각했던 마음과 의식이라는 실체에 대해 진전된 이해를 가능하게 해준다.

또 다른 이야기를 꺼내 본다. 임사체험 후 『나는 천국을 보았다』를 쓴 신경외과 전문의 〈이븐 알렉산더〉는 박테리아로 인한 뇌 기능 이상으로 7일간의 혼수상태를 경험한 사람인데 소생한 후, 뇌의 기능이 현실의 삶을 가능하게 하는 필터링의 역할로서 우주와 직결되는 연결을 방해한다고 주장을 했다. 뇌가 '에고'로써 차단막을 친다는 것이다. 〈미치오 카쿠〉가 연구 사례를 통해 밝히는 환상과 환각이 뇌의 작용이라는 말 역시 비슷한 얘기다.

여하간, 유명한 천체물리학자이며 탁월한 과학 이야기꾼 〈미치오 카쿠〉의 논리 전개에 설득당해 언젠가 적어도 뇌의 비밀은 밝혀질 날이 가까운 장래에 반드시 올 거라는 믿음이 확고해진다.

마음은 외로운 사냥꾼

카슨 매컬러스

나의 관망 편향적이면서 외로움을 잘 타는 성향(그러면서도 스스로는 무리에 잘 섞이지 못하는)이 이런 책을 좋아하게 하나 보다. 그녀의 글은 과거, 어린 내게 감성적 영향이 컸었다. 한동안 책의 내용이 잊히지 않고 머릿속에 맴돌았었다.

작가가 1940년에 쓴 이 소설이 국내에 처음 소개될 때(70년대) 읽어보았고, 이후 여러 번 번역가를 바꿔가며 알려졌다. 근래에는 〈오프라 윈프리〉가 뜬금없이 소개하여 다시 관심을 끌었다 한다. 〈오프라〉의 미국 대중들에 대한 영향력은 크다. 세월을 건너뛰며 베스트셀러를 재창조하니.

어릴 때부터 여러 질병을 앓은 작가가, 소설의 배경이 되는 카페에서 실제로 소설 속 등장인물들처럼 외롭고 소외된 사람들에 대해 따뜻하게 바라보고 있는 것 같은 느낌이 든다. 그녀는 섬세한 심리 묘사, 독특한 작품 세계로 어린 나이에 등단하자마자 천재 작가로서 명성을 얻었다. 그녀의 표지 사진 모습은 총기가 넘친다.

사람들은 어쩔 수 없이 외롭지 않은가? 작은 마을에서 각자 고립되어 고독하게 살아가는 사람들은 귀머거리이고 벙어리인 〈싱어〉에게만은 자신의 얘기를 들려준다. 그는 장애인이고 지능은 떨어지지만 마음은 누구보다 따뜻하다. 그에게 하소연하듯 하는 사람들의 말을 항상 사려 깊게 들어준다. 듣지 못하고 말하지 못하는 〈싱어〉만은 자기의 마음을 이해할 거라고 믿는 마을 사람들이 들려주는 얘기를, 그들의 입술 움직임을 보고 알아채는 〈싱어〉는 정작 〈안토나풀로스〉에게만 자신의 얘기를 한다. 그의 진정한 친구 〈안토나풀로스〉 역시 〈싱어〉와 같은 장애를 가지고 있다. 〈안토나풀로스〉가 정신 병원에 입원하자 〈싱어〉는 [뉴욕카페]에서 〈안토나풀로스〉를 기다리며 사람들 - 자신들의 문제에 갇혀 있는 - 의 얘기를 들어준다. 남의 얘기를 들어주지만 정작 그의 마음은 〈안토나풀로스〉에게 가 있다. 실은 〈안토나풀로스〉가 없는 외로움 때문에 남의 말을 들어준다. 〈안토나풀로리스〉가 죽자 〈싱어〉는 자살을 택해 버린다.

어릴 적 앓은 류머티스성 열병과 성인이 된 후 뇌졸증으로 평생 불구의 몸이었던 〈매컬러스〉의 소설에는 소외된 사람들과 그들의 벗어나기 어려운 어두운 현실을 잔잔한 시선으로 지켜보는 연민과 쓸쓸함이 절절하게 드러나 있다. 그런 느낌에 점차 잠식되어 빠져들게 하는 기운이 있는 이 책은 상당히 강렬하고 유혹적이다.

〈매컬러스〉의 다른 소설 『슬픈 카페의 노래』 역시 외로운 여주인공과 그녀가 감정적 교류를 하는 꼽추의 이야기다. 주인공 〈아멜리아〉는 조지아주의 작은 마을에서 사료 가게를 하고 있는데, 야비하게 돈만 아는 거구의 여인이다. 그녀는 자기가 내심 좋아하는 꼽추 〈라이먼〉이 사람들과 어울리기를 좋아하므로 그를 위해 사료 가게를 카페로 바꾼다. 하지만 〈라이먼〉은 그녀에겐 무관심하고 오히려 폭력적인 〈아멜리아〉의 전 남편(〈마빈〉)이 돌아오자 그를 사랑하게 된다. 그러나 폭력적이긴 해도 실제로는 〈마빈〉은 〈아멜리아〉를 사랑하고 있었다. 상호 교류하는 사랑이 아니라 다른 방향으로 흘러가 버리는 슬픈 사랑이다.

사랑에 정답이 있는가. 실제로 사랑이란 그렇게 자기 위주다. 실체를 분석해보면 우리들 대부분의 사랑은 상대에게 투영되는 자기애自己愛다. 두 소설의 정서적 분위기가 왠지 비슷하다.

말의 품격

이기주

꼭 말이 조용하고 점잖다고 해서 인격이 훌륭하지만은 않다. 은밀하고 다소곳하나 위협적이거나 혹하게 만들던 그런 말들의 기억이 있다. 어떤 건 시간이 흘러도 여전한 그 가증스러움에 치를 떨기도 한다. 말이 독하면 물리적 폭력과는 비교가 안 되게 치유가 어렵다. 말에는 당연히 속내가 섞여 있다.

말로써 얼마나 많이 상처받고 반대로 나는 남에게 얼마나 구업口業을 쌓았던가. 한마디 대꾸도 못 해 억울한 기억은 또 어떤가. 오죽하면 〈최찬훈〉은 그렇게 당하지만 말라고, 말로는 절대 지지 않는다는 『이기는 말의 기술』을 썼을까. 다행히 나는 늦게나마 철이 들어 역설적으로 남의 말에 아파할 가치 없음을 알고, 격정적인 말 폭행으로 먼저 내 심장을 뛰게 하던 피가 뜨거운 나이를 지나버렸다.

말보다 중요한 건 침묵과 듣기다. 침묵은 자기 본심을 숨긴다거나 '자신 없음'을 감추기에는 좋은 전략이기도 하다. 괜히 나서서 심중을 들키고 위험을 자초하느니 차라리 입 닫는 게 나은 경우가 많다. 확실히 장황한 말을 하지 말고 지켜보는 게 낫다. 현장을 벗어나 시간이 흘러 그걸 자주 깨닫게 된다. 하지만 말을 꼭 해야만 할 때 눈치만 살피는 꼴도 비겁해 보인다. 현대는 침묵을 예쁘게 보지 않는다. 소통이 없는데 누가 자기를 알아줄 것인가. 그렇다고 침묵이 그런 대우를 받아선 안 된다. 말하지 말아야 할 때 입을 닫는 건 대단한 수양이다.

들어주는 일은 말과 침묵보다 중요하다. 자리가 올라갈수록 자기주장을 관철하고 싶어 하고 그걸 못하면 권위가 대접받지 못한다고 생각한다. 더욱이 윗사람과 오너·CEO는 나름 성공의 연륜에 따라 쌓아온 확신과 통찰이 있기에 더욱 그렇다. 그러니 지나치면 아랫사람을 신뢰하지 못하고 자기 생각을 강요하게 되고, 아랫사람은 윗사람의 의견에 자기 속내를 얹히기가 너무나 어렵다. 그냥 침묵과 받아쓰기(독재자의 수하들은 말도 없이 그 짓만 하고 있다.)로 긴 시간을 고문당하는 양 앉아있기 마련.

내게도 그런 고통스러운 시간의 경험이 너무나 많다. 장시간 일방적인 말의 포탄이 퍼부어지는 전장에서 무수히 그 파편에 맞아 초주검이 된다는 느낌. 마치 뜨거운 사우나탕에서 오랜 시간 갇혔다가 종내에는 축 늘어진 것과 같이 땀으로 속옷은 흠뻑 젖고 손대지도 않은 머리칼은 흐트러지기 일쑤였다. 대답을 요구해도 의견을 내면 말꼬투리가 잡히고 잘못하면 찍히기 마련이므로 지쳐서 자포자기하고 비위나 맞추다가, 풀었어야 할 일의 방향이 엉뚱한 데로 가버려 해결이 더욱 난감하게 되었음을 후회하던 안타까운 기억들.

존중받을 말의 이면에는 심오한 사고와 투철한 정신 수양이 있다. 입 밖에 나온다고 다 인간다운 말이 아니다. 방송에서 매일 듣게 되는, 최고 리더의 자리에 어울리지 않게 천박한 말, 순간만 넘겨보려는 정치인들의 뻔뻔한 거짓말, 계층 간의 상대를 헐뜯는 원초적인 비열한 말들이 세상을 더럽게 만든다.

'사이코패스', '소시오패스'는 태생적으로나 환경적으로 타인에게 공감할 줄 모르게 되어버린 인간이다. 자신의 감정에만 집착하기 때문에 타인의 고통을 전혀 생각하지 못한다. 남의 말에 귀 기울여주는 것, 공감해주는 것 없이 내 주장만을 떠들어대는 통에 배려와 존중이 사라져버린 현대의 삶에서 '소시오패스'가 넘치게 양산되고 있다.

저자의 『언어의 온도』가 근래 베스트셀러 상위에 올라 있었다. 차분하고 조용한 산문이었다. 지독하고 천한 언어들의 성찬과, 소통과 공감이 사라져버린 험한 세상에서 대중들의 위로 받고 싶은 마음을 대변한 표현이다. 이 『말의 품격』을 꺼내든 건, 그동안 무심결에 뱉어온 무책임한 말에 대한 반성, 차라리 말 않기를 잘했다는 깨달음들, 힘들었던 이들에게 깊이 귀 기울여 주지 못했다는 미안함에 동의하기 때문이다.

편안하게 다가오는 말을 들어본 지 너무나 오래되었다. 나를 비난하거나 내 여건에 대한 이해와 배려 없이 해대는 충고, 자신의 입장만을 반복하는 말들을 피해 다니다가 외톨이가 되지 않을까 걱정을 한다. 나 역시 타인에게 그런 따뜻한 사람이 되기에는 많이 부족했을 터. 하지만 날 선 긴장을 풀어주어 공존의 감사를 느끼게 하는 인연을 때로는 방패 없이 만나고 싶어진다.

일본 쿄토의 최고부자라고 하는 〈미야모토 마유미〉는 『돈을 부르는 말버릇』에서, 말은 우주에 보내는 주문이라며 돈과 운을 가져오는 긍정의 말 습관이 자신의 성공을 이루었다고 한다. 말은 좋은 운과 성공의 단초다. 부정적이고 사악한 말보다, 긍정적이고 감사와 사랑이 넘치는 말이 좋은 에너지를 끌어당김은 틀림없는 사실이다.

매트릭스로 철학하기

슬라보예 지젝 外

영화 『매트릭스』가 처음 나왔을 때 정말 충격적이었다. 영화가 보여준 획기적인 상상에는 온갖 심오한 철학적 주제가 담겨 있었다. 거기에 화려한 액션이 더해져서 시리즈 전체가 흥행에도 큰 성공을 거두었다. 주인공 〈네오〉를 연기한 〈키아누 리브스〉는 오랫동안 영화 선택을 잘못해 별로 빛을 못 보다가 이 영화로 화려하게 컴백했었다.

나는 때론 삶이 정말 꿈만 같다고 느낀다. 이 현실이 실제인지, 스스로가 타인처럼, 뿌리가 없어지는 혼란을 겪기도 한다. 〈장자〉의 호접몽胡蝶夢처럼 어느 것이 진짜인가? 의식과 감각만이 삶을 겪는 것이라면 그냥 전기적 자극으로 보여주는 허상도 괜찮지 않을까? 당신은 진실된 실체를 알기를 선택하고 싶겠는가? 그런 질문 앞에 누구든 망설이는 태도를 보여줄 것 같다. 하지만 지금 우리의 현실 삶의 모습들을 관찰해보면 바로 알 수 있다. 그 진실을 과감히 선택할 수 있는 사람은 분명 극소수일 것임을.

이 책은 논문 결정에 답보상태인 나의 긴장을 풀라고 지도교수께서 주신 것으로, 세계적인 석학 〈슬라보예 지젝〉 등 철학자 17명이 영화 『매트릭스』가 불러일으킨 15개의 철학적 통찰을 모은 것이다. 오랫동안 인류가 지녀온 실존에 대한 고뇌, 수많은 사상의 결정체를 집약시켜 놓은 듯 보이는 이 영화로 이 책의 철학자들처럼 새로운 사유거리를 만들어도 될 것 같다.

서양 철학의 본태적 연원은 〈플라톤〉이다. 그가 비유한 [동굴의 우화]는 매트릭스적 가상현실을 잘 설명해준다. 그리고 현실은 꿈과 허상이라는 〈장자〉, 제법諸法이 공空하다는 〈석가모니〉의 설법도 그렇다. 이 책의 철학자들은 〈소크라테스〉의 근원적 질문, 〈플라톤〉의 동굴의 알레고리, 〈데카르트〉의 방법적 회의, 〈마르크스〉의 변증법 외에도 소설 〈도스토예프스키〉의 『지하생활자』, 〈사르트르〉의 『구토』 등이 매트리스적 인식에 관통하고 있음을 비춰준다. 비본질적인 삶은 끊임없이 본질로부터 도피하는 삶이라고 〈사르트르〉를 불러온 이는 말한다.

물질계 현실의 평범한 인간의 삶은 근원으로부터 계속 멀어져 온 것이기에 이를 깨닫고 다시 본래로 돌아가야 한다는 것이 〈석가모니〉를 포함한 각자覺者들의 가르침이었다. 어느 철학자는 영화 『매트릭스』가 종교적 다원주의를 보여준다고 주장한다. 성경에서 구세주는 메시아인 '그 The one'다. 〈네오〉는 one의 뒤집어쓴 철자이다. 〈사이퍼〉의 배신은 〈유다〉와 흡사하다. 〈예수)의 부활 같은 〈네오〉의 재생이 있으며, 〈부처〉의 깨달음은 마음의 감옥으로부터 벗어나길 선택하는 〈네오〉가 대비된다. 경험적 실체가 없다는 가르침은 힌두교, 불교, 동양 정신 등에서 나타난다는 것.

〈모피어스〉는 〈네오〉에게 이렇게 말한다. "매트릭스는 이미 우리 세상에 있으며, 그것은 당신이 노예라는 진실을 보지 못하도록 눈을 가리는 세상"이다. "마음의 감옥에서 태어났으나 그 사실조차 알 수 없다."라고. 그림자만 보는데 익숙해져서 사물의 실제 모습을 정작 믿지 못하는 동굴의 알레고리는, 장치 속에서 생명만을 유지한 채 신경 상호작용 시뮬레이션에 의해 전자신호가 만드는 잉여의 이미지 속에 갇힌 인간들 상황과 다르지 않다. 인간의 꿈도 유사하다. 꿈속에서 그는 어떤 잠재의식의 상황을 겪고 있지만 실제로는 자고 있는 것. 하지만, 영화에서는 대면해야 할 진실의 세상은 감당해내기 쉽지 않다. 〈네오〉의 동료인 〈사이퍼〉는 비록 거짓의 삶일지라도 매트릭스의 세상으로 돌아가고자 〈스미스〉 요원과 거래하고 〈모피어스〉를 배반한다.

우리도 참혹한 고통에 처하면 지금 이 순간이 차라리 꿈이기를 빌게 된다. 이 책의 누군가의 주장처럼 차라리 가상현실을 선택한 것이 옳을 수도 있다. 그에 따르면 매트릭스는 그저 감각적인 쾌락만을 주는 것이 아니고, 우리가 바랄 수 있는 모든 것을 주는데, 위조된 현실은 위조되지 않은 현실만큼 형이상학적으로 실재적일 수 있다는 것이다.

흥미로웠던 한 편의 영화 이야기를 하려는 것은 아니다. 영화가 던져주는 철학과의 교점에서 우리가 깨닫고자 하는 것은 결국 '진실한 삶은 무엇인가'다. 지금의 삶이 가상이건 실체이건 '마음의 감옥을 벗어나는 것'은 무엇보다 진실이어야 한다. 이것이 중요하다. 가상현실이 주는 쾌락 이상의 중요한 것은 진실과 자유이다. 내가 내 삶을 통제할 수 없다면 그것이 대체 내게 어떤 유의함이 있단 말인가. 첨단기술로 계속 진보되어 가는 미래의 세상은 영화가 보여준 가상현실이 언젠가는 가능할 수 있음을 추정하게 한다. 그렇다면 여전히, 우리는 무엇인가? 실재란 무엇인가? 마음은 무엇인가? 인생의 목표는 무엇인가라는 등의 무거운 질문에 매달릴 수밖에 없을 것 같다.

멀리 있는 빛

이균영

언젠가, 다가가지 못하는 멀리 있었던 빛에 암담했던 날들이 있었다. 그때 그 빛은 내게는 결코 손에 잡히지 않을, 그냥 반복되는 속임수였다.

지금은 어떤가. 채워지지 않는 욕심으로 죽는 날까지 아마 무지개를 쫓아가는 소년처럼 철없이 살다 죽겠지. 어설프게 알게 되고 얄팍하게 쥐어지는 그 무엇 때문에 내 삶이 허허롭다.

이 소설은 단편이다. 작가는 어느 일간지의 신춘문예에서 『바람과 도시』로 당선되었었다. 그해 초에 신문에서 그 글을 읽었고 잔상이 계속 남아서 훗날 그의 작품(문고본)을 구했다. 그게 『멀리 있는 빛』이었다.

그의 입장과 상황이 나와는 다르고, 그도 자기의 이야기를 소설화한 것은 아니었으나 부분적으로 그의 삶이 투영된 듯했다. 작가가 소설 속에 드러내는 관점에 많은 부분 동조화가 되었다. 그의 고뇌가 내게 다가오는 서늘한 느낌이 있었다. 극적인 소설은 아닌데, 작가가 가진 내면의 표현이 잘 나타나서 눈에 비치는 현실 하나하나를 놓치지 않고 의미를 분석하고 싶었던, 잡념이 많던 당시의 내게는 매우 특별한 글이었다. 왠지 그를 오래전부터 알았던 것처럼 친숙한 느낌이 들었다.

모 대학교수로 재직하다가 젊은 나이에 교통사고로 갑작스러운 죽음을 맞은 그의 소식에 안타까워했던 기억이 난다. 외국 여행에서 돌아와 시골에 있는 부모를 뵈러 가다 사고를 당했다 한다. 그의 고향은 내 고향에 인접한 소도시다. 몇 년 전 그 도시 거리에 그의 추모 21주기라는 현수막이 걸려 있었다. 벌써 세월이 그렇게 흘렀다.

전해지는 말로는 그는 치열하게 고뇌하는 사유 깊은 지식인이었다는 평이다. 자기 절제에도 엄격하여 허술함을 비켜 가지 않았다고 한다. 그가 생존해있었다면 난 계속 그의 글을 참으로 좋아했을 것 같다. 화려한 수식어와 기교로 우리를 홀렸던 유명한 사이비 지식인(글 기술자)들의 글과 달리 그에게는 무시하기 어려운 진심이 있는 것 같았다. 역사학을 전공했던 탁월한 사학자(*일제 하의 『신간회 연구』를 펴냈다.)이기도 한 그는 『어두운 기억의 저편』이라는 소설로 [이상문학상]을 수상했다. 최연소 수상자라고 했다.

나는 그의 글에 공감하고 감정이입을 했지만 작가와 같은 수준의 고뇌, 사유하는 고급 지성인은 당연히 아니다. 그냥 잡생각이 많고 마음 여리고 예민한 감상주의자일 뿐이다. 그런데 그의 글은 오래 기억에 남아있다. 그의 소설은 나의 감성과 혼재된 느낌이다. 일관된 분위기를 느끼는 탓이리라.

현실에 고뇌하고 주류에 휩쓸리지 못하는 고독한 자에게 빛은 항상 멀리 있었다. 잡힐 듯 잡히지 않는 그 빛을 찾아가는 지식인의 삶은 그래서 고달픈 법. 단순하고 가볍지 않았던 그는 안타깝게도 닿을 수 없는 멀리 있는 빛이 되어버렸다.

모스크바의 신사

에이모 토울스

"매너가 사람을 만든다"는 대사가 인상적인, 더구나 기발한 재치로 산뜻한 재미를 주었던 영화가 있었다. 인간 삶이 여전히 각박하고 돈과 권력 같은 타인이 부러워할 만한 것들을 가진 사람들만이 그나마 대우를 받는 세상이지만, 제발 이러한 '조건'들만으로 사람의 격이 결정되지 않았으면 좋겠다.

〈오바마〉 대통령이 어느 해엔가 감명 깊게 읽은 11권의 책 중 하나라는 소개 때문에 오히려 읽지 않았던 이 책을, 의무로 1년여를 철학서에 시달리다가 여름방학 중에 눈 돌려 선택했었다. 퇴직 후 반백수 나날인 내게 휴식기라고 정해진 기간은 없지만, 정신에 어울리지 않는 과부하를 벗어나고자 게으름을 바랐다는 뜻이다. 세상의 많은 대통령들이 과연 책을 일 년에 몇 페이지라도 읽는지는 의심스럽지만, 어쩌면 〈오바마〉 대통령이라면 한 해에 11권 이상을 읽었을 수 있다. (물론 미국은 정치에서도 시스템이 잘 작동되는 나라이기 때문이기도 하다. 사실, 대통령이 잔망스럽게 설치면 안 된다. 웬만한 나라에선 중심만 잘 잡아줘도 나라는 별 탈이 없다.) 내심으로는 명색이 미국의 대통령이 소개한 책인데, 허접하랴 싶기도 했던 기대도 있었다. 책은 일단 넘치는 위트로 재미가 있다. 소설은 어쨌건 재미가 읽어나갈 동력의 원천이기도 하다.

그동안 선택했던 『말의 품격』, 『삶의 격』, 『품위 있는 사회』 등은 인간의 격을 고심하였던 책들이었다. '사람은 그래도 사람다워야 한다'는 게 나의 바람인데, 실제로 그럴 수 있는 사람이 얼마나 될까? 사람이 특별한 존재라는 자존심 때문에 이런 질문이 시작된다. 사람이 그렇게 별다를까? 동물과 많은 차이가 나긴 하는가? 자주 의심해본다. 다행히 돈과 권력만이 사람의 격을 높여주지는 않는 듯하다는 나름의 판단에 이르렀다.

나이 들었다고 어른 대접을 기대할 수도 없는 세태와 긴 세월을 비생산성 사회 구성원으로 감당해야 하는 노년의 삶은 대접받을 수 없는 여건을 만든다. 젊은이들에게 바람직한 본보기는커녕 말년의 존재감을 의식하여 독선과 떼거리 억지를 부리는 모습은 내 보기에도 추하다. 한국적 사회 특성상 투쟁심으로 살아남은 흔적을 인생 마무리 과정에서 바람직하지 못하게 보여주는 것이다. 사람의 격조, 품위, 신사다움, 말년의 아름다운 마무리를 다시 생각해본다.

작가가 그려낸 신사의 모습은 주인공 〈알렉산드로 일리치 로스토프〉 백작이 보여주는 자존감과 언행이다.

러시아의 [볼셰비키] 혁명으로 [로마노프] 왕조가 몰락하고 구세대 귀족인 백작은 과거에 쓴 시가 그나마 혁명에 동조하였다는 인정을 받아 처결을 피하고(실은 이 시는 혁명 이전에 친구가 쓴 시였으나 위험을 줄이기 위해 - 귀족은 쉽게 처벌당하진 않을 거라는 생각에 따라 - 백작의 이름으로 발표했었다.), 모스크바의 [메트로폴 호텔](이 호텔이 실재한단다.)에 종신 연금이 되고, 호텔 밖으로 나갈 경우 사형에 처해질 거라는 판결을 받는다. 이때가 이야기의 시작인 1922년이다. 고향의 저택은 물론 호텔에서도 소지품 대부분을 뺏기고 그동안 기거해왔던 스위트룸에서 창고로 사용하던 다락방으로 옮겨야만 한다. 이후 1954년까지 32년 동안의 이야기다. 백작은 언젠간 스스로 죽음을 택하려 마음먹고 있었다. 어느 날 그런 시도를 하다가 우연히 방해받고 호텔의 웨이터로 일하게 되면서 사람들과 관계를 맺고 살아간다.

백작은 자신의 대부가 해주었던 말, "역경은 여러 가지 형태로 나타나며, 인간은 자신의 환경을 지배하지 않으면 그 환경에 지배당할 수밖에 없다"는 것과 "지혜로운 자는 긍정적인 자세를 잃지 않는다."는 신념을 간직하고 있다. 한정된 공간 속에서 삶의 제약을 당하면서도 그는 신사의 품격을 잃지 않는다. 그는 관찰자이며 주체자이다.

인간과 삶에 대한 존중과 사랑이 신사의 기본 품성이다. 보통 이런 사람은 기회에 따라 우왕좌왕하지 않으며 언행의 일관성을 간직하고 곤란함 속에서도 유머를 잃지 않는다. 작가는 투자전문가로서의 경력을 가진 사람이다. 영리하게도 소설의 구성에 비즈니스적으로 계산된 치밀함이 있다. 진한 감동의 여운을 주는 건 아니지만 그렇다고 그냥 재미로만 읽고 넘겨버리기에도 분명 아쉬운 책이다. 하지만 재미와 더불어 각박한 현재의 우리 삶에서 모처럼 따뜻함을 느끼게 해주는 그런 책이며 독서였다.

무경계

켄 윌버

1949년생인 저자가 23살의 나이로 당 시대에 이런 글을 쓸 수 있다는 것으로써, 그가 천재라는 평가에 동의할 수밖에 없게 만든다. 나는 미련해서 수십 년을 내면의 성찰에 관해 미친 듯 책을 전전하면서도 일갑자—甲子 넘은 지금에도 감히 그런 글은 상상도 못 할 것 같다. 그가 〈노자〉의 『도덕경』을 읽고서 얻은 깨달음으로 시작해 엄청난 양의 독서와 분석 끝에 글쓰기에 몰두하여 처음 낸 저서는 『의식의 스펙트럼』이었다. 『무경계』는 그 책의 개정·보완·설명서 같은 책이다. 같은 책을 읽고서 누군가는 이렇게 각성을 얻는다. 지금도 하루 2~3시간의 명상을 한다고 히는 그는 영적 수행자들 사이에선 전설 같은 존재다.

[의식의 스펙트럼]이란 의식이 수많은 정체성 수준의 대역帶域으로 이루어진 스펙트럼(무지개 띠처럼) 같다는 의미다. 의식의 단계별 계층과 비슷하다. '스펙트럼'은 인간 의식의 진화를 생각나게 한다. 인간 누구나가 궁금해하는 가장 근원적인 질문 중 하나는 아마도 '나는 누구인가?'일 거다. 이 질문은 심오하여 답이 쉽지 않다. 이 몸뚱이가 나인가, 생각하는 게 나인가, 불리는 이름이 나인가?

그는 말하길 "나를 묘사하거나 설명할 때는 내적 경험의 세계에 더해서 정신적 선이나 경계를 구획 짓는다. 그 안쪽에 있는 것이 '나'이며, 삶이 대체로 경계를 설정하는 일에 쓰인다"라고 한다. 예를 들면, 결정은 '선택과 선택하지 않는' 경계, 욕망은 '쾌락과 고통'의 경계, 관념은 '진실과 진실이 아닌 것'의 경계인 것처럼 모든 일이 경계를 긋는 일이다. 탁월한 분석이다.

경계는 대립하는 것처럼 보이는 양극(대극對極)을 만들어낸다. 따라서 경계가 사라지면 대립은 없다. 원래 경계란 없었으므로 정신과 육체 사이의 경계, 유기체인 존재와 환경 사이의 경계, 정체성을 제한하는 경계를 허물면 근원의 진정한 나를 실현하게 될 것이다. 이것은 『도덕경』이나 여타 동양적 사유에도 잘 나타나 있다.

의식과 정체성의 단계는 다음과 같다. 경계를 침으로써 협소해진 자아상인 페르소나 수준 → 자각하기 시작한 건전한 자아상 → 심신일여心身一如 단계인 켄타우로스(반인반수半人半獸로 비유해 설명한 듯) 수준 → 초월적 주시자(초개아超個我) → 경계가 없는 궁극(근원)의 의식 상태다.

스펙트럼 상에서 변화의 태동은 삶에 대한 불만이 자각되는 순간이다. 그럼으로써 삶과 존재에 따른 무게에 매몰되어 있던 성장하려는 지성의 싹이 점차 드러난다. 종내에는 합일의식을 이루어야 한다. 합일의식이란 모든 상태의 원초적 조건이자 진정한 본성으로서 그건 현재의 자각하는 의식과 합일의식을 분리시키는 경계가 없는 것이다. 그는 스펙트럼 대역별로 심리적 치료법과 각 단계에서의 추천 도서, 스펙트럼 상의 다른 수준들에 접촉하는 실천적인 방법을 탐구하고 제시하였다. 서양 심리학과 동양의 신비전통을 통합함으로써 심리학계에 큰 반향을 일으켰다.

우리가 아는 도가道家의 출발점인 〈노자〉는 '근본으로의 회귀'를 지향했다. 그럼으로 숭본식말崇本息末의 경향이 있다고 현대의 학자들은 판단한다. 따라서 도가 계승자인 〈장자〉와 달리 경계를 아직 완전히 벗어나지 못했다는 평가도 있다. 〈장자〉가 추구한 '절대적이며 무한한 자유(무대無待의 소요逍遙)'가 아마도 무경계의 경지일 것이다. 나는 어느 정도의 경계를 긋고 사는가? 한 번쯤 자문해볼 일이다.

무탄트 메시지

말로 모건

미국의 예방의학 전공의 〈말로 모건〉의 이 책이 창작물(픽션)이라는 논란이 일어 많은 이들이 실망하고, 저자는 그건 진실이 아니라고 항변하는 얘기가 인터넷에 떠돈다. 만약 창작이라면 정말 실망이다. 그렇다면 비록 내용은 훌륭했지만 그를 용서하지 못할 것 같다. 그만큼 좋았던 것을….

반면 저자의 해명이 국내 번역 출판사에 메일로 보내진 것도 있다. 이 책으로 인해 많은 돈을 벌었다는 루머에 따라 어떤 사람이 돈을 노리고 악의적인 거짓말을 퍼뜨렸다고 한다. 결국 나도 저자처럼 그런 소문에 집착할 건 없다고 생각했다. 픽션이건 논픽션이건 평화롭고 영적인 영혼들인 [참사람 부족]이 짐승으로부터 진화했던 동물 중 하나가 아니라 우리의 참된 원형이었기를 빌었으면 그것으로 충분하다고 여긴다.

저자는 호주 원주민 [참사람 부족]의 집회에 초대를 받아 참석했다가 호주를 남북으로 종단(불모지와 사막을 걸어서 건너는)하는 4개월의 도보 여행에 동행하게 되면서 원시적이지만, 우리가 보기에는 초인간적이라 할 그들의 특별한 능력, 텔레파시, 예지력 등을 경험한다.

이 부족은 마지막 남은 원시 부족이었다. 호주로 이주해온 영국 사람들에 의해 원주민들은 짐승처럼 사냥당하기도 했었다. 이젠 대부분의 원주민은 혈통 소멸 또는 현대문명에 물들어 태초의 기억과 능력을 다 잃어버렸다. 이들은 아마 지구가 하나의 대륙이었던 [판게아] 이후, 오스트레일리아 대륙이 따로 분리됨으로써 타 대륙과 오랫동안 고립되어 남은(보존된) 초기 인류 원형이 이어졌을 거라 여겨지는 사람들이다. 이들이 보여준 초능력도 애초에 인류가 가진 것이었지만 대다수 인류에게는 오래전에 사라져버린 능력이라고 한다.

자신들이 인간 본류의 모습(우리 존재의 가치관을 알고 있던)이라고 믿고, 그래서 그들이 바라보는 현대문명의 인류는 [무탄트(돌연변이)]다. 그들은, 말은 마음이나 가슴으로 하는 것이고 지구상에 존재하는 모든 것들은 반드시 존재 이유가 있다고 믿는다. [참사람]들은 우리가 온 곳(돌아가야 할 그곳)을 알고 있었고, 죽음에 임하여 평화롭게 자유의지에 따라서 순종하였다. 죽음의 때가 되면 미리 알아서 홀로 들판에 나가 죽음을 맞이하였다. 이는 죽음을 두려워하고 전전긍긍하는 현대인에겐 너무나 부러운 '귀환'이라고 할 수 있겠다.

덧붙여 그들이 전해주는 영혼에 기록되는 감정들에 대한 설명에 따르면 분노나 적대감, 슬픔 등의 감정이 세포에 박힌다고 믿는다. 나도 이런 간접 경험을 한 적이 있다. 잠재적으로 억눌렸던 감정이 사라짐에 따라 위중한 병이 치유되는 사람도 본 적이 있다. 마음이 몸을 지배한다는 말은 사실이다.

저자의 다른 책 『참사람 부족의 메시지』는 참사람 부족과의 경험을 바탕으로 창작한 소설이다. 비슷하지만 이 이야기 속에 [참사람 부족]의 가치관이 잘 드러나 있다.

"호주 원주민들은 자연의 자손들이다. 어머니 대지를 해치거나 오염시키는 일은 하지 않는다. 우리는 하늘과 별, 해와 달과 연결되어 있다. 우리와 모든 생명은 한 가족이다." 그들은 맑은 영혼으로 자연에 순응하며 살아온 사람들이다. 그들 이후로 순수한 인간 정신은 이미 사라진 것이다.

묵자墨子는 살아있다

박진우

중국 고전 몇을 꺼내 읽고 있다. 〈공자〉, 〈맹자孟子〉의 사상이 우리에겐 너무나 친숙하고 의미 깊지만, 〈노자〉(『도덕경』), 〈장자莊子〉와 함께 〈묵자〉도 빠트리지 않고 싶다. 중국 고대철학을 압축 선별하라면, 위 사상가들만큼은 '반드시! 읽어야 한다.'고 생각한다. 〈묵자〉가 겸애兼愛 사상 때문에, '〈예수님〉 이전에 이미 사랑을 설하였다'고 관심을 받는다는 건 그다지 바람직하지 않다. 저자는 〈묵자〉의 상동론上同論을 '상하동의上下同義 즉, 인민의 뜻이 지도자와 하늘의 뜻에 부합한다'는 현대에서도 매우 의미 있는 논지를 전개하고 있다.

〈맹자〉는 〈묵자〉의 겸애를 비판하였다. 제 부모·형제를 사랑하는 것부터가 우선이고 옳다고 생각할 수 있다. 그것도 제대로 못 하면서 타인을 사랑하자는 외침이 공허하고 위선이라고 비쳤을지 모르겠다. 하지만 〈묵자〉의 "남을 사랑하고 남을 이롭게 하는 사람에게는 하늘이 반드시 복을 내리고, 남을 미워하고 남을 해치는 사람에게는 하늘이 반드시 재앙과 화를 내린다."는 말은 성경의 한 구절 같기만 하다.

〈묵자〉는 단지 유세가가 아니라, 암담한 현실에 맨몸으로 부딪치며 실리적인 사랑(당장 생사가 오락가락하는 이에게 실질적 해결방안이 되지 않으면 공염불일 뿐)을 펼친 참여 NGO 리더라고 표현할 수 있지 않을까 싶다. 그는 현실주의자다. 침략에 대비한 방어 기술과 특수 장비에도 탁월한 실무적 기술자이기도 했다. 그렇기에 당시에는 [유가儒家]보다 민초들에게서 더 추종을 받은 유파였다.

제왕들이 보기에는 〈묵자〉의 사상은 위험하다. 따라서 〈진시황〉의 [분서갱유焚書坑儒] 시 주 표적이 되기도 했다. 그래서 주류에서 밀려났다가 본 가치와 상관없이 근대 중국 공산사회의 유물론적 정치 의도와 묘하게 맞물려 재조명되었다. 다른 사상들처럼 제왕의 통치학이 아니라 인민들을 위한다는 것이 그 이유다. 보통 군주들은 백성이 자신들의 존재 이유가 아니라, 자신들이 백성들의 존재 이유라는 착각에 빠진 이들이었다. 우리 조선 시대를 예로 들자면, 〈선조〉가 그랬다. 따라서 자기가 보전되어 조선이 되살아났으므로 자기를 보필한 마부가 〈이순신〉보다 나은 공신인 것이다.

살상이 예사로운 일처럼 되어버린 혼란한 세상에서 당장 목숨들이 숱하게 버려지는데 말로 하는 인륜, 도의라는 게 무슨 소용인가. 눈앞에서 굶어 죽어가는 사람에게 먹을 걸 주고, 추위에 떠는 사람에게 입을 것을 주고, 병들면 간호해주고, 죽으면 장사 지내 묻어줘야 한다. 더 나아가 참혹한 세상을 만들어내는 제후들의 탐욕을 위한 싸움은 말려야 하지 않겠는가.

이 책을 읽다 보니 도대체, 지금이라고 인간 세상이 달라진 게 거의 없구나! 라는 생각을 하게 만든다. 현재에도 가진 자들은 밑바닥의 삶들을 하찮게 생각한다. 〈묵자〉와 같은 지도자를 바라건만 자기 이득에만 도움이 되는 몇 주변 사람들과 담을 쌓고 권력을 누리는 지도자만 계속 이어진다. 그들의 몰염치와 무책임함에 따라 힘없는 국민은 알아서 나라를 지키고 스스로 생명을 보존해야 한다.

혼란은 왜 일어나는가. 병의 원인을 알아내듯 그 까닭을 알아야 한다. 그것은 서로 사랑하지 않기 때문이다. 천하가 모두 더불어 서로 사랑한다면 타국을 침략하지 않고 세상을 어지럽히지 않을 것이며, 모두 자애로울 수 있을 것이다. 이것이 〈묵자〉의 겸애다. '마음이 가난'하기 위한 의미의 〈예수님〉의 '사랑'과는 다른 성질의 것이라 할 수 있다.

〈묵자〉가 바랐던 국가는 이렇다. "서로 사랑하면 강한 자가 약한 자를 억누르지 않게 되고, 다수가 소수를 협박하지 않게 되고, 부자가 가난한 사람을 업신여기지 않게 될 것이다. 늙어서 자식이 없는 사람도 천수를 누릴 수 있고, 외롭게 형제가 없는 사람도 남들과 섞여 잘 살아가고, 어려서 부모를 여읜 사람도 서로 의지하여 자랄 수가 있다." 이것이 참된 유토피아다. 그래서 하층의 민초들에게는 당장의 현실을 개선하려는 〈묵자〉의 주장이 미래의 사회 토대를 위한 이상주의적인 [유가]보다 피부에 와 닿았다.

적어도 상식적인 사리 분별을 할 수 있는 사람이라면 다 같이 더불어 동등하게 대접하고 보살펴주는 세상을 외치는 〈묵자〉에 매료되지 않을 수 없다.

밀라레파
(티벳의 위대한요기)

라마 카지 다와삼둡

〈밀라레파〉의 "원컨대 덧없는 세상의 환락에 빠지지 말며~"로 시작하는 서원을 좋아하여 자주 읽어본다. 그렇게라도 하면 청빈을 지키며 세속적인 물욕을 벗어나고자 했던, 내면의 희망의 불길이 사라지지 않는 느낌이다. 그가 남긴 구도求道의 선시禪詩들은 이기심과 미움에 고양된 나를 진정시켜 주곤 한다.

이 책은 『티벳 사자의 서』, 『티벳 해탈의 서』, 『티벳밀교 요가』를 편찬해낸 〈에반스 웬츠〉의 4개의 기획 집필 중 하나이다. 〈이경숙*〉이 쓴 『티벳불교의 성자 밀라레빠』도 있다. (*『노자를 웃긴 남자』를 쓴 이경숙과는 동명이인일 뿐.)

〈밀라레파〉는 11~12세기로 추정되는 시기의 티벳의 은둔 수행자였다. 〈틸로파(인도의 수행자)〉에서 〈나로파(인도 수행자)〉로, 다시 〈마르파(티벳 수행자)〉에서 〈밀라레파〉에게로 '철저히 자아를 깨부수는 무자비한 (과감한) 가르침'의 계보는 이어진다고 한다. 〈마르파〉는 티벳 불교 일파의 시조다. 〈틸로파〉가 〈나로파〉에게 깨달음의 송誦을 전해준 것이『마하무드라의 노래』

인데, 국내에는 명상수행가 〈한바다〉 등의 번역이 있다.

〈밀라레파〉는 집안의 재산을 빼앗아 간 친척 등에게 복수하기 위해 살인을 하지만 회개하고 히말라야의 동굴에서 혹독한 수행을 거쳐 다시 태어나게 된다. 그는 '죽어야 할 인간이 거둘 수 있는 모든 위대한 성취 중에서 가장 위대한 성취를 이룬 성인'으로 추앙받는다. 부처님이 행하신 방편을 따라 단 한 번의 생애 동안에 (더욱이 살인자에서) 윤회를 벗어났다고 하니 그렇지 않겠는가. 난 그의 구도송이 욕심에 찌든 내 마음에 와 닿아 수첩에 복기하여 간직하고 다닌다. 마음이 순화된다기보다, '천박스럽게도 덧없는 탐욕을 버리지 못함'을 반성하게 해주는 힘이 있다.

"원컨대 덧없는 세상의 환락에 유혹되지 말며 명상에서 오는 청정함이 한없이 불어나게 하소서.

마음이 지어낸 생각이 나를 괴롭히지 말며 이 행자行者가 속세의 하찮은 지식으로 괴로움 당하지 말며 이렇게 가는 길과 방법에 더 이상 의혹을 갖지 말며 이것이 너희가 생각하는 행복인지 아닌지 판단해보라.

세속의 덧없는 행복을 나는 바라지 않노라. 사랑과 자비, 나라는 것, 너라는 것 다 잊어버렸네. 몸은 수행의

장, 안락함, 위안, 비천한 몸뚱이의 일 다 잊어버렸네.

삼계에 윤회하는 고통 바다의 대죄인은 바로 이 보잘 것없는 몸뚱이, 일체 세사, 모든 애착 놓으라. 이 몸뚱이는 덧없는 고깃덩어리, 마음은 진실함이 없이 그걸 따를 뿐, 마음의 참된 본성을 깨치라. 그대 안의 영원한 진리를 찾으라."

티벳은 원시 불교가 보존되는 특이한 환경이었다. 세상에서 가장 순수한 신앙을 지닌 순박한 민족 중 대표적일 것이다. 그러나 현재는 자유롭지 못한 정치 여건에 따라 자신들의 정체성을 지키지 못하고 강압적 외세에 의해 이미 많이 때 묻어 변형되고, 세속화되는 도정에 들어서 버렸다고 한다. 그들이 겪는 어려움을 생각하고 그 순박한 국민들이 간절히 사랑하는 불교의 신앙이 잘 지켜지기를 바라고 있다. 부탄, 티베트의 그들만큼 순수한 정신을 이어가는 나라도 끝내 무너지고 마는 걸까. 너무나 안타깝다.

바다

쥘 미슐레

숲과 바다는 우리를 위로하는 힘이 있다. 바다 인근에서 오랜 세월 밥벌이를 해온 나는 바다를 항상 끼고 살면서도 지겹다는 생각을 해본 적이 없다. 직접 몸으로 겪는 바다가 생계의 터는 아니므로 이런 생각을 하는 걸 수도 있다. 어떤 이의 부인이 바닷가에 있는 회사의 사택에서 우울증에 걸려 뛰어내린 선택을 한 뒤로 사람들은 바다가 그런 위험이 있다고 했지만, 난 그렇게 믿지 않는다. 바다가 우울증을 만들어낸 게 아니라 그 원인은 자기 삶에 관여된 무엇이나, 누구 때문이었을 거라고.

굳이 의식하지 않았더라도 바다 가까이서 세월을 보낸 사람에게 바다는 마약과 같다. (바다에서 사랑하는 이를 잃은 사람이 아니라면.) 30여 년을 바닷가에서 근무했었다. 지금도 바다를 보고 있다. 수시로 변신하는 바다 곁에서, 그러나 온갖 것을 참아내는 그 광막한 너그러움이 매번 새삼스럽다. (*구할 수 있었음에도 물 속에 갇혀버린 수많은 아이들의 가족들에게는 바다를 보는 것도 지옥 같은 형벌일 것이다. '그 배'는 우리 모두에게 오래 남을 고통스러운 트라우마다.)

내 고향에서는 항상 바다가 가까웠다. 조금만 도시를 벗어나면 바다가 있다. 지금 터를 내린 산기슭의 내 집에서도 멀리 바다가 보인다. 나와 같이 자연환경에 적응된 사람은 인구가 밀집된 도시가 힘들다. 사람들이 부대끼며 만드는 소음과 냄새, 무례無禮와 무정함이 몸을 아프게 한다.

인류가 바다를 아끼지 않으면 미래는 어둡다. 바다의 오염은 생산 활동보다는 인간의 생활에 따라 발생되는 하수의 문제가 대부분이다. 인류가 만들어낸 플라스틱의 91%(약 800만 톤)가 버려졌다. 지구 대양大洋에 5개의 플라스틱 쓰레기 섬이 있다. 태평양 한가운데의 플라스틱 섬은 우리나라의 약 20배 면적이다. 500년이 지나야 썩을지 알 수 없는 플라스틱 때문에 매년 바닷새 100만 마리, 고래 같은 포유류는 10만 마리 이상이 죽는다. 우리 국민 한 사람당 사용하는 플라스틱 소모량이 전 세계 1위라고 한다.

1861년에 출간된 이 책은 크게 4가지 관점, 「바다 그 자체의 관찰」, 「바다의 기원」, 「바다의 정복」, 「바다의 르네상스」로 구분된다. 바다 그 자체에 대한 너무나도 세밀한 관찰과 사색, 바다의 생명들에 관한 생태과학적 이야기(오늘날 그나마 고래를 보호하려 하는 노력이 있게 된 것도 그의 성찰에서 연원한다고 한다.), 인간이 바다를 지배하면서 벌어지는 피로 물들이는 살육의 이야기(바다 생물에서 시작하여 인간에게까지), 그리고 바다의 이로움에 대해서 정말 세세하게 아름다운 시적인 문장으로 이야기를 풀어낸다.

바다에 대해 무슨 고찰을 해보더라도 이 사람이 탐구한 영역을 벗어날 순 없을 것 같다. 그는 바다에 관하여 연구 논문을 쓰듯이 이 산문을 바닷가에서 오래 머물며 완성해냈다. 그래서 바다에 관한 한 이 책은 백과사전과 같다. 그는 최초의 바다 환경보호 주창자일 것이다. 저자의 말대로 바다 생물도 권리가 있다. 바다는 바다로 국한되게 끝나는 게 아니다. 우리 인간의 생존에도 연결되어 있음에도 함부로 더럽히고 생명을 멸살할 것인가, 예언적 경고다. 이 소중한 바다에 대해 이미 백여 년 전에 미래에 필연적으로 닥치게 될 상황을 예견했듯 심도 있는 성찰을 한 선구자 〈쥘 미슐레〉는 프랑스의 역사가로 장기간에 걸쳐 『프랑스사史』를 기록하여 중세 유럽의 역사서의 틀을 완성해낸 사람이라는 평가를 받는다.

*이제는 이웃 나라에서 신뢰가 불투명한 원전오염처리수마저 버려 우리의 바다 환경은 더욱 악화되고 있다. 그동안 인류가 바다에 저지른 일들을 보면 더 이상 우리 후대를 위한 좋은 미래를 기대하긴 어려울 것 같다. 바다에서도 인류 생존 여건은 부정적 임계치에 다다른 것 같다.

밥벌이의 지겨움

김훈

밥벌이를 한다는 건 마치 형벌 같다. 더욱 나는 그렇다고 느껴왔었다. 반대급부로 뭔가 희생해야만 밥을 먹을 수 있는 건가, 우울함에 빠져들곤 했었다. 혹자는, '누가 밥 공짜로 주느냐. 다들 그렇게 살고 있다'라고 핀잔을 주는데 그런 말 하는 이만 모르는 사실. 그렇지 않은 사람이 너무나 많다. 누구는 피눈물 나게 버는데, 거저먹듯 편안히 버는 사람 무수하다. 다 힘들고 어렵다고? 천만의 말씀. 얄궂게도 그래서 주어진 복이 다른 것이다.

누구나 제 밥그릇 차고 나온다고 하지만 밥도 못 먹어 죽는 사람이 다수인 인류의 삶이다. 복 있는 인생은 기본적으로 제 가족을 위한 최소한의 의식주를 건사할 수 있고 안전해야 한다. 밥벌이로 운명적인 '카르마'를 말하고자 하는 것이 아니다. 하지만 직업이 인생에서 업보를 형성해가는 데 아주 중요한 역할을 하고 있으므로 말 그대로 업業이라 아니 할 수 없다. [변화경영연구소] 소장인 〈구본형〉은 좋은 직업 선택이란 '밥과 존재 사이의 갈등을 해결하는 것'이라 한다. 밥벌이는 되는데 자기 존재가 비참해지거나, 밥벌이는 부족한데 자존심은 그나마 지켜지는 경계 사이에서 치우침이 없어야 좋은 직업이라는 것. 좋은 기회란 정말 운運을 탓하게 된다. 준비·스펙·인맥·기회 탐색 등 충고는 무수히 많지만 현실에선 자기 의지·준비가 되었다고 풀리는 게 아니다.

『칼의 노래』에서와 같은 작가 〈김훈〉의 명료한 글을 나는 좋아한다. 그런데 내 글이 중언부언해지고 있어 속상하다. 지식과 전문성이 부족하면서 아는 척 나불대자니 글이 활력을 잃고 늘어지는 것 같다. 〈충무공〉이 쓴 『난중일기』를 가장 원본답게 소설로 바꿀 수 있다면 바로 『칼의 노래』와 같을 것이다. 구구절절한 서술 없이 간단명료한 표현으로 당시의 시대 상황과 충무공의 비장함을 잘 나타내었다.

〈김훈〉은 기자 출신이므로 정확하고 직접적인 서술에 길들어있는지 모른다. 무의미한 치장이 거의 없는 이런 표현방식이 좋았다. 단순 명료함 속에서 모든 함축적인 의미를 제시할 수 있다면 무엇을 더 바라랴. 짧은 말, 단순함이 할 말을 다 못하는 건 아니다. 어조사 하나를 선택하는 데에도 고심했다던 그의 의견에 공감하는 바다. "버려진 섬마다 꽃은 피었다."에서 "버려진 섬마다 꽃이 피었다."로 고쳤다는. 이 한 글자에 상황의 의미가 얼마나 달라지는지. 그는 글자 하나의 바꿈에 따른 시대 상황까지도 고심했다고 한다.

『난중일기』 자체는 사실의 기록 외에 다른 것이 없다. 그럼에도 우린 많은 걸 짐작할 수가 있다. 하긴 백척간두에 몰린 나라를 목숨을 걸고 지키려 했던 분에게 '외롭구나, 힘들다, 어쩌면 좋겠는가' 따위의 나약한 감상이 떠오르겠는가. 『난중일기』는 일종의 [업무일지]일 것이다. 그분은 권력자 옆에 붙은 정치꾼이 아닌 최전방의 사선에 있는 철저한 직업 야전 군인이다.

충무공은 성웅이다. 보통의 일반적인 인간상과 다르니 '성聖'스럽다는 헌사를 바친 것이다. 그런 여건, 그런 처절한 고독의 투쟁을 해나갈 사람이 그때나 지금이나 또 누가 있겠는가. 〈김훈〉은 당대 그분의 분위기를 정확하게 재현해 주었다. 『밥벌이~』 이야기를 하다가 『칼의 노래』로 새 나갔다. 한참 내 직업에 대한 불만이 고조될 때 『칼의 노래』의 영향 이후, 제목에 끌려 『밥벌이의 지겨움』을 골랐다. '나 말고도, 재능 많은 그도 그런 느낌이었는가'라고.

현실은 소수의 특수한 사람들을 제외하고는 대부분의 월급쟁이(자영업자 또한)에게 밥벌이는 쉽지 않고, 자주 절망과 갈등에 빠뜨리며 지겹게 만드는 특성을 가진 것 같다. 탁월한 글쟁이인 작가도 힘겨워하는데 무능함에도 세파에 몸을 내던져야 하는 나는 어쩌랴. 그의 생각처럼 모든 '먹는다'는 행위에는 비애가 있다.

"밥에는 대책이 없다. 한두 끼 먹어서 되는 일이 아니라, 죽는 날까지 때가 되면 반드시 먹어야 한다. 이것이 밥이다. 이것이 진저리나는 밥이라는 것이다. 대체 나는 왜 이것을 이토록 필사적으로 벌어야 하는가. 그러니 이것을 어찌하면 좋은가. 대책이 없는 것이다. 모든 밥에는 낚싯바늘이 들어 있다. 저쪽 물가에 낚싯대를 들고 앉아서 나를 건져 올리는 자는 대체 누구인가. 그자가 바로 나다. 이러니 빼도 박도 못하고 오도 가도 못한다. 무슨 도리 있겠는가. 아무 도리 없다." 밥벌이가 무서운 사람들은 이 말에 토를 달 수가 없다.

최근에 발간된 『라면을 끓이며』라는 산문집에 이 산문도 다시 포함되었다. 글 중에서 『정협지』를 쓴 작가〈김광주〉선생이 작가의 선친임을 알았다. 어릴 때 부친이 사 오신 『정협지』를 나도 읽었는데 당시 상당한 인기를 끈 무협 소설이었다. 그분이 순수 문학이 아닌 무협을 쓴 것(중국 무협을 기초로 확장 번역·창작을 더한 것.)에 대한 비판적인 이야기도 기억하고 있는데, 작품은 나름 호평을 받은 터였다.〈김훈〉은 고차원 지식인이다. 이 산문집을 읽고선 그런 생각이 들었다.

방외지사

조용헌

저자는 어느 일간지에 [조용헌 살롱]이라는 칼럼을 썼었다. 사주명리학, 풍수 등에 나름 식견을 가진 이다. 그는 많은 기인, 재사 들을 만나고 다녔다. 그걸 바탕으로 『방외지사』, 『고수기행』 등을 펴냈다. 정말 뛰어난 이야기꾼이다. 저자를 만나 얘기 듣기를 청했던 분 중에는 내가 모신 그룹 CEO도 있었다. 저자가 풀어내는 이야기는 매우 재미있었다고 한다.

동류의 두 책 소개보다는 여기서는 그들 방외의 지사, 인생 고수들 얘기를 말해본다. 방方은 사방의 경계선 내를 의미한다. 그 경계를 벗어난 자유로운 삶을 의지로 선택한 사람들이 방외方外지사다. 세상과 동떨어진 이상한 괴짜들이 아니다. 그렇다고 단순히 초야·산중 거사들을 말함이 아니다. 그렇다면 산 중턱에 사는 나도 방외지사다. 영혼, 일상까지 방외일 수 있는 신념의 사람들이어야 그렇게 불릴 수 있다고 생각한다. 뼛속까지 철저히 아웃사이더인 이들이다.

방외지사로 소개된 사람들의 면면은 이렇다. 오토바이를 타고 강산을 떠도는 시인, 산중무예인 기천문의 2대 문주 등 무작정 대책 없이 과감하게 나름의 의지를 가지고 초야의 은둔으로 들어간 사람들(지금은 귀농·귀촌 바람이지만 이때만 해도 귀향 자체가 드문 일이었다.)이다.

저자가 소개한 다른 고수들로는 ;
족보학 연구가, 산지기, 사주프로그램을 만든 선생님, 미국의 태권도 사부 〈이준구〉, 전문 명상가 〈한바다〉, 스피커 만들기에 몰두한 스님(소리로 득도할 수 있다고.) 등이 있다.

기왕 어렵게 찾아온 한세상 삶, 하고 싶은 일 원 없이 해보고 살다 가는 것도 좋겠다. 그러나 아무나 못 한다. 이렇게 할 수 있는 사람은 정말 용기 있고 대담한 자들이며 그로써 철저히 행복한 사람들이다. 행복은 주관적이며 양보다 질이다. 나의 전원 속 삶도 사실 이런 사람들에 고무된 점도 없지 않았다. 현실적으로는 초야의 삶이 절대 녹록하지 않다. 나처럼 그렇게 생각하는 이는 아직 덜 버린 거고 먼 도심 속 삶에 미련이 남은 거다.

비슷한 다른 얘기로 〈공지영〉의 『지리산 행복학교』는 지리산으로 떠난 정말 행복하고 즐거운 사람들 얘기다. 50만 원으로 1년을 버틸 수 있다는 사람이 있는가 하면 시인, 기타리스트도 있다. 지리산에는 수천 명의 도를 구한다는 사람, 또는 소위 '낭인'이라 불리는 사람들이 있다고 알려져 있다. 지리산은 그렇게 구별 없이 사람을 품어주는 곳이다.

또 다른 재미를 주는 〈김정운〉 교수의 『남자의 물건』도 있다. 제목을 오해할 수 있으나, '남자의 물건'은 명사들이 애장하거나 애호하는 물품이다. 유머러스한 이분 성향을 보면 일부러 이런 제호를 달았을 수 있겠다.

무거운 책들 얘기를 지식인인 척 나불대다가 미안해져서 가벼운 읽을거리 얘기를 꺼낸 게 아니다. 버릴 게 정말 많은 삶, 그러나 버리지 못하게 만드는 이 징그러운 현실의 탈출을 자꾸 되돌아보게 되기 때문이다.

배신

아비샤이 마갈릿

〈아비샤이 마갈릿〉은 분석철학을 전공한 이스라엘의 철학자다. 한동안 그의 『품위 있는 사회』를 교재로 택해 관심을 가지고 읽었었다. 그가 말하는 '품위'라는 단어가 마음에 다가왔던 건 우리 사회의 제도나 구성원이 서로에게 무례하고 존중하지 않고 있다고 느껴지는 때가 많았기 때문이었다. 현대의 우리는 상당히 소란스럽고 남을 배려하지 않는 행동을 예사로 하고 있다. 공·사간에, 종사하는 직무를 가리지 않고, 직위든 직책이든, 이해관계에 따라서 작위적인 편을 만들어 싸우고 험한 꼴을 보이며, 몰상식한 말들을 쏟아내고 있다. 하지만 『품위 있는 사회』는 정확히 그런 것에 초점을 맞춘 것은 아니다.

그가 말하는 [품위 있는 사회]는 한마디로 '제도가 인간을 모욕하지 않는 사회'다. 이상적이며 실현할 수 있을지 알 수 없는 〈존 롤즈〉의 [정의로운 사회] 이전에, 시급하게 이루어져야 할 '품위 있는 사회'라는 논지의 전개에 쉬이 빠져들게 만든다. 여기서의 '품위'는 격조나 세련, 고상함 같은 것들의 함의가 아니다.

저자의 관점은 사회 제도적인 측면이다. 거기에는 기본

적으로 '인간을 인간답게 대해야 한다'는 생각이 바탕에 깔려 있다. 저자가 말하는 모욕은 인간을 비인간으로 대하는 것, 사회 공동체로부터 배제하는 일, 개인 스스로의 통제 능력을 뺏는 일이다. 즉, '품위 있는 사회'란 사회 제도 내에서 한 개인이 '자존감을 손상당하지 않으며, 인간이 인간이라는 사실만으로 누릴 자격이 있는 존중을 침해받지 않는다'는 의미이다.

저자는 다양한 개념들과 경우를 분석하고 정리해나가면서 논의에 우리를 끌어들이고 있다. 전문적인 철학자로서 너무나 많은 생각들이 저자의 머릿속에서 분석되다가 글로써 펼쳐져 우리에게 보여주는데, 그의 그런 성향을 따라가다가는 자주 길을 잃고 헤맬 만큼 세밀한 논리 전개다. 표현이 어렵다기보다 사유의 정글에서 매듭을 풀게 만드는 방식이 그렇다. 많은 경우를 화두로 던져놓고 생각하게 하고 자기 의견을 에두른다. 철학하기 매우 좋은(그러나 은근히 골치 아픈) 텍스트라고 평가받는 책이다.

이 책 『배신』 또한, 매혹적인 화두다. 자기 이득을 위해서라면 부끄러움 하나 없이 순식간에 태연한 얼굴로 돌변하여 낯선 사람처럼 굴던 이들이 내 기억에도 몇이 있다. 누군가에게 당한 치밀하고도 계획적인 배신은 그 이후에 심각하게 부정적인 영향을 끼친다. 내가 상대의 속셈을 알 수만 있다면 배신을 당하진 않을 것이라는 상상은 순진하다. 배신자는 영악하고 한편 얄팍하다. 치밀하면서도 허술한 점을 완전히 감추기가 어렵다. 그러나 알면서 당하는 게 사람과의 관계다. 이것이 어쩌면 인간과 자연(계산하지 않는)의 강력한 차이점일 것이다.

왜 인간은 믿음을 저버리는가? 〈마르크스〉식으로 생각하면, 그가 처한 '사회적 관계의 여건이 그렇게 만들었기 때문'이라고 할 것이다. 무엇보다 먼저 배신이라고 하면 〈유다〉와 〈베드로〉가 생각난다. 사실 아주 오래 전에 〈카인〉은 하느님과 〈아벨〉을 배신한 셈이지만. 인간으로 살다 보면 타인을, 자신을 무수히 배신하게 된다. 대다수는 죄의식 없이 그냥 살아갈 뿐이지만 나름 자의식을 갖춘 사람은 자괴감을 느낀다. 하지만 그런다고 삶에서 무엇이 달라지는가? 그것이 우리 삶의 갈등이며 모순이다.

〈마갈릿〉은 거의 모든 다양한 형태의 역사적·개인적 사례를 보여주며 숙고해볼 것을 권유한다. 저자의 말처럼 배신은 모호하다. 칼로 자르듯 정의 내리기는 어렵다. 그래서 차근차근 배신을 분석해 보는 것이다. 왜 배신인가? 배신의 다양한 관점, 배신의 결과, 간통과 반역, 부역, 종교적 배신, 계급에 대한 배신, 투명성이 배신에 대한 처방으로 가능한가(배신 없는 사회)? 등을 그물로 포획하듯 따져본다.

그의 판단은, 배신은 도덕이 아닌 윤리의 문제라는 것이다. 도덕이란 인간성에 근거하여 나와 타인의 관계를 규제하기에 모르는 사람과의 얕은 관계를 규제하는 반면 윤리란 가족이나 친구와의 관계처럼 두터운 관계를 유지한다는 생각이다. 배신은 얕은 인간관계에 의해 제한받지 않는 두터운 인간관계에 악영향을 크게 미친다는 것이 '왜 배신인가?'에 대한 답변이다. '두터운'이란 빽빽한 숲처럼 밀도가 높은 것의 비유적으로 확장한 표현이다. 배신은 두터운 인간관계를 붙여놓은(유지하던) 접착제를 떼어내는 것과 같은 거라는 뜻. 그러니 그 충격과 여파는 클 것이다.

배신의 정의는 두 가지 요소로 구성된다. 하나는 피해자에게 가해지는 피해와 공격이 피해자의 이익을 침해하거나 감정적으로 큰 상처를 주는 것, 그리고 또 하나는 '배신이 일어날 때 두터운 관계를 맺고 있다고 추정되는 사람들 사이에서 피해와 공격이 발생해야 한다는 것'이다. 배신이 성립하려면 오직 신뢰의 심각한 파괴만이 배신에 해당한다는 의견이다.

〈마갈릿〉은 이 책에서도 인간과 인간성에 집중한다. 그에 따르면 인간의 취약성으로 설명되는 인간성은 우리에게 도덕적 의무를 부과하며, 도덕은 인간을 상대로 어떻게 해야 하는지 말해준다. 우리가 인간으로서 갖는 삶의 형식의 특징은 다른 인간에게서 자신의 상像을 본다는 것(도상성圖像性, *iconicity*)이다. 도상성은 우리 모두 같은 인간이라는 느낌을 갖게 하는 근간이 되며 도상성을 인정하면 우리가 다른 사람에게 대우받고 싶은 대로 다른 사람을 대우해야 한다는 의무가 생긴다. 도상성이 인간적 삶의 형식에서 기본 요소라는 것이다. (윤리와 도덕은 특별한 차이가 있는 것은 아니다. 이 용어들의 쓰임새에 차이가 있을 뿐.)

불안의 서

페르난두 페소아

소설가이며 번역가인 〈배수아〉(이분의 소설은 읽어보지 못했다. 어째 재능은 이미 많은 걸 가진 사람에게 몰리는지.)가 번역한 포르투갈의 〈페르난두 페소아〉의 이 원고들은 작가의 사후 발굴되었다. 유품을 정리하다가 알려졌다 한다. 그의 방에 있던 궤짝에서 발견된 여러 형태(메모지, 봉투, 전단지 같은)의 종이 여백에 쓰여 있던 수백 개의 글들은 생전에 그가 『불안의 서』를 위해 기획했던 것이라 한다. 그는 그냥 목적 없이 글을 썼다고 한다. 그렇게 글을 쓰는 마음을 알 것 같다.

〈페소아〉가 쓴 서문에 자기를 간접적으로 표현한 듯한 내용이 있다. '세심하게 주의를 기울여 식당에 있는 다른 사람들을 관찰했다. 사람들을 연구하겠다는 의도가 아니라 단지 인간 자체에 관심이 있다는 태도였는데, 그렇다고 그들의 행동이나 외모를 기억 속에 새겨두겠다는 뜻은 없어 보였다. 자신은 어디를 가야 할지, 무엇을 해야 할지 모르겠고 방문할 친구가 있는 것도 아니고 저녁이면 주로 세든 방에서 글을 쓰면서 시간을 보낸다고 수줍게 일러주었다. 그는 지금까지 단 한 번도 무언가를 목적으로 어떤 행동을 한 적이 없었다. 어

린 시절 그는 늘 혼자였다. 단 한 번도 사람들의 무리와 어울린 적이 없었다.'

그의 글들은 여러 인격체가 자신을 대신한다고 한다. 필명이 아닌 외부의 타인([헤테로님 heteronym] 또는 [페르소나]라고 하나 어쩌면 [분신]이라고 할 수 있을 듯)이다. 글의 형식은 교훈, 수양, 회개를 위한 잠언, 명상록 또는 일기와 같다. 하지만 자신만의 의식, 생각의 편린들, 들뜨지 않는 인생의 관조들은 이 책의 발문을 쓴 시인 김소연의 말처럼 '놀랄만한 결론과 위대한 혜안도 없는' 그의 글들이, 나를(글을 쓰는 또는 쓰고자 하는 이들을) '페소아의 주술에 걸려 심각하게 파괴'하고 있음을 느끼게 만든다.

관찰자로서, 자기 자신을 포함한 대상·현상을 낱낱이 해체하고 지켜봄으로써 떠올려진 생각을 압축시킨 듯한 그의 글들은 그 자체로서 충분히 아름답다. 일부러 의식하거나 가장되지 않은 투명한 내면을 보여준다. 생각이라는 걸 즐거워하는 사람이 있다면 '어떻게 이런 글을 만들어내는가' 궁금해 할 것 같다. 나 역시 그렇다. 그래서 번역자인 〈배수아〉와 발문을 쓴 〈김소연〉이 하는 말들에 공감이 된다.

출판사의 서평은, '불안에 관한 가장 슬프고도 아름다운 책'이다. 이런 표현은 아마 그의 글들이 주로 감정·

세상의 이면들에 관한 것이기에 착안해 만들어진 홍보적 발상이다. 주인공 〈소아레스〉가 자기 글을 '비탄의 노래'라 하고 '포르투갈에서 가장 슬픈 책'이라고 했으니까.

그의 글의 상당한 단어들이 슬픔, 피곤, 잠, 꿈, 우울, 공포 같은 것들이다. 나는 그의 글에서 고독과 소외를 느낀다. 처음 제목을 보았을 때는 심리적인 혼란을 의미하는 것일까? 라고 생각했지만 '불안'이란 여러 인격체로 대신 되어 표현해왔던 심리의 유동성을 말하는 것이 아닌가 싶다. 슬픔의 감정에 대해서 납득해보자면, 국외局外에서 관찰자로 남아보라. 연민이 스멀스멀 피어올라 자신이 감당하기 어려운 감정에 휩쓸렸음을 알게 되는 경우가 생긴다.

"모든 것이 내게서 휘발되어 날아간다. 내 전 생애가, 내 기억이, 내 환상과 그것이 포함된 내용이, 내 개성이 모두 내게서 날아가 버린다. 끊임없이 내가 다른 누구라는 느낌에 사로잡힌다. 내가 나를 다른 누구로 생각한다는 느낌에 사로잡힌다. 나는 다른 연극의 무대장치 앞에서 벌어지는 어떤 연극을 보고 있다. 그리고 무대 위에 서 있는 것은, 바로 나 자신이다." '내 인생의 가장 큰 비극 중 하나는, 그 무엇도 있는 그대로 자연스럽게 느낄 수 없다는 점'이라 했던 〈페소아〉의 불안은 '내면의 고통이 있는데 그것이 너무나 미묘하고 흐릿한' 예민한 감수성일지 모르겠다.

〈페소아〉는 차분히 저 아래에 가라앉아 있는 사람이며, 국외자局外者로서 냉철하게 절대 흔들리지 않을 웅크린 소외의 정서를 지닌 것 같다. '대부분의 경우 인생은 고행인데, 사람들은 이것을 알아차리지 못한 채 견디고 있다. …우리가 삶을 분명히 의식하고 산다면 끝까지 견디어낼 수는 없을 것이다.'라고 한 만큼 의식하는 자의 고통이기도 할 것이다. 그는 '삶으로부터 주의를 돌리기 위해' 아니면 '때때로 아무 할 말이 없기에 글을 쓴다'고 말한다. 상당히 냉소적이지만 역자의 생각과 같이, 481일을 하루에 한 절씩 주의 깊게 읽어내고 싶어지는 글들이다. 비록 "뭔가를 쓴 다음에 곧 써놓은 것이 형편없다는 생각이 든다면, 그것은 영혼의 엄청난 비극이다. 게다가 그 글이 자신이 쓸 수 있는 최고 수준임을 인지한다면, 비극도 최대치가 된다."고 그는 말했지만. 꿈에 관한 말을 자주 하는 작가의 꿈은 이런 게 아닐까 하는 글이 있어 마음이 저릿하게 가닿는다.

"열정이 배제된, 고도로 다듬어진 삶을 살기. 이상의 전원에서 책을 읽고 몽상에 잠기며, 그리고 글쓰기를 생각하며. 권태에 근접할 정도로, 그토록 느린 삶, 하지만 정말로 권태로워지지는 않도록 충분히 숙고된 삶. 생각과 감정에서 멀리 벗어난 이런 삶을 살기. …즐거워하지도 않고 슬퍼하지도 않는다. 햇살을 주는 태양에게 감사하고, 아득함을 가르쳐주는 별들에게 감사한다. 더 이상 존재하지 않고, 더 이상 소유하지 않고, 더 이상 원하지 않는다."

붓다

다카하시 신지

나는 유아 세례를 받은 천주교인이다. 지금은 이도 자부하기 어려운 건 성당 예식과 신앙 활동에 열정으로 참여하지 않고 있기 때문이다. 일반적인 신실한 교우들의 관점으로는 내가 성실하지 못한 냉담자이며 돌아올지 말지 알 수 없는 '탕아'인지 모른다. 하지만 스스로는 내적으로 전혀 변하진 않았다고 생각한다. 그리고 수시로 떠벌리고 다니는 사람들 못지않게 〈예수님〉의 생애와 가르침을 소중하게 사랑하는 사람이다.

나의 천주교 신앙은 아주 어릴 적 고향을 휩쓸어버린 수해(수백 명이 죽은) 때 거의 죽음 직전에 천운으로 내가 살아남으로써, 어머니께서 "아들만 살아있게 해주신다면 하느님을 믿겠다"고 하셨던 약속의 결과다. 나를 무사히 찾았다는 소식(급류에 휩쓸려 가족이 뿔뿔이 흩어졌었다.)에 주변 분에게 물어 우연히 집에서 가까운 천주교에 입교하셨고 영문도 모른 채(거의 어머니의 회유와 강압에 따라) 우리 형제들도 성당에 다니기 시작했었다.

불교 역시 어렸을 때 부친과 자주 다니던 고색창연한 아름다운 사찰이 고향 인근에 있어 그다지 멀게(맘으로

나 거리로나) 느껴지진 않았다. 아버지께선 외세적 신앙을 좋아하지 않으셨다. 훗날 그분도 천주교 신앙에 동화하셨지만 처음에는 선대조로부터 받은 한학의 기운이 매우 강했다. 삶의 부침이 심할 때는 동양적 성찰을 가까이하셨다. 종교는 교리에 대한 깊은 성찰 없이 세파에 휩쓸려 다니는, 인간 삶에 대한 진실한 이해가 없는, 너무나 인간적인 맹신자들과 전달자의 영향을 현실적으로 무시할 수 없다고 생각하셨다. 나는 그런 부친의 성향에 친숙하고 부친의 간난을 같이 겪으면서 더욱 명상, 마음 수행 같은 것에 관심을 두어 불교 서적을 자주 접하게 되었다.

당초, 이 책은 〈유홍종〉의 『불의 회상』을 읽다가 그 출판사와 관련한 책 소개(책날개에 붙은)에서 보았었다. (*『불의 회상』은 어린 소년이 연상인 이혼녀의 유혹에 넘어가 성性을 알게 되고, 그 현장을 그녀의 친척에게 들키자 그녀가 '추행을 당했다'고 거짓말을 함으로써 범죄자로 전락하여 오랜 방황을 하게 된 이야기인데 서두의 그 염정艶情(불)의 묘사가 너무나 강렬해서 왜 『불의 회상』인지 확연히 알 수 있었을 만큼 뚜렷해서 여기 덧붙여본다.)

〈다카하시 신지〉의 『우리가 이 세상에 온 7가지 이유』도 좋은(이를 못마땅해하는 사람도 많다.) 책이지만 처음 이 『붓다』를 대할 때만큼의 느낌은 되지 못한 것 같다. 그에게는 추종자 그룹이 있었다. 자신들이 부처와 제자들이 현세에 환생한 거라는 윤회의 바탕 하에 〈석가모니〉의 생애를 명상 속에서 직관을 통해 서술하였다. 〈석가모니〉의 생애는 이전에 〈헤르만 헤세〉와 〈파트리치아 켄디〉가 쓴 픽션적(전기이면서도 아닌듯한)인 『싯다르타』 등을 읽었음에도 이 책의 느낌은 많이 달랐다. 실제 석가가 수행하고 탁발하고 강론하신 모습을 따라가고 있는 듯한 잔잔한 감상. 마음을 다독여 흥분을 가라앉히고 고요히 침잠하게 되는 느낌이었다.

〈석가모니〉와 제자들의 윤회라는 내용 때문에 아마 정통 교파의 부분으로 인정을 받지 못한 것 같다. 그들이 환생하여 재회하였다는 주장이 믿고 싶지 않다면 그렇게 하면 된다. 그건 중요치 않다. 나는 그냥 스스로 단호히 잘못에 빠지지 않으면 되지 않을까, 라고 받아들였다. 책을 대할 때 '글의 내용만 보자'고 다시 생각에 잠긴다. 추앙하는 사람이든, 좋은 책을 쓴 저자이든 정말 존경할 수 있는, 흠결 없는 사람이라면 얼마나 좋으랴. 인간이란 원래 완전하지 못한 존재. 〈석가모니〉께서 가르치신 자비심에 이런 의미도 있지 않았을까. 〈석가모니〉가 열반에 드시기 전 하신 말씀을 생각하면 부친의 마지막 병상 모습이 떠오르며 애잔해진다. 〈석가모니〉는 쇠약해진 몸으로 "나는 몹시 피곤해 눕고 싶다. 저기 나무 아래에 가사를 깔아다오. 오늘 밤 여기서 열반하련다."고 하셨다.

윤회가 미덥지 않아도, 다수 기성 종교 교리에는 이런 내세관이 있으며 어쨌건 본질은 그런 부수적인 것이 중요한 게 아니므로 〈석가모니〉 당시로 상상을 충분히 이끌어낸다는 점이 그냥 좋았다. 다른 지엽적인 것들에 너무 매달리지 않는다면. 〈석가모니〉와 자애롭고 따뜻한 동행을 나는 느꼈었다. 단지 그뿐.

비참한 날엔 스피노자

발타자르 토마스

〈스피노자〉를 해석한 글을 읽으면서 철학과 과학기술은 국가의 미래를 위한 근간이 될 수 있겠다는 생각이 불현듯 들었다. 후대들의 인성을 기르고, 먹고 살 방편의 핵심이기 때문이다. 철학과 과학이 상충하는 것이 아니다. 오히려 철학은 과학과 상보적相補的이고 창의력을 고양高揚한다. 과학이 철학의 설 자리를 없애고 정신을 호도한다는 의견이 있지만, 원래 과학은 철학의 산물이다. 인간은 의식주 앞에선 정신을 잃는다. 배고픔을 해결하는 것과, 정신적인 여유가 필요한 철학의 간극은 해소할 수 없을까? 그렇지 않다는 생각이다. 과학이 발달할수록 물질 이상의 소중함을 지켜갈 방안으로 긍정의 철학이 요구된다고 믿는다.

이 책의 '비참한 날에'라는 제호에는 대중의 호기심을 끌고자 하는 의도가 비친다. 출판사가 『아리스토텔레스』, 『쇼펜하우어』, 『키에르케고르』, 『니체』를 모아, 철학을 통한 치유 곧 '필로테라피'라 이름 지어 기획한 시리즈다. 모두 강력한 매력을 가진 철학자들이다. 근래 프랑스 철학이 새삼 떠오르고 있는데 그중 유명한 철학자인 〈질 들뢰즈〉가 〈스피노자〉를 재해석함으로써 〈스피노자〉가 다시 각광을 받고 있다.

〈스피노자〉는 그가 말한 것도 아닐 거라는 "내일 지구의 종말이 올지라도 나는 한 그루의 사과나무를 심겠다."는 이런 솔깃한 문장으로 단순히 유추되어선 안 될 사람이다. 종교와 신이 주류 지배 사상이었던 중세에 인간 의지의 실상을 정확히 드러내면서 종교와 신을 신랄하게 비판하였기에 오랫동안 그는 변방에 밀려 있었다. 그러다가 현대에 와서야 주목받는 철학자 중 한 명으로 떠올려졌다.

서양철학사에서의 큰 줄기인 흐름을 보면 〈데카르트〉와 동시대의 〈스피노자〉는 뜻밖의 사상, 현대에서도 겨우 받아들여질 법한 파격을 보인다. 물론 〈데카르트〉에 이르러 '신에게서 인간으로' 주체가 바뀌는 계기가 되었지만, 〈스피노자〉는 〈데카르트〉보다 앞서 나갔다. 그는 개념 속에만 갇혀있던 사변思辨 철학자가 아니었다. 생명을 위협받으며 험악한 수많은 저주에 시달렸지만 묵묵히 자기 길을 갔다. 진정한 선각자이며 버림받은 고독한 실천의 수도자였다.

〈스피노자〉가 생각하는 신은 우리가 그 일부분으로서 속해있는 자연 그 자체다. 다른 초월적인 존재가 아니며, 우리를 지배하거나 희생을 요구하는 어설픈 무능력자가 아니다. 그가 인간을 움직이게 하는 것으로 보는 것은 이성이나 지성이 아니다. 그는 오직 '정서(감정·욕망)'만이 우리 인간을 '추동하는 힘'이라고 하였다. 실제로 이만큼 사태의 본질을 꿰뚫는 성찰이 그 시대에 가당키나 했겠는가. 수백 년 뒤인 지금에도 신과 종교를 오해하고, 우리가 자유의지를 가진 존재라고 고집하는데.

〈스피노자〉의 대표적 저서 『에티카』를 읽어보면 골치가 지끈거린다. 읽는 속도는 붙지 않고 제자리이면서 그 의미도 도통 알 수 없다. 이를 기하학적 서술 방식이라 한다. 측량, 도형 등을 수학적으로 해석하는 방법의 하나였으나 추상적인 관념 해석으로까지 확대되었다. 『에티카』가 기하학의 정의와 공리 같은 방식을 사용하므로 수학이 쉽지 않은 나 같은 사람에겐, 그렇잖아도 난득難得인 그의 사상이 난감해진다. 그러나 프랑스의 철학자 〈발타자르 토마스〉가 이를 쉽게 풀어주었다. 소외된 시대의 '변종' 철학자 〈스피노자〉를 이렇게 소개해 주다니 우리에게도 좋은 일이다.

〈스피노자〉는 너무 이른 시대에 나타나 버렸다. 중국 [도가道家]철학이 지금 시대에 더욱 상당히 절묘한 의미를 가지게 됨과 마찬가지로, 현대 뇌과학 탐구가 밝혀낸 것처럼 '인식하기 이전에 판단과 결정은 이루어진다'고 〈스피노자〉는 말했다. 우리는 신으로부터 부여받은 이성의 힘으로 자연을 지배하는 것이 아니라 단지 자연의 일부분일 뿐이며, 끝없는 그물망 같은 인과관계의 필연적인 힘 안에 있는 존재이다. 이성이 아니라 욕망이 우리의 본질이고, 그런 정서를 움직이는 네트워크를 정확히 인식해야 한다고 그는 권고한다. 자유의지라는 환상을 벗어나 욕망과 그것이 이끄는 힘을 알면 정서에 방황하지 않고 진정한 자유를 되찾을 수 있을 거라고. 〈스피노자〉가 말하는 정서(affect)는 내가 영향을 받는 감성, 감정과 같은 의미이다.

아무리 발버둥쳐도 피할 수 없고, 어쩔 수 없이 이끌려가는 우리 인생의 무엇(마치 운명처럼). 그러니 저항 말고 순응하라는 의미였다고 나는 이해하려 한다. 억지로 대립하면 내가 상처받는다고. 하지만 무조건 포기하고 내버려 두라는 뜻은 아니다. 운명의 일정 부분은 내가 순화·전환시킬 수 있는 것. 내 인생을 통제하지 못하고 실패해버렸다고 비참해질 때, 그런 상황, 그런 만남의 관계, 그런 판단과 결정의 힘을 수긍하면 적어도 비참해지지는 않을 것이다.

〈스피노자〉의 [실체]와 [양태]에 대한 생각은, 불교의 '삼라만상은 하나이며 불성이 스며있다'며 '법法이 스스로의 우주 운행의 질서'라는 〈석가모니〉 붓다의 가르침이나, [도가道家]에서 말하는 '모든 물物의 근원인 도道가 각각의 개체에 덕德으로서 전개되어 있다'는 주장과 매우 유사하다. 〈스피노자〉의 자연에 대한 생각은 매우 합리적이고 과학적이며, 또한 환경 위기에 처한 현대에 절실히 수용되어야 할 철학이기도 하다.

〈스피노자〉에 관해 쉽게 설명한 책으로서 〈손기태〉가 쓴 『고요한 폭풍, 스피노자』가 있다. 머리가 둔한 탓에, 먼저 공부한 이들의 도움을 받아 개요를 이해하고 『에티카』를 읽게 되면 처음부터 헤매지 않을 것 같다는 생각에 택한 책이다. 부제로 붙여둔 「자유를 향한 철학적 여정」이란 표현이 〈스피노자〉를 함축한 것 아닐까? 그는 말뿐인 관념의 나팔수가 아니라 검약과 절제를 철저히 실천한 성자聖者였다.

삶의 격

피터 비에리

나의 생존과 존엄을 참으로 많이 고민해본다. 인격이 고결하게 지켜지기보다는 너무나 쉽게 현실적인 이해에 흔들리며, 어쭙잖은 자존을 세울 수 없는 상황이 허다하다. 품격이 낮아지는 자존감의 손상은 정말 괴롭기만 하다. 그러나 살아남는 것도 매우 중요하다. 명색이 인간이랍시고 동물보다는 나아야 한다는 강박이 과연 중요한가? 내 본심은, 당연히 달라야 하며 인간으로서 자존을 지켜야 하고 그런 위치에서 타인·자연·생명에 너그러워져야 한다고 믿고는 싶다.

독일의 철학자이며 유명 작가인 저자는 인간 특성으로서의 품격 있는 삶의 형태와 인간 존엄의 의미를 생각해보고자 한다. 그가 말하는 존엄은 우리가 인간이라고 당연히 부여받는 권리가 아니다. 권리는 우리 스스로가 완성하고 취하는 것이다. 권리의 정의는 '상대의 나에 대한 취급', '내가 타인을 대하는 생각', '내가 나를 어떻게 대하는가'에 바탕을 두고 있다.

저자는 존엄에 대한 직접적 해석을 하기보다, 살다 보면 정말로 중요한 결정을 내거나 중대한 사안을 맞이해야 할 순간이 오는데 그런 상황에서 의외로 머릿속에 자리한 존엄성이란 인식이 큰 역할을 할 때가 많다고 집필 동기에서 밝혔다. 그것이 정확히 무엇인지 이해하기 위해서 오랫동안 삶의 여러 순간마다 떠오르는 생각을 정리했고 존엄성의 경험을 한눈에 볼 수 있는 지도를 그려내기에 이르렀다. 실제로도 '타인→나', '나→타인', '나→나'라는 관계에 대한 여러 상황은 결국 모두 존엄성이라는 개념으로 귀결된다.

부제가 「존엄성을 지키며 살아가는 방법」인 것처럼 저자는 단순한 이론 전개나 개념적 설명보다 일상의 사례들을 보여주며 같이 판단해보자고 권하고 있다. 그가 제시한 8개의 주± 사례들 자체가 유의한 사유의 주제가 된다. 「독립적 주체로서의 존엄성(굴욕을 당연하게 받아들이지 않는 존재)」, 「만남으로서의 존엄성(상대방의 존엄을 훼손하지 않는)」, 「사적 은밀함을 존중하는 존엄성(최소한의 개인적인 은밀함 보장)」, 「진정성으로서의 존엄성(거짓말과 기만)」, 「자아 존중으로서의 존엄성(절박함에서 자기 소신의 한계)」, 「도덕적 진실성으로서의 존엄성(도덕적 위기와 존엄성 침해의 한계)」, 「사물의 경중을 인식하는 존엄성(균형 능력)」, 「유한함을 받아들이는 존엄성(생명과 죽음)」이 그것들이다.

저자가 막연히 추상적으로 인간의 품격이나 존엄성을 주장하기보다 실제 사례에서 구체적으로 그게 무엇인가를 같이 생각하자고 제안한 이유는, 타인이 내려주는 정의를 따라가기보다는 각자가 스스로 판단하고 실행해야 할 가치이기 때문이다. 즉, 가식이 없는 주체로서의 독립적인 삶의 방식에서 찾아야 하는 것.

가족을 건사하고 사회 구성원으로서 사람 노릇을 하자면 기본적 밥벌이를 하면서 삶을 영위해야 하는데 그 과정에서 겪게 되는 쌍방향의 숱한 인격 모독의 경험을 누구나 갖고 있다. 그 강한 반(부)작용으로 돈과 권력에 더 집착하는 경향이 우리 사회의 주된 흐름이 되어버렸다.

요즘 사람 같지도 않은, 속된 말로 짐승만도 못한 언행을 하는, 자기 분별도 못 하는 인간들이 너무나 많다. 천박하기 그지없지만 스스로 소위 좀 가졌다고 거들먹거리는 이들이 넘쳐나서 우리 모두를 절망에 빠트린다. 나는 짐승이 아니라고 주장하려면, 저자가 권유하는 화두에 한 번쯤은 관심을 가지면서, 최소한의 존엄을 지키고 품격을 유지하려는 노력이 인간다움 아닐까?

독일의 신경생물학자인 〈게랄트 휘터〉는 그의 저서 『존엄하게 산다는 것』에서 자기 존엄성을 인식하는 능력은 그 사람의 재산이나 지위, 명예와는 아무 상관이 없고 '인간이 다른 인간을 대하는 방법, 인간이 인간을 위해 책임을 지는 태도의 문제'라고 얘기한다. 그는 다른 이들에게 진정성 있게 대우받는다는 느낌이 반드시 필요하며, 사회 구성원 모두가 스스로의 존엄함에 대한 감정과 생각, 인식강화에 도움을 주고 있다는 것을 경험해야 한다고 주장하고 있다. 따라서 자신의 생각과 행동을 이끌어줄 내면의 나침반을 가지고 있는 사람은 방향을 잃지 않고 유혹에 흔들리지도 않는다. 존엄성을 인식한 사람은 그것을 잃지 않기 위해 노력한다는 말이다.

새벽에 혼자 읽는 주역 인문학

김승호

삶은 숙제를 부여받아 강력히 해결을 요구당하는 필수 이행 과정이다. 내가 가장 궁금한 것은 '왜 우리가 여기에 와서 이렇게 살다 가야 하는 것일까'이다. 어렸을 때 부친의 파산과 좌절을 보면서 그런 숙제를 스스로 (운명으로) 짊어진 건지, 가계家系 조상님들로부터의 유전자에 포함된 요소인지도 알고 싶었다. 주역周易과 명리학命理學에 공부가 깊었던 고조부高祖父와 조부의 기운 탓인지 내 서가에도 주역에 관한 책이 십여 권이 모였다. 주역에 관한 이해는 여건과 상황에 따라 수용감이 달라지므로 치밀하게 공부해야 할 학문임은 틀림없다. 어렵다면 반복해서 단련하는 수밖에. 〈공자〉도 책을 묶은 끈이 세 번 끊어질 정도로 읽었다는 전설이 있고, 천 번, 만 번을 읽어가면 깨달음에 통한다고들 말한다.

운명을 알고자 주역서에 관심을 가졌다면 정말 단순한 오해다. 다만 특정한 한계를 짓지 않겠다는 마음이라면 다행이다. 우주물리학, 양자물리학, 사주 명리, 풍수, 정신, 마음, 자연 등 거의 모든 영역이 이 역경易經에 연결된 통찰이라 할 수 있기에 말이다. (점차 과학적으로도 여러 분야에서 이것이 진리에 근접한 개념임이 증명되어가고 있다.)

주역점占은 결정하고자 하는 사안을 염두에 두고 도구를 이용하여 괘卦를 찾는다. 주역점의 본래 용도는 결정을 못 내릴 때 판단의 근거를 의탁하는 것이다. 고대에 전쟁 승패 여부를 제사장의 신탁에 의지하는 것과 비슷하다. 역易은 원래 그런 행위의 기록에서 비롯되었다고 한다. '염두에 두고 무언가를 던져서 나온 것의 조합을 판단의 근거로 삼는다'는 것이 좀 모호하긴 하다. 그럴 바엔 차라리 마음 가는 대로 따라가는 것이 더 나을지 모른다. 망설이기 싫어서 무언가에 의탁해보는 것으로 생각할 수도 있지만 마음은 단순한 것이 아니다. 마음은 천지의 기운과 상호감응하고 교류할 수 있는 통로다.

역경 해설서를 읽어보면 우주와 자연의 현상 안에서 생명을 의탁하는 인간의 여건을 체계적으로 분석해 본 것이라는 생각이 든다. 64괘卦 384효爻는 세상, 삶, 인간 처세에 대한 보편적인 진리이다. 그러니 뭐가 나오든 기본은 점괘로서도 유효하다. 어쨌건 거의 선사시대부터 세상을 포함한 우주(그 안의 물질 현상까지)의 질서와 운행 법칙에 관한 개념이 있었다는 말이다. 이 우주 현상을 이해하려는 체계적 사상이 엉터리였다면 수천 년을 거쳐 현대에까지 내려오지 못했을 것이다.

실제로 태극으로부터 사상四象(또는 오행五行), 이것이 분화分化해서 팔괘八卦, 더 나아가 64개의 카테고리로 분류해서 우주의 변화 현상을 설명할 수 있는 이 기본 공식만큼 심오한 어떤 철학도 없다. 역易이란 한자는 일日과 월月의 합자合字이며 '변화'라는 뜻이 내재되어 있다. 우주 내의 모든 것은 영원하지 않고 반드시 변화한다는 원리를 이해하고자 한 것이다. 우리가 벗어나지 못할 우주라는 카테고리의 내적 변화가 운명의 시작이다. 하늘의 별들도 잉태→탄생→성장→성숙→쇠약→죽음의 사이클을 돈다. (주역에선 이런 순환을 원형리정元亨利貞이라고 표현했다.) 이런 순환의 시스템 내에 우리가 존재한다. 인간을 포함한 생명체 역시 생성~소멸의 축소판일 테니 우주의 현상과 법칙은 우주 내의 모든 존재에게 예외일 수 없다. 한마디로 "우주를 포함해서 모든 것은 변(순환)하며 그 변화에는 질서와 법칙이 있다"는 의미.

주역에 관해 모은 책들을 보니 기술적인 것은 오랜 세월 습득해야 할 일이고(정확하지 않은 겉핥기류도 너무 많다.), 돗자리(이런 생각의 바탕은 여전히 점복占卜에 치우친 것.) 깔려는 게 아니니 이해를 위한 총론적 성격의 책이 많다. 포괄적인 깊은 이해를 바탕으로 한 쉬운 접근을 위해서는 〈김승호〉의 책들이 철학적인 가르침을 잘 전하고 있다. 이 책은 주역을 추상적인 개념이 아니라 과학적인 사유로 확장하여 다양한 해석을 제시한다. 어느 서평書評처럼 이 분야에 지극한 관심을 가지고 공부를 해온 사람들에겐 좀 더 깊은 영감을 준다.

원천적인 우주의 기본 원리란 순환과 균형이다. 이 균형을 이루려고 하는 힘이 모든 숨겨진 것의 원천일 수 있다. 말하자면 영구한 것은 없다. 현재의 상황은 언젠가 변하고 반대의 상황이 내재·연결되어 있다. 당연히 좋고 나쁨도 없다. 삶을 안정시키자면 이런 조짐을 신중히 살피고 준비해야 하는 것. 우주의 변화 원리를 밝힌 것이지 점치는 도구(출발은 그랬더라도)가 아니었을 주역의 핵심적인 가르침도 마찬가지다. 그건 '뭐든 넘치도록 지나치지는 않아야 하는 것', 그리고 '극한에 이르면 변화가 시작된다는 것을 아는 것'이다. 덧붙인다면 '기다림을 배우고 신중하게 처신하는 것'이라 생각한다. 편향되거나 과도하지 않는다는 중용中庸의 도리도 아마 이런 철학의 연장일 것 같다.

사물을 잘 관찰하고 징조를 파악하면 다가올 변화를 짐작할 수 있다. 이 변화의 기운을 알아서 조화롭게 사는 지혜가 필요하다. 조화로운 삶이란 자연적인 흐름을 거스르면 무리가 따름을 알고, 극한에 치우치면 현재가 변할 것을 깨달아 우주의 정해진 법리 내에서 삶의 위험을 최소화하여 안정을 유지하라는 뜻. 이것이 마음을 해롭게 하지 않는 것이라면 천지의 기운에 부합하는 방향이리라. 상황과 사리 분별을 잘한다면 이미 운을 예측하는 단계라 할 수 있다.

나는 주역에서의 64괘가 우주 현상 원리를 축약한 8괘가 중첩된 경우의 변화의 수數라면 운명 전체 100% 중 64%를 제외한 나머지 36%는 기회의 영역이라는 어느 명리가의 의견에 강력히 동조하고 싶다. 다시 말해, 영구한 시간 속에 우리가 헝클어둔 매듭을 풀어야 할 64%가 의무라면, 36%는 그나마 선택의 기회를 부여받은 건 아닐까.

〈서대원〉 선생이 해설한 『주역강의』도 참조하면 도움이 된다. 그는 철학관을 운영하던 부친 사후, 생계 때문에 점치는 일을 이어받아 문외한인 상태에서 기막힌 체험을 거쳐 평생 업으로 이어지면서 대가로 명성을 얻었다. 그 계기로 주역에 대해 내내 해 온 생생한 공부의 결론을 현실의 여러 분야 인간 삶에 비추어 설명해주고 있다.

섀클턴의 위대한 항해

알프레드 랜싱

역량·소양 관련 서적(리더십이라든지, 자기계발 주제)은 나는 별로 관심이 없다. 수십 년을 회사에서 많이 시달린 결과, 이런 류는 실제로는 별 도움이 안 되는 그야말로 장삿속 책이라는 선입관을 갖고 있다. 이 책을 읽은 건 리더십 교육의 사전 과제였었다. 그런 의무가 아니면 읽지 않았을 가능성이 높았을 터.

미국의 저널리스트 〈알프레드 랜싱〉이 '〈섀클턴〉이 어떻게 거의 죽기 십상일 당시의 남극 표류에서 그의 선원들 전원과 무사히 죽음에서 돌아올 수 있었을까'를 조사 연구한 전기적 기록이다. 현대의 경영과정에 〈섀클턴〉의 리더십은 전문 연구 분야가 있을 정도다. 극한의 상황에서 그가 보여준 역량은 너무나 위대해서 그런 존경을 받을만한 것임을 알 수 있다. 영국의 영웅적 탐험가 〈어니스트 섀클턴 Ernest Shackleton 1874~1922〉경은 1914년 27명의 대원들과 남극 대륙을 동서로 횡단하는 모험을 떠난다. 당시는 극지를 먼저 탐험하고 정복하는 것에 여러 나라가 자존심 경쟁을 하던 시기였다. 우리가 배웠던 교과서에도 나왔듯이 노르웨이의 〈아문센〉, 미국의 〈피어리〉, 영국의 〈스콧〉 등이 탐험가로 유명했으며 〈섀클턴〉도 몇 번의 성공으로 널리 알려졌었다.

그의 배 [인듀어런스*Endurance*](다가올 고난을 상징한 건지, 자기 집안 가훈에서 따온 선명船名이 의미심장하다.)는 남극에 상륙해보기도 전에 예상하지 못한 단단한 얼음 속에 갇히게 된다. 10개월 후 얼음이 녹으면서 부빙들의 압력에 의해 파손될 때까지 물개를 사냥하며 지내다가 결국 배를 포기하고 생존을 위한 탈출을 감행한다. 구명보트에만 의지해 남극의 유빙들 위를 전전하며 육지를 찾아 나서야 하는 극한적 상황에 부닥친 것.

1914년 8월 영국을 떠나 1915년 1월에 좌초된 후 1916년 8월에야 구출되었다. 그와 대원들이 전원 무사히(당시 그런 상황 속에서는 기적 같은 일) 귀환하여 그는 영국의 영웅이 된다. 실제 유사한 사례에서 다른 낙오된 팀들은 미쳐서 자살하거나 몰사한 경우도 있었다. 사람을 보는 눈도 탁월해서 그가 선발한 사람들은 큰 문제를 일으키지 않았다. 이런 능력은 정말 부럽다. 직장에선 상관만 비판의 대상이며 우리를 힘들게 하는 건 아니다. 고통을 주는 존재로 못된 부하도 만만치 않다. 허드렛일도 직접 할 정도로 솔선수범했기에 누구도 반기를 들지 않았고 죽음을 넘나드는 상황에서 포기하고 '될 대로 되라지'하고 항명하거나, 스트레스로 자해를 하거나 팀워크에 해를 끼치는 사람이 없었다. 당시 선장의 권위는 선원들에게는 절대적이었다. 요즘도 선원들의 직급 위계는 명확하다. 생명을 위협하는 상황이 언제라도 벌어질 수 있는 위험한 바다를 항행하는 데 일사불란한 실행과 결속의 필요성 때문이다.

모든 사람에게 관심을 보이며 동참시키고, 말썽은 미리 차단하였다. 자기를 따르는 선원 모두를 생환시켜야 한다는 엄청난 중압감에도 포기하지 않았고, 모든 상황을 긍정적으로 받아들였으며 - 불안해하면 팀워크는 무너질 것을 알았기에 - 절망하지 않도록 최상의 선택을 하려고 노력했다. 정말 놀라운 것은 유빙을 탈출한 후 남극 근처 척박한 불모지 바위섬인 [엘리펀트] 섬에 대피하였다가 포경기지가 있는 [사우스조지아] 섬으로 구조를 요청하기 위해 몇 사람과 함께 선박 잔해로 급조한 보트를 저어 1,280km의 남극 바다를 건너고, 다시 2박 3일 동안 쉬지 않고 도끼 한 자루와 로프 하나로 아무도 밟은 적 없는 3,000m의 얼음산을 넘어간 것이다. (현대의 첨단 등산 장비로도 그렇게 넘기 어렵다고 한다.)

이미 죽었을 거라고 구조를 포기하라던 주변의 충고에도 불구하고 몇 달 동안 조그만 섬 암벽에 잔류하여 자기를 기다리는 선원들을 구하기 위해, 다시 결빙과 폭우 속에서 항해를 시도하여 모두를 구해낸다. 남은 선원들은 〈섀클턴〉이 그랬던 것처럼 절망하지 않고 대장이 구해줄 것이란 철저한 믿음과 단결로 포기하지 않고 구조를 기다리며 살아남아 있었단다. 그의 선원들은 〈섀클턴〉을 진심으로 사랑하고 믿고 존경했다. 귀국 후 다시 탐험대를 조직할 때 거의 모든 선원들이 응했다 한다. 훗날 그가 남극 탐험 도중 병으로 죽을 때 모두 진심으로 애도를 했으며 슬픔에 겨워 사망한 사람도 있었다고 한다. (불행하게도 난 살면서 이런 리더를 만나 본 적이 없다. 물론 나도 그런 사람에 턱없이 모자란다.)

나라면 어쨌을까? 부정적이고 조급한 내 성격대로 미쳐 날뛰거나 미리 절망해버리지 않았을까. 그의 판단과 처신을 보고서 생각해본다. 〈알프레드 랜싱〉이 쓴 이 책의 부제副題는, 「살아있는 한 우리는 절망하지 않는다」 다. 조급함과 좌절이 일상화된 현대의 우리에게 탁월한 교훈적 표현이다.

섬

장 그르니에

사유하기를 탐닉하는 사람이 글을 쓴다면 아마 이와 같을 거라는 생각이 드는 책이 바로 〈장 그르니에〉의 『섬(1933)』이다. 그의 다른 책은 읽지 못했지만 일단 내가 아는 독서의 범주 내에서는 그렇다. 따르고 싶은 또 다른 글쓰기는 〈그자비에 드 메스트르 〉의 『내 방 여행하는 법(1790)』이다. 두 저자는 1세기 이전에 태어난 사람들이다. 그럼에도 좋은 글은 역시 강렬한 충격 없이도 세월을 건너오는 것 같다.

내가 말하는 '충격'이라는 말뜻은 보통 송곳으로 후벼 파듯 가슴에 콱 박히는 느낌을 대신한다. 때론 충격이 없기 때문에 더 좋기도 하다. 자극적이지 않고 담백한 편안함. 작가의 제자 〈알베르 카뮈〉는 그의 글을 접하고 흥분으로 단숨에 미친 듯이 읽어내려갔다고 한다. (〈카뮈〉는 나중에 이 책의 서문을 썼다.) 그러나 단숨에 읽어버리기 어렵다. 어렵게 쓴 게 아닌데도 책장을 넘기기가 쉽지는 않다. 이 글의 독특함이다. 전문적인 표현으로 자신만이 이해하는 의식세계를 흐릿하게 비유적으로 풀어가는 방식이 아닌데도 그렇다.

철학자이기도 한 작가는 삶을 무겁게 겪으면서도 깊이

관조하는 습관이 밴 아웃사이더의 성향이다. 그런 분위기가 오히려 오래도록 세월을 건너뛰는 힘을 가지고 있다. 〈카뮈〉는 『섬』으로써 자기도 글을 쓸 결심을 확고히 했다고 한다. 나는 작가의 글에서 조용하고 따뜻한 장소를 떠올린다. 누구라도 그랬을 것 같다. 여러 회상이 피어올라 평소의 자기 인식이 녹아 들어가는 시간과 함께. 그는 독자가 이런 일상의 평범한 사물들을 관찰하면서 이어지는 상념에 빠져들게 만들어버린다.

수필은 〈그르니에〉나 〈피천득〉 선생의 글들처럼 무겁지 않게 읽혔으면 좋겠다. 소소하되 얄팍하지 않은 것, 생각을 하게 만들되 짓눌리거나 고통스럽지 않을 것. 또, 암울하게 어둡거나 차갑지 않기를. (하지만 내 상념의 의지는 자주 그 반대의 세계로 끌고 가곤 한다.)

언젠가 햇빛 비치는 마루에서 잠깐 잠들다 깼을 때, 주위에 아무도 없는 적막감이 더해져 이상한 허무에 넋을 잃었던 감각을 그의 『섬』 속의 「공의 매혹」에서 다시 느꼈다. '나는 자신이 밤의 어둠 속에서 어떤 나룻배를 타고 있다는 상상을 해보곤 하는 것이었다. 방향을 가늠할 표적 하나 없었다. 길을 잃은 채, 어쩔 도리도 없이 길을 잃은 채, 눈에 보이는 별 하나 없었다.' 이렇게 〈카뮈〉의 심장을 격동시킨 것들이 그의 글에는 분명히 있었다.

「공의 매혹」 외에 「고양이 물루」, 「상상의 인도」, 「사라져버린 날들」, 그리고 「~섬」 등 8개의 글로 이루어진 이 수필 제목을 왜 『섬』이라 했을까? 그의 마지막 글에 그 의미가 일부 드러나 있다.

'태양과 바다와 꽃들이 있는 곳이면 어디나 나에게는 보로메 섬들이 될 것 같다. 그리도 가냘프게 그리도 인간적으로 보호해주는 마른 돌담 하나만으로도 나를 격리시켜 주기에 족할 것이고 어느 농가의 문턱에 선 두 그루의 시프레 나무만으로도 나를 반겨 맞아주기에 족할 것이 …한 번의 악수, 어떤 총명의 표시, 어떤 눈…이런 것들이 바로 이토록 가까운, 이토록 잔혹하게 가까운 나의 보로메 섬들일 터이다.'

섬은 그에게 있어 늘 마음속에 자리하는 그리운 곳이며 상징이다. 어느 날 길거리에서 [보로메 섬으로!]라는 간판을 단 꽃가게를 보고 상상해보는. [보로메] 섬들이라고 한 것은 보로메의 섬들이라고 해야 더 어울릴 것 같다. 이탈리의 북부 밀라노 인근 [마지오레 호수](번역은 '마죄르 호수'다.)에 있는 세 개의 섬(어머니 섬, 어부들의 섬, 아름다움의 섬)으로 [*Borromee*] 가문의 소유인 곳. 인터넷에서 찾아본 사진은 성과 정원으로 꾸며져 있어 그 환경이 매우 아름다웠다.

우리들도 항상 여기(이곳)가 아닌 '섬'을 꿈꾼다. 떠나지 못해 가까운 곳에서 대용품을 찾더라도. 그도 그랬다. "가장 먼 곳과도 이제는 작별할 필요가 있었다. 나는 가장 가까운 곳에서 피난처를 찾지 않으면 안 될 모양이었던 것이다."

그렇다. 내가 사는 곳, 내가 보는 자연, 내 강아지, 나 하나로도 이미 꿈꾸는 섬인 셈이다.

소로우의 강
(강에서 보낸 철학과 사색의 시간)

헨리 데이비드 소로우

강은 우리 삶의 모태이다. 사색과 명상에도 좋은 환경이다. 강물을 바라보고 있으면 생각이 멈추고 격정에 휩싸인 감정이 안정을 찾는다. 내가 사는 곳이 전원이긴 하나 아쉽게도 가까운 곳에 강은 없다. 멀리 바다가 보이기는 하지만, 바다는 강과 다른 느낌이다. 웬만해선 강으로 인해 압도되지는 않는다.

『월든』의 저자인 〈소로우〉는 강과 호수의 환경 속에서 많은 사유를 이루어냈다. 이 책은 자기 형의 죽음 후 과거에 형과 함께 [콩코드]강과 [메리맥]강으로 떠난 휴가 여행을 추억하며 사색한 내용들을 편집한 것이다. 원제는 『콩코드 강과 메리맥 강에서의 일주일』이다.

요일 별로 각각의 에세이로 표현한 개별 사유의 중점을 부제를 통해 설명해준다. (꼭 그 주제만을 중점으로 사색한 건 아니지만.) 「물고기들의 미덕을 사색(토)」, 「시간의 퇴적 속에 묻혀버린 인디언들의 삶의 흔적(일)」, 「정오의 철학을 즐기는 시간(월)」, 「뱃길 따라 정착민의 삶과 애환을 엿본다(화)」, 「우정은 인생을 깊게 감싸주는 신비요 비밀이다(수)」, 「배에서 내려 땅을 거닐다(목)」, 「여름에 잠들어 가을에 깨어나다(금)」.

두 형제는 미국 메사추세츠 주의 두 강을 자기들이 만든 보트 [머스케타퀴드](인디언들의 붙인 강 이름이라 한다.)를 타고 일주일간 콩코드로부터 메리맥 상류까지 거슬러 올라갔다. 1839년 8월 31일 토요일에 출발하여 다음주 금요일까지 일주일 동안 강을 거슬러 올라가며 형제가 관찰하고 사색했던 기억을 1845년 7월~1847년 9월의 [월든] 시절, 일기에 기록해두었다가 여러 곳에 에세이로 발표하였다.

형은 손을 베인 상처가 파상풍으로 진전되어 1844년에 사망했으며, 형의 사후 10년 뒤에야 책으로 편집해 발간했다. 〈소로우〉는 [월든] 호숫가에 손수 움막을 짓고 농기구를 만들 만큼 손재주가 좋았다고 한다. 형으로부터 많은 것을 배웠다고 하니 역시 재능 있고 다정했을 형제간의 우애를 짐작하게 한다.

이 글들은 『월든』보다 먼저 쓰인 글들이며 그의 초기 초월주의적 사상을 잘 드러낸다. [초월주의]란 번역자의 설명을 요약하면 청교도 정신이 교리에 경직되는 모습을 보여주는 [캘빈주의]로부터 탈피하여 새로운 분파적 경향을 드러낸 것이라고 한다. 편협하고 독단적인 교리나 형식이 아니라 자연과 신과 인간은 하나라는 믿음, 인간 내면의 힘이 신을 알게 하며 인간은 하느님의 형상을 닮았기에 성서가 아닌 이성을 통한 계시가 가능하다는 믿음이 [초월주의]의 시작이다. 초월주의자들은, 영성의 본질은 삶의 실천을 통한 인격의 형성이며 개인의 정신과 영혼을 우주의 중심으로 보았다. 그리고 자연의 모습에 도덕적, 철학적 의미를 부여한 것이다.

시인이자 [유니테리언]파 목사였고 미국의 중요한 사상가 중 한 사람으로 평가받는 〈랄프 왈도 에머슨〉이 [초월주의]의 선도자였다 한다. [유니테리언파] 역시 [캘빈주의]의 교리인 삼위일체, 원죄, 예수의 신성, 대속 등을 비이성적이며 불합리하다고 생각했으나 [초월주의]는 아니었다. 〈에머슨〉은 많은 부분 종교와 교리에 대한 진취적 생각 - 인간이 본디부터 지닌 종교심과 도덕심은 물론이거니와 인간의 문제에만 관심을 갖지 않는다는 - 을 밝혔었다.

〈소로우〉의 글은 명상처럼 집중하며 자연을 관조하던 사유의 결과다. 시적인 표현으로 섬세하고 조용한 속삭임 같다. 많은 생각을 하게 하지만 차분히 가라앉히는 힘이 있다. 탁월한 묘사와 비유, 현란한 기교를 보여주지만 담백하다. 자연의 소소한 움직임까지 관찰하고 귀에 소곤대듯 들려주는 느낌이다. 그는 '우리의 삶과 경치가 이렇게 공정하고 생생하지 못할 이유가 무엇인가', 라고 말한다. 콩코드 지역의 토박이인 그는 박물학자, 향토 사학자인 양 모든 동식물, 지역 역사와 고전, 신화에도 해박함을 드러낸다. 자연을 존중하는 초월주의적 성향과 함께 스스로 성서보다는 동양의 사유에 친숙하다고 말한다. [초월주의]나 [유니테리언파]의 성격도 그러하다. "콩코드 강은 고요히 흘러가나, 명상하는 여행자는 이 경치로부터 아주 많은 암시를 받게 된다. 내면에 한 목소리가 있어, 강물 속에서 그리고 끊임없이 흐르는 고요 속에서, 기울여 듣는 귀에 그 뜻을 보낸다." 이런 사색적인 〈소로우〉의 글들이 우리에게도 차분한 명상의 손길을 건넨다.

도서관에서 책 읽는 것을 매우 좋아했다는 〈소로우〉의 책에 대한 생각을 들어보면, "마음을 맑게 하는 진실한 책, 위대한 시를 읽으라. 자연에 귀 기울인 책이 진실하다." 그래서 그는 오랜 세월 뒤에도 여전히 퇴색되지 않게 아름다울 글들을 남겨 주었나 보다.

〈소로우〉는 1845년부터 2년간 메사추세츠 주 콩코드 외곽의 〈에머슨〉 소유의 땅 [월든] 호숫가에서 되도록 외부와 차단하며 홀로 자급자족의 실험적인 숲속 생활을 했다. 『월든』은 일종의 실험적인 시도이며 그 기록이다. [월든]에서 그가 시도한 한시적인 은거 '한번' 때문에 '공명심'을 의심한 이도 있었으나 그의 글을 읽어가다 보면 절대 그렇지 않다는 것을 안다. 자연에 대한 사랑, 본래 인간이 지녔을 청정함을 아쉬워하는 순수한 사람임이 금방 드러난다. 작고 사소한 것들에도 넘치는 위트와 유머는 세상에 대한 따뜻한 애정을 가진 사람이 좀 더 잘할 수 있다. 그나마 [월든]은 여건이 좋았던가 보다. 다른 탐사에서 그는 혹독한 두려움을, 무섭도록 위험한 자연 속에서 경험했다고 한다. 자연은 만만하지 않다.

여러 관점과 논란에 상관없이 자연 회귀를 시도하고, 그 속에서 〈소로우〉가 찾아낸 소소한 느낌들이 절실히 마음에 와닿았다. 19세기의 사람이 이렇게 21세기에 적합할 현실적인 성찰을 할 수 있었다는 것은 그의 혜안이 특별했다고 하겠다. 아니면 인간 세상은 세월 흐름에 상관없이 결국 그게 그것인지. '한번 온전히 내 뜻에 따라 삶의 본질에 부딪쳐보고 죽음에 이르렀을 때 헛된 삶을 살았다는 후회가 없기'를 바랐다는 〈소로우〉. 인생의 의미 중에서 이만큼 소중한 가치가 또 있을까. 그에게는 짧은 시간이나마 한 번이라도 그런 인위적 세상과 단절하며 살아보겠다는 순수한 목표가 있었다.

수축사회

홍성국

세상은 너무나 빨리 변하고 있다. 마치 격동하는 급류처럼. 이제는 세상과 사회 변화에 대한 기존의 관점을 버려야 한다. 이 책은 우리나라를 포함하여 성장 한계를 이미 넘어버렸거나 성장을 추구하는 국가들이 대면하는 새로운 시대, 즉 [수축사회]를 어떻게 받아들이고 대응해 갈 것인가를 제시하고 있다. 저자는 이전 대우증권의 CEO였었고 애널리스트로 일하는 사람이다.

지구상의 인구는 80억에 육박하도록 증가하고 있으며 아직 경제 미도약 상태인 국가도 많은데 왜 수축사회란 말일까. (노령화 및 빈부의 격차에 있어서는 팽창적이라는 말에 합당하다.) 한계 상황의 가장 큰 원인은 자원의 유한성일 것이다. 경제의 성장이 어떤 임계점에 다다랐거나 내리막길을 향할 수밖에 없는 국가들은 인구 노령화와 함께 성장 동력이 줄어들어 더는 예전처럼 발전할 수는 없게 되었다. 경제는 계속 규모를 확장하지 않으면 정체(성숙의 정점을 넘어버려서)에 다다랐거나 쇠퇴한다는 의미이기도 하다.

'수축사회'의 정의는 "저성장 기조가 장기간 지속되면서 정치, 경제, 환경을 비롯한 사회 모든 영역의 기초

골격이 바뀌고 인간의 행동규범, 사고방식까지 영향을 미치는 현상"이다. 한국전쟁 이후 베이비붐 세대는 우여곡절도 많았지만 폭발적 경제 성장과 함께 경제, 직업적인 여건에서는 운 좋은 세대였다. 그들이 산업 일선에서 물러나게 되는 시기인 현재의 경제 상황은 너무나 불확실하다. 과거의 성장 기억의 흔적은 남아서, 세상이 급변하는 모습에 당황하며 혼란스러워들 하고 있다.

베이비붐 세대보다 기회가 줄어든 현재 젊은 세대들은 치열한 경쟁에 치여 의욕을 잃은듯하다. 그들은 소가족 小家族 세태 속에서 과잉보호를 받아 성장했으며, 파이 pie가 부족해지는 세상에서 살아남으라고 주입된 이기적 경쟁만을 배웠다. 그러면서도 물질 만능의 자본주의에 철저히 물들었다. 전후 총체적 가난 상황을 벗어나고자 했던 앞 세대 못지않게 그들 역시 돈의 위력을 잘 알고 돈에 절실하다. 물질 잉여와 결핍 사이에서 탐욕과 절망 속에 오락가락하며 지쳐가고 있다.

인류의 삶을 위한 자원(한정된 면적 내에서의 식량 생산량을 포함)은 유한하다. 애초에 나눠 먹을 곳간은 크기가 정해져 있었다. 공평하게 분배하여 공존하자는 방식으로 세상이 돌아갔다면 좀 더 지속적인 미래를 기대해 볼 수는 있었을 것이다. 하지만 우리 모두 알다시피 인간은 도저히 그렇게 할 수 없는 결함체缺陷體이다.

저자가 말하는 [수축사회]의 현상은 성장이 멈추는 것, 생산성은 늘어나 공급이 과잉되는 것, 어느 기점을 고비로 태어난 인구보다 죽는 인구가 많아져 결국 인구가 감소하는 것 등이다. 따라서 부채는 늘고 양극화는 심해져서 극도의 이기주의와 현실주의가 팽배하다. 그러한 범주에 이미 들어선 우리나라를 포함해서 경제 성장을 어느 정도는 일군 주요 국가들의 모습이 거의 그렇다. 이런 세상에서 어떻게 해야 나라를 안정되게 만들어갈 수 있을까. 그가 말하는 처방은 이기주의 기반의 이데올로기와 생활방식을 버리고, 공동체 전체의 번영을 위한 이타주의, 세계적 차원의 도덕 혁명 등이다. 제시한 해법과 방향은 옳은 얘기이긴 하지만 경향은 이상적이다. 이를 위해서는 사회적 자본을 키우는 것이 최선의 해법인데, 이는 사람들이 공통의 목적을 위해 조직 내에서 함께 일할 수 있는 능력이다. 사회적으로 신뢰를 쌓아가고, 자유롭게 정보를 공유하도록 하며, 권력과 부의 집중을 방지하는 시스템, 개방과 협업을 유도하는 것 등이 필요하다. 이것은 〈가라타니 고진〉이 제안하는 21세기적 윤리의식과 유사하다.

사실 먹고사는 문제가 팍팍해지면 이기적으로 될 수밖에 없다. 우려되는 것은, 지도자와 국민이 방향을 잘못 잡으면 우리나라도 일부 제3세계 국가들처럼 심한 내홍內訌을 겪을 수 있다는 가능성이다. 요즘 일부 국가에서 지도자들이 앞장서며 국수주의 주장이 득세하고, 특히 코로나-19 바이러스로 인해 본의 아니게 수축사회를 일찍 실감하고 있다. 세계화, 개방을 부르짖던 때가 언제인가 싶게 세상은 위축되고 있으며 제반 상황의 조짐은 다시 팽창사회로 돌아가기 어려울 것임을 보여준다. 무엇보다 제도나 경제적 해법 외에 정신과 문화적 차원의 사회 재편이 요구되는 관점의 대전환이 절실하다. 당장 그런 방향으로 인류가 삶의 방향을 설정하여 실행하지 않으면 환경 위기와 먹고 사는 문제를 비롯해서 미래를 멀리 내다볼 수 없음은 누구라도 알 수 있지만 실현성은 의문이다. 바이러스는 그동안 인류의 결정, 인간이 저질러놓은 자연 훼손이 잘못된 것임을 보여주는 극히 일부분의 현상이며, 그런 행위들의 반대급부가 가혹할 수 있음을 추측하게 한다.

스티브 잡스

월터 아이작슨

누군가 농담으로 〈스티브 잡스〉에 대해 "그러잖아도 골치 아픈 세상을 더 복잡하게 만든 사람"이라 하여 늙어가는 우리들에게 공감이 되는 소리라고 웃었다. 사실은 단순하던 옛날이나 초스피드로 복잡하고 다양해지는 현대나 인간 삶의 본질은 달라진 바가 별로 없다.

〈잡스〉에 대한 나의 선입관은 '까탈스럽고 괴팍한 천재, 병적인 완벽주의자'다. 이 사람이 만약 나의 직장 상사였더라면 견디기 힘들었을 것이다. 일을 앞세워 인간미가 사라진 냉혹한 사람들이 거의 모든 직장에는 있다. (단순히 사람을 괴롭히는 걸 목적으로 삼는 소시오패스류도 의외로 많다.) 실제로 과도한 독선 등의 이유로 그는 회사에서 쫓겨나기도 했었다. 리더의 모습으로서는 그런 성향은 바람직하지 않다고 경영서적 등에는 나와 있다. 하지만 대부분 현실의 리더들은 책과 전혀 다른 행태를 보여준다. 보통의 생각으로는 평범한 결과만 만들어낼 가능성이 크고, 좋건 나쁘건 그 이상으로 뛰어넘어야만 기존에 없던 창조나 성과를 만들 것이기도 하다.

〈잡스〉가 말년의 병상에서 '가장 비싼 병상에 누워있

을 뿐'이라고 남긴 말은 심금을 울렸었다. 부자인들, 크게 성공한들 죽음 앞에선 뭐가 특별히 다른가. 하지만 그의 삶의 족적은 여러 편의 영화로 만들어질 만큼 반향이 컸음은 분명하다. 그와 똑같이 분장했던 〈애쉬튼 커처〉 주연 영화와 〈마이클 패스벤더〉가 그를 완벽히 모사하여 아카데미 남우주연상 후보(2016년)가 된 영화 등, 몇 편의 그에 대한 영화가 있다. 〈마이클 패스벤더〉는 "세계가 돌아가는 방식, 우리가 서로 소통하고 관계하는 방식, 영화를 보는 방식, 음악을 듣는 방식, 그리고 제품을 사는 방식을 모두 바꿨어요. 그런 영향을 미친 사람이라면 그의 삶을 돌아볼 가치는 있죠."라고 그를 평가하였다.

전기 작가로 유명한 - 아무나 이 사람에게 전기를 의뢰할 수 없다는 - [CNN]의 CEO였고 [타임]의 편집장을 역임했던 〈아이작슨〉은 〈잡스〉의 드러난 인생 모든 것을 이 책에 서술했다. 의외로 〈잡스〉가 먼저 전화해서 부탁했다 한다. 〈잡스〉와의 대담, 〈잡스〉와 연관된 사람들과의 인터뷰 등이 바탕이 되었다.

많은 인간적 결점을 가진 〈잡스〉이지만 일에 대한 엄청난 열정, 기술에 대해서는 철저한 완벽주의자였기에 혁신을 이루어 낼 수 있었다. 기술의 발전에 대한 나의 생각은, 기술은 생활의 편의성만을 추구하는 잡스러움이 주목표가 되어서는 안 되며 인류의 안전, 환경을 지키기 위한 노력이면 충분하다고 믿어 본다. 〈잡스〉는 스트레스 가득했을 이런 성격으로 인해 결국 병을 얻었을 것이다. 성공은 대범해야 할 것 같지만 사실은 디테일에 있다. 치밀하게 점검된 아주 사소한 부분들의 조합이 사람들의 마음을 사로잡는다. 병적인 강박의 〈잡스〉 아니면 누가 그런 제품을 내놓을 수 있었겠는가. 그 스스로는 병마에 무너져 가며 마지막 남긴 말은 아래와 같다.

"내가 그토록 자랑스럽게 여겼던 주위의 갈채와 막대한 부는 임박한 죽음 앞에서 그 빛을 잃었고 그 의미도 다 상실했다. 이제야 깨닫는 것은 평생 배곯지 않을 정도의 부만 축적되면 더는 돈 버는 일과 상관없는 다른 일에 관심을 가져야 한다는 사실이다."

이 말이 절절한 반면교사의 가르침이기도 하지만 실천할 사람이 얼마나 되랴. 무엇이 잘 산 인생인지 정답은 없다. 다만 의미 있는 인생이어야 함은 분명하다. 그런 점에서 그는 선구자였다.

신과 개와 인간의 마음

대니얼 웨그너·커트 그레이

마음이 무엇인지 스스로 자문해 본 적이 있는가. 내가 듣기론 마음이 '살아온 기억'이라는 말이 가장 그럴듯 했다. 실제 내게 남은 건 기억뿐이고, 기억하기에 무엇이든 미래로의 연결점이 생긴다. 하지만 마음을 지금 우리에게 언행의 지침을 내리는 컨트롤러로 한정한다면 사람은 더욱 특별할 것 없는 오리무중의 존재가 될 수 있다. 웬만한 생존 기능만으로는 동물, 구동 기계 등 운행되는 생물 또는 무생물과 구분하기도 어렵게 된다.

실제로는 타인 또는 다른 존재에 대해 그 마음을 확인할 수 있을까? 자기 자신은 있다고 자부하지만 상대는 당신의 마음이 있는지 알 수 없다고 생각하게 하는 경우도 생긴다. 심리학자인 저자들은 사고하고 감정을 가졌을 거라고 여겨지는 존재([마인드 클럽]이라고 이름 붙였다.)들에 대한 대중들의 판단을 수집하여 이를 바탕으로 마음을 최대한 이해해 보고자 시도하였다. 정신 능력과 마음의 존재 여부에 대하여 수천 명에게 설문 조사를 실시하고 그걸 바탕으로 분석해 보았다. 어쨌거나 마음의 부스러기라도 감지해 낼 수 있을지 모르는 거니까.

이 책에선 마음은 육체와 별개인가, 마음도 물질인가에 우선 국한해서 봐야 할 듯싶다. 다들 어떤 의미로 마음을 말하는가? 우리 인간의 입장에서 마음이라는 실체 판단 여부는 '윤리적 인식을 하는가?'가 그 최소한의 기준이 될지 모르겠다. 인식은 사람만 하는 게 아니다. 여기서 말하는 인식 기능은 뇌의 역할이다. 기능이 고장 난 상태라 여겨지는 살인마도, 우리가 만든 기계도, 선악을 떠나 인식과 분별을 할 수 있다. 같은 사람일지라도 적敵은 우리와 같지 않다고 취급한다. 그래서 총칼을 휘두를 수 있게 된다. 우리는 마음이 없다고 여기는 존재에 대해서는 가차 없이(양심의 거리낌 없이) 무시하고 살육과 파괴를 일삼는다. 하지만 동물도 유심히 살펴보면 개별 존재의 생존을 위해 우리 못지않게 탁월하고 영특하며 치열하다.

저자들은 파고들수록 오리무중인 마음이란 존재에 대해 알아보기 위해 온라인 설문 조사로부터 그 탐구를 시작했다. '정신 능력'을 추정해보는 질문 항목으로는, 고통·쾌락·자기통제·계획능력·사고하고 이해하는 능력·기쁨·당혹감·정서의 재인식 여부·배고픔·욕망·기억·자부심·순종 등이며, '마음을 가지고 있는가에 대한 후보군(질문 속의 대상인 마인드 클럽)'으로는, 홍보 담당자·회계사·5개월 아기·5살 아이·침팬지·식물인간·최근에 사망한 자·로봇·청개구리·7주차 뱃속 태아·당신·응답자·개·신이다. 이런 식의 질문이다. "5세 소녀가 침팬지보다 고통을 더 잘 느낄까?"같은. 주로 경험과 행위라는 두 가지 관점으로 우리들의 인식에서 탐험을 시작해본 것. 방대한 사례와 연구 결과를 덧붙여 마음에 대해 생각해보기를 권한다.

마음을 영혼이라고 단정할 수 없다. 단순히 육체의 생존을 위한 운용 소프트웨어로 국한할 수도 없다. 〈프로이트〉와 〈칼 융〉이 밝혀낸 무의식의 영역도 있고, 정신 탐구의 선구자들이 말하는 현실 이면의 더 높은 실재의 영역이 있을 수 있다. 불교의 단계별 의식론이나, 〈토마스 아퀴나스〉의 주장처럼 의식 수준에도 무생물부터 시작해 신에 이르는 계층의 단계가 있을지 모른다.

지구상의 생명체 중 정점頂點에 있다고 자신하는 우리로서는 육체에 갇힌 인식 한계 이상의 특별한 존재이기를 기대하고 있다. 우리는 사람이라서 타 생명체와 다르거나 우월하다고 생각한다. 실제 인간의 행태는 타 생명체와 구별되지 않는 면이 더 많다. 나는 〈니체〉가 말하는 초인처럼, 현재에 머물러 타 생명과 구별 없이 섞여 단순히 살아가기보다 더 나아가보려고 하는 의지가 있어야 한다고 믿는다. 사람이라는 의미를 가치 있게 하려면 동물과 다른, 모름지기 그 정도의 차별적 의지는 있어야 하지 않을까?

신이 사라진 세상

로널드 드워킨

오해와 부작용을 감수하고서라도, 종교란 나약한 인간의 마지막 적극적인 삶의 의지라고 생각해왔다. 현실의 인류가 신과 종교를 대하는 신념은 지극히 인간적이다. 인류 역사에서 종교는 인류가 저지른 다수 부정적인 행위의 주요 원인이었다. 신과 종교에 대해 긍정적이거나 부정적인 생각의 경계에서 자주 혼란스러우나 내 스스로 보존한 신앙심은 변하지 않았다고 믿는다. 창조원리에 대한 근본적 이해를 추구하며 모든 존재에 대한 보편적인 사랑을 실행하려는 의지가 신앙일 거라 생각한다. 신을 믿지 않는다고 신앙이 없는 것은 아니다. 저자의 말처럼 신을 믿는 것만이 종교가 아니듯이.

미국의 저명한 법철학자인 저자가 무신론자로 알려진 〈아인슈타인〉의 생각을 출발점(비유로 들어가며)으로 한 강연을 근거로 엮은 책이다. 신과 종교, 무신론과 유신론이라는 구분과 논의의 쟁점보다는 그런 것들의 공존 또는 교점을 제시해보려 법철학자답게 철저히 숙고熟考했다고 할 수 있겠다. 저자가 이 책에서 주제로 다루는 것은 다음과 같은 질문이었다. 종교란 무엇인가? 그 안에서 신의 위치는 어디인가? 죽음은 무엇이며 영원불멸은 무엇인가?

종교가 신보다 깊다는 저자의 말처럼, 종교가 꼭 신을 전제로 한 것이 아닐 수 있다. 저자가 인용한 심리 철학자 〈윌리엄 제임스〉는, "사랑, 분노, 희망, 야망, 질투 그리고 또 다른 본능적 열망과 충동처럼 종교 역시 다른 어디서도 이성적으로나 논리적으로 추론할 수 없는 황홀감을 삶에 덧붙여준다."라고 말하고 있다. 〈드워킨〉은 '황홀감이란 덧없고 죽어있는 듯 보이는 것에서 무언가 초월적 가치를 발견해내는 것'이라 말하며, 종교적인 태도란 가치를 완전하고 독립적인 실재로 받아들이는 것이라 한다. 여기서 말하는 가치는 인간 삶에 객관적인 의미나 중요성을 가지는 것이며 자연·우주 전체가 그 자체로 숭고하다는 판단을 일컫는다. 따라서, 사람들은 다양한 신념과 감정을 통해 드러나는 근본적인 종교적 충동을 공유하며, 이 충동은 두 종류의 신념을 낳는다고 말한다. 하나는 지능을 갖춘 초자연적인 힘, 즉 신에 대한 믿음으로 유신론자이며, 다른 하나는 초월적 인격신을 믿지 않으면서 심오한 윤리적·도덕적 집념으로 종교적 신념을 가지는 종교적 무신론자라는 말이다.

그는 종교적 무신론자는 무엇을 믿는가에 중점을 두고, 우주 만물에 대한 입자물리학·우주론의 입장, 종교의 자유에 대한 법적 판단과 범위, 유한한 존재로서 죽음과 불멸을 어떻게 받아들일 것인가라는 몇 개의 큰 카테고리로 나누어 가능한 추론을 펼쳤다.

신비주의나 비현실적인 체험(현실에서 명확히 드러나지 않는다는 뜻)과 같은 개인주의적 직관을 벗어나 오직 논리와 이성적 판단으로만 얘기를 해보자는 거다. 그가 보기에는 유신론자와 무신론자가 추구하는 영역은 별개이지만 서로 배척될 이유가 없다고 생각한다. 그러므로 두 신념의 간극을 건너뛸 수 있다. 논증이란 집중하며 타당한 근거를 제시하기 위해 상상의 날개를 펼쳐야 한다. 차분히 그의 논리 전개를 따라가다 보면 공감하게 된다.

"무신론자일지라도 가치와 신비, 삶의 목적을 의식한다는 점. 혹 우주를 창조한 존재가 따로 있다 하더라도 이 아름다움은 독립적일 수 있다는 것. 진리란 만물의 존재 방식에 대한 문제이고 아름다움은 그저 우리의 판단일 뿐"이라 하며, '종교의 자유는 오직 신에 관한 자유만을 말함인가. 여러 신념 중에 보호받아야 하는 것과 그렇지 않은 것은 무엇인가, 현실에서 종교의 자유를 누릴 권리는 존재하는지' 등을 따져본다. 그는 "존재, 의미, 우주 그리고 인생의 신비에 대한 자신만의 개념을 정리할 수 있는 권리야말로 자유의 핵심"이라 한다. 또한, '죽음 이후가 의미하는 것은 완전히 소멸하는 그 무엇에 대한 두려움이며 신이 그 대안을 제시하는지. 삶에서 이룬 성취는 그 자체로 완벽하므로 그것을 추구하는 것을 일종의 불멸로 대할 수 있고, 이것은 무엇보다 종교적인 신념'이다. '종교의 본질은 신이 아닌 더 심오한 신념 같은 거'라며, 신·종교, 유신·무신론을 넘어서는 방향을 제시한다.

〈아인슈타인〉이 비록 무신론자였더라도 '실체의 모습으로 나타난 장엄한 이성을 향한 겸손한 마음가짐'을 아는 한 그를 틀에 갇힌 사고를 가진 사람으로 비난할 수 있겠는가. 〈스피노자〉를 자신의 전임자라고 칭했던 〈아인슈타인〉이 그랬던 것처럼 한 번쯤은 〈스피노자〉답게 생각을 전환해보자. "신은 기계적이고 결정적으로 행동한다. 만물은 그저 정해진 대로 존재할 뿐이다." 〈스피노자〉의 신은 이 세계 자체이다. 다양한 변화를 만들며 그 자체로 변화하고 존속하는 이 자연. 이미 완전한 이 세계. 따라서 신은 판단하지도 요구하지 않는다. 대가 없이 이 세계를 사랑하는 것이 진정하게 신을 사랑하는 것이다. 우주의 진리 중에 명백히 우리가 아는 건 모든 존재가 순환하고 생멸한다는 것이다. 어떤 형태의 진실이나 가치, 존재 방식이 꼭 정해진 건 아니다. 무한한 경우의 수 중 한 가지일 것이다. 하지만 자연·우주 전체는 그 자체로 숭고하다. 그렇다면, 인간과 종교의 역사는 타협의 소산이리라.

아벨라르와 엘로이즈

아벨라르·엘로이즈

이 책의 제호 아래 부기된 선정적인 설명은 「전설로 남은 중세 수도사와 수녀의 사랑」이다. 세상을 소란스럽게 (당사자에게는 아픔이겠지만) 만들어 놓은 스캔들은 때론 전설이 되기도 한다. 대중에게는 지루하고 답답한 현실에서 순간이나마 정신을 돌려놓는 흥미로운 가십거리가 생겼다는 사실만이 중요하다. 1100년대의 중세 시대, 예외 없는 신앙이 거의 유일한 사회 규범일 때는 오죽했을까.

전설이 된 스캔들이라고 포장되었지만 〈피에르 아벨라르〉(또는 〈아벨라르두스〉)의 〈엘로이즈〉에 대한 의도와 태도는 나이와 신분을 초월한 아름다운 사랑이라고 하기에는 왠지 께름칙한 느낌이 남는다. 그녀가 임신한 뒤 도피하여 비밀 결혼을 했지만, 〈아벨라르〉에 대한 학계(스승, 동료들)의 질투, 그녀 삼촌의 복수심, 나이 차·신분 등에 따른 세상의 눈길 등이 복잡하게 얽히고 설켜 비극적인 방향으로 흘러가 버린다. 한편의 드라마틱한 이야기다.

〈아벨라르〉는 중세 스콜라 철학을 말할 때 빼놓을 수 없는 당대의 천재다. 그 유명한 [보편논쟁]에서 당대의 석학들을 압도하여 변증론의 스승이라 불린다. 당연히 그에게 반박당하고 논쟁에서 밀려난 이들에게는 증오의 대상이 되었다. 중세 내내 논쟁거리였던 [보편론]은 이해하고 설명하기 쉬운 얘기는 아닌 것 같다. 현대의 우리 입장에서 보면 구태여 그런 논쟁을 하는가 싶어도, 당대에는 자기 철학적 논리의 확고한 우위를 확보하면서 자기에게 위험으로 돌아오지 않도록 하는 것이 핵심이었던 듯하다. 물론 지금도 신과 신앙에 대해서 분위기는 크게 다르진 않다.

〈엘로이즈〉의 재능을 아꼈기에 적극적으로 후원하여 잘 가르치려 했던 그녀의 삼촌은 명성이 자자한 〈아벨라르〉를 재택在宅 가정교사로 받아들인다. 그녀 역시 논리적으로 여러 학자들이 감당하기 어려울 만큼 학문에 뛰어났기에, 당대의 석학인 〈아벨라르〉와 토론을 하면서 그를 사랑하게 되어버렸다. 〈아벨라르〉는 친구에게 보낸 편지에서 솔직하게 그녀에게 의도를 가지고 접근하여 사랑하게 된 경위와 그로 인해 자기가 학계에서 배척당하고 고통 속에 빠져버린 사연을 설명하고 있다.

이 책은 〈아벨라르〉가 친구에게, 〈엘로이즈〉가 〈아벨라르〉에게, 〈아벨라르〉가 〈엘로이즈〉에게 보낸 12편의 편지로 구성되어 있다. 「친구에게」, 「사랑의 편지」, 「교도敎導의 편지」로 분류하였다. 남녀 사이는 어찌 발전할지 알 순 없으나 〈아벨라르〉는 22살이나 어린 소녀(당시 17세)와의 관계를 뒤늦게 후회하고 교화하려고 한다.

주된 내용은, 아직도 사랑의 감정에서 헤어 나오지 못하는 〈엘로이즈〉의 애절한 마음(억지로 수녀원에 보내졌기에 미처 수도자로서 준비되지 않고 속세에 미련이 남은), 신앙에 대한 서로의 의견, 뒤늦게 양심을 깨닫고 현실로 돌아온 〈아벨라르〉가 자책감에 따라 그녀에게 답하는 '신앙에의 권유' 등이다. 삐딱한 눈으로 보자면 슬픈 사랑의 희생자인 어린 여인과 이기적인 천재의 스캔들이 역사적인 비련으로 흘러가버린 이야기다.

원해서 수녀가 된 것이 아니니 그녀는 여전히 사랑의 감정에 솔직한 편이다. 하지만 〈아벨라르〉는 신앙을 앞세워 그런 그녀를 밀쳐내고 계도하고 있다. 그녀의 삼촌 〈퓔베르〉는 재능 있는 그녀의 공부를 위한 선의가 이런 결과를 낳자, 그녀를 학대하고 수녀원에 보내버리고 괘씸했던 〈아벨라르〉는 불량배들을 시켜 성기를 잘라버린다. 〈아벨라르〉 역시 수도원으로 가게 된다. 이런 이야기가 후세에 애절한 비극적 사랑의 전설로 전해지고 있다. 극적인 결말은, 두 사람이 죽고 세월이 흐른 뒤 그녀의 바람대로 그와 그녀가 합장되었다는 사실. 그 묘지는 파리에 있어 참배객이 계속 이어진다고 한다. 〈루소〉도 여기에 영감을 얻어 『신新 엘로이즈 - 알프스 기슭의 작은 마을에 사는 두 연인의 편지』라는 소설을 썼고 그 책이 베스트셀러가 되었다.

일 년 남짓한 열정의 사랑 뒤에 평생을 고통과 비탄, 회한에 젖는다면 당신은 그런 사랑을 감내하겠는가, 후회하겠는가, 그런 질문을 사람들에게 해보고 싶다. 〈아벨라르〉의 사랑이란 어찌 보면 한때의 자만과 탐욕이 아니었을까.

아연 소년들

스베틀라나 알렉시예비치

전쟁판에서 인간성(이 말이 좋은 의미라면)을 지켜야 한다는 건 어차피 말도 안 되는 소리다. 인간 살상 행위가 전쟁이다. 어떤 전쟁이 아름답겠는가. 그나마 그 전쟁이 명분이라도 있다면, 또는 보상이 주어진다면 전사자든 살아남은 당사자나 가족에게 아주 작은 명예·위안이라도 될지 모르지만.

이 나이에 이런 불편한 이야기를 왜 읽어보려고 했을까 후회가 스멀스멀 일기도 했는데 불면증에 시달린 새벽, 마지못해 읽다가 덮기를 반복했었다. 하지만 눈 감는다고 진실이 사라지는가, 한 인간의 행위라도 이 지상의 모든 생명에게 연결되어 영향을 끼치는 것이므로 나와 상관없는 먼 곳의 일이라 해도 같은 인간이기에 외면할 순 없다.

전쟁 이면의 비밀을 들춰내면 국가적으로는 드러내고 싶지 않은 정치적인 문제가 심각해질 수밖에 없기에 전장에서 본의 아니게 살육행위에 동원된 군인들 역시 (참혹한 사정은 이해받지 못하고 오히려 비난받을 수 있기에) 감추려는 입장에 편승하고 만다.

작가는 전쟁을 겪은(참전했거나 목격, 간접 피해를 겪은) 여성 200인의 인터뷰를 바탕으로 썼던 『전쟁은 여자의 얼굴을 하지 않았다』로 2015년 노벨문학상을 받았다. 단지 전쟁의 세세한 잔혹함을 밝혀낸 노력이나 탁월한 글솜씨뿐만이 아니라, 전쟁과 관련된 개별 사건을 겪은 사람들과의 수년간의 대담 취재를 논픽션이면서도 소설적 산문으로 표현하여 '우리 시대의 고통과 용기를 담아낸' 업적을 평가받은 것이다. 그러나 취재한 사실들(남의 고통)을 상업적으로 이용해 상을 탔다고 그 나라 내부에선 비난이 일었다.

1979년부터 1989년까지 약 10년간 이어진 러시아와 아프가니스탄 간의 전쟁에 대해서는 많은 해외 다큐멘터리에서 쌍방이 벌인 처참한 살인·대규모 학살을 취재한 내용들이 수십 년이 지난 아직도 내 기억에 남아있다. 러시아 군인들이 화학물질을 흘려 하수로에 은둔한 어린아이들까지 태워 죽이거나, 아프간의 무자헤딘들은 전통 경기(격구처럼 말을 타고 짐승 가죽 포대를 서로 낚아채는)에 포로로 잡힌 러시아 병사들을 놀이도구로 이용하여 치고 당겨서 조각내어 죽인다는 이야기들….

러시아의 젊은 병사들은 보급품이 태부족한 열악한 환경, 군대 내부에 만연한 폭력과 부조리 등 내·외부의 이중적 악조건하에서 전장에 내몰렸다. 국가가 거짓말로 꼬드겨 전장으로 병사들을 유인하고, 참혹한 진실은 공개되지 않도록 통제를 했다. 정치 상황에 이용만 당한 게 아니라 애초에 명분도 희생할 가치도 전혀 없는 전쟁이었다. 러시아 정부는 신성한 전쟁을 수행하는 영웅들의 이야기로 거짓 포장하고 선전했지만, 실상은 소리소문없이 많은 젊은이들이 비도덕적인 전쟁에서 의미 없이 소모되고 있었다. 50만여 명이 참전했고, 1만5천 명 이상이 희생되었다. 반면 아프가니스탄 국민은 100만 명 이상이 죽었다.

이 책의 제목은 시신을 담는 [아연관]을 비유한 것이다. 작가는 자신의 취재 일지와 50개의 인터뷰에서 전쟁을 겪은 이들의 생생하고도 심각한 정신적·육체적 상처와 극한의 고통스러운 진실을 밝혀내었다. [아프가니스탄 전쟁 전몰국제주의 용사들 어머니 모임]과 일부 인터뷰 당사자들로부터 작가를 죽이겠다는 위협을 받았고 명예 훼손 등으로 기소되기도 했었다. 참전자들과 전사자 가족들은 그런 부조리하고 추악한 전쟁에 관여했다는 손가락질을 받게 되는 상황에 대한 반발심(자신들의 아들들이 살인 로봇, 약탈자와 마약중독자, 강간범으로 묘사된 것이므로.), 국가를 위한 신성한 전쟁이며 영웅적 행위였다고 거짓 선전한 정부의 당혹감 등이 겹쳐진 결과로, 미국의 베트남 전쟁 상황과 미국 내 참전 반대 운동 등과 부분적으로 매우 유사한 양상이었다. 작가의 해명에도 불구하고 재판정은 일부 명예 훼손이 인정된다고 판결하였다.

사람의 마음과 영혼은 너무나 취약하다. 죽거나 살아남은 자, 직접적으로 또는 혈연으로 관련된 사람들, 심지어는 제삼자에게도 이런 잔혹한 현실은 감당해내기가 정말 어렵다. 작가와 번역자에게도 다시는 마주하고 싶지 않은 현실이었다고 한다. 그러나 아픔은 나누어야 한다. 고통의 원인을 부릅뜨고 대면해야 상처가 치유되는 법. 차마 할 수 없을 것 같아도 그래야만 한다. 현재나 영혼으로만 남을 때를 위해서라도.

책에 인용한 〈도스토예프스키〉의 『이반 카라마조프』에 나오는 말 - "짐승은 결코 사람처럼 잔인해질 수 없습니다. 그처럼 교묘하게, 그처럼 예술적으로 잔인하지는 않죠." - 이 인간의 특성을 정확히 묘사한 것 같다. 이 지구가 영혼을 위한 감옥이라고, 우주·내세에 지옥이 따로 있는 것이 아니라는 어느 책의 글귀가 생각난다.

아웃사이더

콜린 윌슨

난 [인사이더]가 아니라 [아웃사이더]라고 생각한다. 사유思惟의 틀에 갇혀있기 싫기 때문이다. 더욱이 난 주류主流가 아닌 건 확실하다. 하필 거주지마저 도시 외곽이다. 아웃사이더란 정의는 포괄적이라 할 수 있겠다. 실은 우리 모두 인사이더이면서 아웃사이더다.

아침에 일어나 보니 하룻밤 사이(1956년 책 발간 후) 엄청난 명성을 얻었다는 〈콜린 윌슨〉은 '아웃사이더란 아무도 병에 걸린 것을 깨닫지 못하는 문명사회에서 자기가 환자임을 알고 있는 유일한 인간'이라고 〈H.G. 웰즈Herbert George Wells〉의 표현을 인용했다. 이는 자기가 목숨처럼 믿는 지조를 외면하는 무심한 세상에서 자기의 고독한 처지를 '중취독성衆醉獨醒'이라 표현했던 전국시대 초楚의 〈굴원屈原〉도 같은 느낌이었으리라 생각해본다. 아웃사이더는 '세상에서 밀려난 것이 아니라 세상을 거부한 것이다'라고 하지만 그냥 무의식의 평범한 일상에 젖어 들지 않고 현실 순응을 뛰어넘는 사유·창의를 즐긴 사람들이라 해도 될 것 같다. 나에 대해 비춰본다면 이런 특별히 거창한 천재 또는, 이상 성격적인 부류가 아님은 분명하다. 단지, 시류에 쉽게 동승하지 못하는, 예민하거나 아니면 영리하게 기회를 잘

낚아채지 못하는 둔한 성향임은 확실하다.

저자는 사물을 꿰뚫어 볼 수 있는 사람을 아웃사이더라고 정의한다. 정규교육을 제대로 받지 못했으나 도서관에서 책 읽기에 미쳐 살면서 습득한 온갖 분야의 지식을 바탕으로 자기 관점에서 정리했다. 그는 소설, 작가, 사상가의 글들에서 아웃사이더의 특성을 찾아내고 분석해냈다. 누구도 생각지 못한 재기발랄함이 돋보였으니 명성을 얻은 것이다. 말하자면 기성의 고착된 관념의 틀 안에서만 보던 판단 범위를 깨버리는 도전을 한 것이다. 그럼에도 그의 주장을 반박하거나 무시하기 어려운 치밀함이 있었기에 주목을 받은 것.

남의 작품을 읽고 이해하는 일에서는 작가가 보여준 한계를 넘어서야 한다. 타인의 생각 이상으로 내 사유의 새로움으로 발전되어 창조되어야 한다고 나는 믿는다. 〈콜린 윌슨〉이 시도한 분석과 평가도 그런 행위일 것이다. 그가 분석하려 한 이들은 〈카프카〉, 〈카뮈〉, 〈헤세〉, 〈사르트르〉, 〈헤밍웨이〉, 〈니체〉, 〈톨스토이〉, 〈도스토예프스키〉, 〈고흐〉 등이다. 그는 이들, 아웃사이더라고 생각되는 인물들의 삶과 작품에서 공통적인 특성을 찾아내었다.

아웃사이더는 그의 말대로 여러 면에서 범상치 않은 사람들이다. 좋은 뜻으로든, 나쁜 뜻으로든. 있는 듯 없는 듯 조용히 그저 왔다가는 평범한 민초와는 다른 반골 기질 같은 것들을 포함해서. 물론 그래야만 잘 살았다는 의미는 아니다. 〈콜린 윌슨〉도 아웃사이더는 "사회문제다"라고 했다. 계속 고민하고 생각을 거듭하고 산다는 건 현실에 부적응 요소가 있기 때문이다. 한편으로는 정말 단순하고 평범하게 살다 가고 싶은 욕망의 반향이기도 하다.

아흔 즈음에

김열규

오늘도 새벽에 깨어 온수 순환 모터의 소리를 듣는다. 간혹 나의 뒤척임이나 온몸 혈류의 맥동이 소음이 되어 나를 괴롭힌다. 늙어서 밤이 더 길다. 자다 깨길 반복하여도 아직 시간이 남았다. 수시로 일어나 시간을 확인한다. 지겹게 느리다. 멀리서 새 울음, 들짐승의 소리, 아내의 숨과 뒤척임. 뼈마디처럼 침대가 삐걱거리는 소리. 피가 귀 언저리를 타고 머리로 오르는 소리…. 다시 바람이 벽을 훑고 간다. 어둠이 겹쳐져 농도가 짙어지는 걸 알아채는 새삼스러움. 돌풍에 뭔가 날려서 부딪치고 떨어진다.

지금 내가 잘살고 있는 걸까? 하는 뜬금없는 두려움. 오지 않았으면 하는 서늘한 슬픔. 그러나 이미 와있다. 부정적인 생각과 자기 연민. 이상하게 생각이 꼬리를 물고, 가지 말아야 할 방향으로 몰고 간다. 아침이 빨리 오기를 기다리고 또 기다린다. 지치면 몸은 배기는데 정신은 더 말짱해진다. 때때로 시간을 살피지만 이제 겨우 몇 분이 흘렀을 뿐. 어쩌다 한 시간이라도 지나가면 대견해진다. 양羊도 세고 수數도 센다. 앞으로 셌다가 거꾸로 세기를 반복한다. 혼돈 중에도 꿈을 꾼다. 개운하지 않은 느낌. 어떤 때는 끊어졌던 꿈들이 신통하게 연결이 된다. 잠시 내가 어디에 있는지 헤맨다. 기대에 차지 않을 새 날이 차라리 낫다. 전엔 이런 밤 뒤에는 지쳐서 한낮에 졸리었지만 이제 그렇지도 않다. 불면에 이골이 난 것이다. 이러다 내내 잠을 못 자는 날이 올지 모르겠다.

독보적인 한국학·인문학자였던 저자는 아흔에 다가가는 노년의 숨 막히게 더딘 시간과, 얕은 잠에 대해 절절히 표현했다. 〈키케로〉나 〈김열규〉 교수나 노년에 지혜롭게 대처했음에도 그렇다고 한다. 암울한 느낌이다. 저자는 이 글을 남겨 놓고 고인이 되었다. 나이 들어가며 내 부친의 노년을 지켜보던 감상이 그의 글 속에서 화살로 변해 우회 없이 가슴에 날카롭게 꽂힌다.

나는 이제 늙어감을 슬퍼하지 않기로 마음먹는다. 무리한 비약이지만 인생이 마냥 즐겁지만 않다면 남은 날이 짧을수록 고통의 기회도 적을 수 있으므로. 무명 촌부의 돌팔이 같은 궤변이라고? 아니다. 그런 비슷한 얘기를 로마의 대 웅변가(사상가·정치인·저술가이기도 한) 〈키케로〉가 오래전 했었다. 〈키케로〉는, 덕德은 인생의 마지막 시기에서 최상에 이르게 되므로 이것이 노년의 중요한 무기라 하였으며, '노년이 불행하게 보이는 네 가지 이유'로는 일을 할 수 없는 것, 몸이 약해지는 것, 거의 모든 쾌락을 앗아가고, 죽음으로부터 멀지 않다는 것이다. 거기에 대한 그의 반론은 이렇다. 노년에도 할 수 있는 일이 있으며, 각자가 지닌 만큼의 육체적 힘에 의지하면 되는 것이고, 이성理性에 적대적인 쾌락이 사라지는 건 은총(욕망이 지배하는 곳에서는 절제의 여지는 사라지므로)이다, 라고 말한다.

청년기의 격렬함, 중년기의 장중함, 노년기의 완숙함은 자연스러운 것이니 욕망·야망·다툼·불화·열망들과의 전쟁이 끝난 후 남은 마음과 사는 것이 좋단다. 죽음이 영혼을 아주 없애버린다면 죽음은 확실히 무시되어야 하고, 영혼이 영생으로 이어진다면 죽음은 열망되어야 한다. 죽음이야말로 마치 오랜 항해 뒤 육지를 바라보면서 마침내 항구에 들어서는 것과 같은 거라고(다다르기를 고대하고 있던) 말한다. 짧은 기간 노인이기를 바란다면 미리 노인이 되지는 말란다. 심신이 앞서 늙어가는 나로서는 이 말에 깜짝 놀랐다. 그래, 아직은 젊다고 할 수 있는데 말이다.

연세대 명예교수이신 〈김형석〉님은 백 세가 넘은 연세에도 청정한 정신을 유지하고 의욕적으로 활동하고 계신다. 그분은 65세~75세가 가장 좋았던 시기라고 하는데 그것은 사유가 깊어지기 때문이란다. 건강이 크게 나쁘지 않다면(젊어도 건강에 탈이 생기면 문제) 어느 정도 인생의 책무를 벗고 경제적 준비가 되어있기에(그렇지 않은 사람 역시 많아 사회적 고충이긴 하지만) 시간적 여유가 생기기 때문이 아닌가 싶다. 그분이 건강,

경제, 고독을 노년의 문제로 생각한다는 데 공감이 간다.

그러나, 잠은 여전히 문제다. 잠을 깨끗하고 깊게 자본 적이 너무 오래된 것 같다. 어쩌면 노년에 오는 잠은 가까이 다가온 영원한 숙면에 준비하는 건지 모른다. 곧 오랜 잠을 잘 것이므로 늘어난 불면을 그대로 받아들여야 하는가 보다.

현재 우리 사회의 노년은 일종의 부정적 신드롬을 만드는 주체다. 안정된 생활의 대책, 더 나아가 '아프지 않게 살다 가고 싶다'는 극히 실현이 어려울 희망을 간절히 바라면서 거의 공포에 빠져있는 수준이다. 실제로는 아무리 마음의 준비를 한다고 해도 죽음이란 예방이 되는 문제가 아니다. 나는 그렇게 생각하여 내면과 외적인 환경에 대한 전투력을 키워왔다고 자부했다. 그런데 한 갑자 동안 쌓아온 내력에도 시시때때로 다가오는 불안감은 참으로 질긴 원죄라고 한탄하곤 한다.

저자의 불면과 전원에서 잡초 작업에 대한 체험이 어찌나 내 심정과 같은지, 그 공감 때문에 감탄하며 이 책을 나의 얘기에 끌고 왔다. 초로라고 할 수 있는 지금 나이에 벌써부터 이 모양으로 잠의 질이 노화를 앞당겨 겪게 하니 이를 어쩌나.

야망의 계절

어윈 쇼

책이 아닌 작가를 더 얘기하고 싶은 대상으로서 〈어윈 쇼〉를 먼저 생각해본다. 젊은 날 그의 글을 읽었을 때의 강렬한 감동은 오랜 세월이 지났어도 여전하기 때문이다. 명성이 자자한 대중 소설가였지만 그렇다고 문학성이 뒤진다는 얘긴 아닐 것이다. 나는 노벨문학상을 받았던 〈헤밍웨이〉와 비교해보고 〈쇼〉에 대한 평가를 아쉬워한다.

『그 도시에서 두 주일을』, 『젊은 사자들』도 빼놓을 수 없다. 『야망의 계절(원제 '부자와 빈자 Rich Man, Poor Man', 1970년)』은 〈안정효〉의 탁월한 번역과 함께 엄청난 인기를 얻었다. 번역은 이렇게 원작을 오롯이 살려내야 한다. 실은 『야망의 계절』 못지않게 『정상의 언덕』, 『비잔티움의 밤』, 『나이트워크』들에도 매우 끌렸었는데 지금은 찾기 어려운 책들이 되어버렸다.

『야망의 계절』 이후로 본격적으로 작가의 책이 국내에 소개되기 시작했다. 『젊은 사자들』은 작가 자신의 2차 세계대전 참전 경험을 바탕으로 쓴, 전장戰場에서 운명처럼 휩쓸린 젊은이들의 이야기다. 독일군인 〈크리스찬〉, 미군 〈마이클〉과 〈노아〉가 전쟁 속에서 변해가며 얽히고설키는 마음 아픈 비극을 그려냈다. 그들은 전쟁터에서 각자의 사정을 알 수 없는 상황 속에서 서로 죽이고 죽는다. 1958년에 영화화(흑백)되었는데, 〈말론 브란도〉가 〈크리스찬〉을, 〈딘 마틴〉이 〈마이클〉, 〈몽고메리 크리프트〉가 〈노아〉역을 했다. 방대한 분량이라 영화로 섬세히 표현하기에는 부족할 수밖에 없었으나 사람들에게 큰 감동을 준 영화였다. 『그 도시에서 두 주일을』은 제목을 『낯선 도시에서 두 주일을』, 『깊은 사랑 깊은 고독』 등으로 바뀌어 여러 번 발간되고 영화도 나왔다.

나는 당시 강원도 중부 전방에서 군 복무 중이었는데 느긋하게(감히) 책을 볼 수 없었던 나의 실정을 모르는 작은 누님이 책을 좋아하는 나를 위해 『그 도시에서 두 주일을』, 『비잔티움의 밤』을 보내주었다. 고된 훈련과 부족한 잠에 지치고, 까마득한 신입이 도저히 책을 보기 어려운 분위기 때문에 틈을 내서 책을 보기는 너무 힘들어 낱장으로 찢어 화장실에서 급히 읽던 생각이 난다. 배가 고파서 어렵게 PX에서 사온 빵을 눈치를 보며 화장실에서 몰래 먹기도 하던 시절이었다. 누님의 동생 사랑하는 마음은 의도와 달리, 좋아하는 작가의 글을 이렇게만 읽어야 하는 안타까움과 돌아가고 싶은 세상에 대한 동경으로 오히려 여러 날을 힘들게 만들었다. 더욱이 그의 책들은 고독과 우울이 깊게 농축된 경향이었으니….

이 책에 대해 인터넷을 뒤적여보니 1979년 6월의 신문에 '애욕과 출세를 향한 정열과 자기실현의 야망 속에 그늘진 곳을 방황하는 자유인의 실존기'라고 다소 신파조의 상투적이고 어설픈 소개 글을 찾을 수 있었다. 작가 사후에 전집이 나왔으나 욕심과 달리 당시에는 구입할 형편은 아니었다. 가능하면 낱권으로라도 구해 작가의 책을 전부 읽으려 했고, 그중에서도 언급한 책들이 인상에 오래 남아있다. 그의 작품들은 통속성이 문학성을 훼손하였다고 평가받기도 하였는데, 대중의 인기를 얻었다고 탁월한 작품성이 사라진 건 아니라고 생각한다. [매카시즘] 사상 선풍을 반대했던 그 역시 이념적으로 매도되었던 영향이었을까? 이후 미국을 떠나 유럽에서 살았다.

〈쇼〉의 생각하는 방식과 글에서 나를 대입해 찾아내곤 했었다. 그의 사유의 결과물들을 존중한다. 통속적이어서 문학적 가치를 높게 평가받진 못했지만, 그 통속성이 현학적인 의식의 흐름을 쫓아다니는, 다가가거나 공감하기 어려운 글보다 가식이 없는 삶의 모습을 보여주는 진실의 힘이 있다.

『야망의 계절』 주인공 중 일인인 〈루디〉처럼 냉정과 침착을, 감정의 억제를 할 줄은 알았으나 야망을 갖지도 못하고 사라져버린 좋은 시절들이 아쉽다. 지금에 이르도록 만든 모든 상황과 조건은 본성과 자아를 찾기 위한 예비된 시련이었을까. 난 운명을 믿는다. 지금에 이른 국면은 시간의 연장선에서 프롤로그로부터 에필로그까지 이어진 궤도차에 올라타고 있었음을 깨닫게 된다.

열정

산도르 마라이

헝가리의 대문호인 작가의 이 책에 취해 『사랑』, 『유언』, 『하늘과 땅』 등에 몰두한 적이 있었다. 그러나 『열정』이 가장 기억에 남는다. 공산당 정부에 의해 부르주아적 사고思考라는 비난에 몰려 그의 책들이 출판금지 되었다가 동유럽의 자유화 이후에야 뒤늦게 세상에 알려졌다.

작가는 공산화된 조국 헝가리를 떠나 41년간의 망명생활 후 미국에서 권총으로 자살(하필 〈로맹 가리〉도 이런 식의 죽음을 택했는데)을 결행해버렸다. 지나치게 오래 사는 것이 분별없는 짓이라고 선택한 결정이었다. 89세. 요즘에는 이 정도는 보편적으로 생존하는 수명이 되어가고 있는데.

소설 내용은, 주인공 〈헨릭〉 장군이 어린 시절 쌍둥이 형제처럼 지내다가 갑자기 고향을 떠나버렸던 친구 〈콘라드〉와 41년 만에 다시 만나게 된 날의 독백이라 할 수 있다. 그 친구와의 하룻밤 동안의 대화다. 그러나 거의 자기 혼자 하는 말이다. 중편 정도의 분량이지만 탁월한 묘사와 심오한 철학적 관점 등이 독자가 끝까지 책을 놓지 못하게 하는 흡인력을 가지고 있다.

친구와 자기 아내 〈크리스티나〉(남편에게 8년 동안 침묵으로 외면당한 후 자살)의 배신에 대한 분노와 복수의 감정을 풀어내며 스스로 해원解冤하는 과정이라고 할 수 있다. 그는 답답할 만큼 고지식한 원칙주의자였으니 그런 남편으로 인해 세상과 단절된 삶을 사는 그의 아내 〈크리스티나〉는 음악이라는 상징성을 통한 교류를 할 수 있었던 남편의 친구 〈콘라드〉에게 호감이 있었던 것은 분명한 듯. 〈콘라드〉는 〈크리스티나〉에 대한 연모와 연민에 휩쓸려 숲에서 장군을 죽이려 총을 겨누었다가, 그만두고 떠나버린다. 장군도 친구가 자길 죽이려 했던 사실을 눈치채고 있었다. 〈헨릭〉은 돌아온 친구에게서 진실을 듣고 싶어 한다. 둘은 어떤 관계였는지. 아내는 정말 자기를 사랑한 건지, 〈콘라드〉를 사랑했던 건지. 〈콘라드〉는 아무런 대답도 하지 않고 다시 떠나버린다. 실제 관계의 진실은 모른다. 독자가 짐작해볼 뿐. 〈헨릭〉은 원망과 증오로 읽어보지 않고 41년간이나 간직해왔던 아내의 일기 – 그녀의 비밀스런 진심을 알 수 있었을 – 를 그냥 벽난로에 던져 태워버린다.

왜 열정인가? 〈헨릭〉의 평생 품어온 복수의 감정은 아내에 대한 그 나름의 열정적 사랑의 모습이다. 일기를 읽어보지 않은 것은 맞닥뜨릴 진실에 대한 두려움이었을까? 그렇다면 열정은 무슨 의미가 있을 수 있을까. 〈헨릭〉과 〈콘라드〉 둘 다 그 일기를 읽을 수는 없었을 것이다. 자기만 이해하는 사랑은 완전하지 않다. 인간 모든 관계가 그렇듯 사랑도 쌍방 소통일 때가 제일 빛난다.

〈헨릭〉이 〈콘라드〉에게 묻는 말에 자신의 생각이 담겨있다. "어느 날 우리의 심장, 영혼, 육신으로 뚫고 들어와서 꺼질 줄 모르고 영원히 불타오르는 정열에 우리 삶의 의미가 있다고 자네도 생각하나? 무슨 일이 일어날지라도? 그것을 체험했다면, 우리는 헛산 것이 아니겠지? 정열은 그렇게 심오하고 잔인하고 웅장하고 비인간적인가? 그것은 사람이 아닌 그리움을 향해서만도 불타오를 수 있을까? 이것이 질문일세." 이런 자기만의 열정이 상대에겐 오히려 고통일 수 있는데 고지식한 그는 여전히 자신의 감정에만 충실하다.

옳고 그름을 떠나 구속되고 장애를 만난 사랑은 측은해진다. 남의 이야기라고 이렇게 무책임한 생각을 해본다. 누구도 결코 용서하긴 쉽지 않겠지만 멀어진 사랑을 붙들어야만 할까? 흘러가는 방향대로 차라리 놓아주면 안 될까? 나에게는 반대의 다른 방향 사랑이지만 한때 사랑했던 이의 행복을 만들어주는 나를 용서할 수 없는 것일까?

그의 입을 빈 답은 필요 없었다. 우리들 가슴 속에 이미 그 답을 알고 있을 테니. 나라면 뭐라 답했을까? 열정이라니. 그런 거라도 있긴 했었나. 소심한 어두움에 치여 가라앉고 가라앉아서 어느 날 그들처럼 안타깝게 시간만 흘러버리고 노년에 들고 말았다. 오히려 치열함이 없었던 인생이 손해 본 거 같고 씁쓸하다. 운명의 수동성을 벗어나려면 우리 인생은 한 번쯤이라도 미친 듯이 열정적이어야 하지 않을까? 그래야 이 무능한 자의 인생도 조금은 덜 억울하겠지?

예수 평전

조철수

우리가 〈예수님〉에 대해 얼마나 알고 있을까? 실제로는 피상적이며 성서에 나타난 말씀의 단편적인 이해, 여러 추측과 상상이 대부분이다. 심지어는 "내가 〈예수〉다"라고 주장하는 사람도 있다. 길거리에서 "〈예수〉를 믿으시오"라고 하면서 '〈예수〉 사랑'을 열렬히 외치는 사람들을 흔하게 보는데 그들이 정말 2천여 년 전의 〈예수〉를 그렇게 잘 아는지, 진실로 사랑하는지는 알 수 없다. 내가 그분이라면 나를 사랑하라고 다른 이들 얼굴에 성경을 들이밀거나, 승복을 입은 스님에게 "〈사탄〉아 물러가라"고 소리치며 다니는 사람들 때문에 남사스러울 듯싶다. 그분 행적을 보면 신념에 아주 단호하신 분인데 세속의 독재자처럼 자기 우상화를 조직하는 뻔뻔스러움을 좋아하진 않을 것이다.

그분이 우리가 아는 신이라면, 그런 사랑은 유용하지 않다. 단순히 나와 내 가족, 가까운 이만 보살펴달라는 '신을 사랑함'은 그분에 의지해 좀 더 편하게 살아보려는, 정말로 인간다운 보통의 간구와 짝사랑이다. 그분이 신이어도, 신이 아니어도 상관없이 진실로 사랑할 수 있어야 한다. 그분의 사랑은 철저한 나의 희생을 바탕으로 구현된다. 말씀하신 '원수까지도 사랑함'은 내

안에 자리 잡으려는 악의 파장을 상쇄하는 방편이다. 그럼으로써 내가 악에 물들지 않고 구원받을 수 있다는 심오한 의미가 있다.

신약성서를 과도한 충성과 작위적인 선입관을 개입시키지 않고 읽어보라. 어느 정도 상식을 가진 사람이라면 좀 더 물러서서 바라본대도 〈예수〉의 '사랑'에 대해 터무니없는 오해를 할 수가 없다. 그런데 억지를 부린다. (수많은 인간 중에서 당신만을 특별히 사랑하시는 건 아닐 것이다.) 인간적인 고뇌와 체취, 수난을 통해 우린 그분을 가까이 사랑할 수 있게 되었다. 우리와 다르지 않고 갈등하며 두려워하고 피를 흘린 사람이었기에. 나도 정확히 그분과 그의 말씀 참뜻을 알고 싶다. 비유로 던지지 말고, 답답함에 애타지 말고 직접적으로 밝혀 주었더라면 오히려 오해의 소지가 없었을지 모르겠다.

저자인 〈조철수〉 교수는 신학과를 졸업하고, 이스라엘에 유학하여 고대 중동 언어에 관한 연구를 한 사람이다. 『예수 평전』은 총 14장으로 나누어진 방대한 연구서다. 〈예수〉의 탄생, 죽음, 부활, 승천, 초대 교회에서 〈예수〉의 상징 등을 가능한 모든 조사를 통해 면밀히 분석하였다. 그는 후대에 재편집·해석된 내용을 근거로 하지 않고 고대의 유대 문헌, 신화, 역사 등을 종합 연구하여 〈예수〉에 대해 추적하였다. 유명한 '사해 문헌'에 나오는 '사악한 사제'가 〈예수〉일까?에 의문을 가지고 유대교 법전 『토라』, 사해 두루마리, 랍비 경전 등 〈예수〉 당시 히브리어와 아람어로 쓰인 많은 문헌들을 해석하고, 복음서와 「사도행전」, 「요한계시록」 등에 나타난 〈예수〉의 행적을 추적하고 원전에 더욱 가까울 그 기록들에 비교하였다.

우리가 〈예수님〉을 진실로 사랑하고 있다면, 그분의 모든 것을 편견 없이 알고 싶지 않은가? 그분을 온전히 이해하고 사랑한다면 나만 잘살게 해달라는 구복신앙의 매개체로 그분을 이용할 수가 없다. 그분 말씀에 대한 자의적인 해석으로 그분이 목숨 바쳐 사랑했던 인간들끼리 편을 갈라 서로 미워해서도 안 된다. 따라서 그분의 진심에 대한 몰이해를 벗어나려는 노력도 우리의 의무인 것이다. 사랑이 우선이었던 그분 말씀에 대한 무지함은 그분을 모독하는 행위다.

〈예수〉가 사악한 사제로 불렸는가? 에 대한 저자의 의견은 다음과 같다. 유대 사회는 종교적 신념에 따라 여러 분파가 반목과 갈등이 실재했었으며, 세상을 창조하고 〈모세〉에게 율법을 내리신 하느님만을 유일신으로 숭배하는 유대교인들 역시 일부일 뿐이었다. 특히 그들은 〈예수〉가 메시아인지 아닌지 전혀 확신할 근거도 없었다. 기성 주류 유대 종교인들과 로마 식민 정치 상황에서 〈예수〉는 도저히 두고 볼 수 없는 존재였었다.

이들과는 다른 〈예수〉의 혁신적인 견해·행적이 죽음을 초래하지 않았을까?, 하는 점이다. 국가 권력이든, 종교 권력이든 기득권을 가진 자들에게는 너무나 위험한 잠재적 골칫거리였을 터. 그래서 분파들에 따라서는 '사악한 사제'이기도 했지만, 승천 후 메시아의 모습으로 추앙되는 〈예수〉의 모습을 비춰준다.

예정된 악인, 유다
(누가 그를 배신자로 만들었는가)

피터 스탠퍼드

엄숙한 사순절 복음 낭독 도중에, 〈유다〉가 〈예수〉를 팔고 대가로 받은 은화 30냥은 당시 가치가 얼마였을까? 뜬금없이 그런 생각이 들었다. 실제 푼돈에 가까웠을 거라고 하는 이 돈은 〈유다〉가 요구했던 것도 아니었으며 유대 제사장들이 그냥 준 것이었다. 〈유다〉가 돈을 돌려주고 죄책감에 죽음을 택했던 땅(훗날 '피밭'으로 불리는)을 나중에 제사장들이 그 돈으로 공동묘지로 쓰기 위해 사들였다고 하니 그다지 크지 않은 가치였을지 모른다. 당시에 공동묘지 터에 많은 돈을 쓸 일은 아니잖은가. 성서 문맥을 보면 〈유다〉가 돈이 욕심나서 〈예수〉를 팔아넘긴 건 아님이 분명한듯하다.

2006년 [내셔널 지오그래픽]에서 『유다복음』에 관한 다큐멘터리를 제작하여 방영함으로써 세계적 반향을 일으켰었다. 이집트의 어느 고물상에서 발견된 3세기경 [콥트] 교도들의 성경인 『유다복음』을 근거로 한 것이었다. 주요 내용 중 하나는 예정된 〈예수〉의 죽음을 실현하고자 하는 〈유다〉의 역할(〈예수〉의 부탁에 따른)을 말하고 있다. 그렇다고 〈유다〉에게 면죄부를 준 건 아니다.

『유다복음』은 〈예수〉와 제자들의 사후 1세기경 발생한 여러 분파 중 하나였을 [그노시스(영지주의)파]가 주장한 교리를 담은 것으로 보인다. 이후 주류 기독교계와의 교리 사상 투쟁에서 밀려남으로써 사이비로 폄하되며 사라졌었다. [그노시스파]는 지식과 이성보다 지혜와 신비주의적 직관 등을 주장한 종파다. 우리 영혼의 근원 및 하느님(신)의 본질에 대한 인식은 주목할 만한 것이 있음에도 주류 교계에서는 위험하다고 본 것 같다. 분쟁의 여지를 남겨두는 건 불편하고, 종교 권력을 유지하는 데 도움이 안 된다고 판단했을 것이다.

어떤 인간이 2천 년이 넘도록 배신자요 악마로 비난받을까. 자기 국민 2천만 명을 은밀히 탄압해 죽인 〈스탈린〉이나 최소 6백만의 유태인을 살해한 〈히틀러〉를 필두로 인류 역사에는 〈유다〉 못지않은 악인도 헤아리기 어려울 정도로 많을 텐데 말이다. 저널리스트이며 작가인 저자는 그것에 대한 궁금증으로 구약성경에 나오는 유사한 이야기, 복음서들 간의 상관성, 「사도행전」, 사도 〈바울〉의 서한, 교부敎父들의 논쟁, 신화, 전설 등을 참조하여 〈유다〉의 행적과 추정 가능한 진실을 찾아가 본다.

가장 나중에 쓰여진 〈요한〉 복음은 적극적으로 〈유다〉를 악마로 표현하였으며 〈마가〉, 〈마태〉, 〈누가〉 복음서들도 경중의 차이는 있을망정 〈유다〉의 배신을 비난하고 있다. 신약성서에 두 사람의 〈유다〉가 있는데 〈야고보〉의 아들 〈유다〉(〈다대오〉라고 기록되기도 한다.)와 배신자 〈이스가리옷 유다〉(〈가롯 유다〉)다. 신약성경에서의 극적인 효과를 위한 역할을 생각하면 기독교를 전파한 〈바울〉에 못지않게 〈유다〉의 희생양으로서의 비중은 매우 큰 편이다.

교계의 주장처럼 만약 악마가 〈유다〉를 통해 〈예수〉를 죽음에 몰았다고 한다면, 악마가 한 짓이지 전적으로 〈유다〉의 행위만을 탓할 수 있느냐는 반론도 가능하다. 심지어는 〈빌라도〉마저 "나는 〈예수〉의 피에 책임이 없다"고 회피했는데 유대인들은 "자신들과 자기 자손들이 그 짐을 질 것"이라며 〈예수〉를 죽음으로 몰았다. 이로부터 유대인 배척의 빌미가 시작되었으니 그들의 책임이 큰 것을 자타가 인정한 것 아닌가. 배신을 말하자면, 동트기 전 닭이 울기 전에 세 번이나 〈예수〉를 부인한 〈베드로〉나, 〈막달라 마리아〉를 제외하고는 처형장에 나타나지 않고 숨어버린 다른 제자들도 비난에서 자유롭지 못할 것이다.

저자는 중세 시대로부터 현대까지 〈사탄〉을 대신하는 이미지로서 낙인찍혀온 〈유다〉를 재해석하고, 오직 교회만이 평신도들을 〈사탄〉으로부터(〈유다〉처럼 당하지 않게) 보호할 수 있다는 메시지를 주입한 경위와 의도를 따라가 본다. 〈유다〉라는 이름으로부터 비롯하여 유대인에게까지 확장되는 증오의 희생양 만들기는 지금까지도 유효하다. 더 나아가 기독교 사상의 중흥조라 할 〈성 아우구스티누스〉는 〈유다〉를 '신이 자신을 용서하지 않을 것이라 믿어 회개하지 않고 자살해버린 죄까지 이중으로 용서하지 못할 사악한 자'라고 하였다. 이유와 진실이 무엇이든 〈유다〉의 자살은 악독함보다 여리고 유약함을 엿볼 수 있는 건 아닐까.

이후, 〈유다〉의 이야기는 문학 〈단테〉의 『신곡』을 필두로, 전설, 조각, 그림, 돈에 대한 증오(은행가인 유태인들에게 빚을 진 교황과 주교들의 비난), 종교개혁에서의 〈유다〉의 개념(상대를 비난하는 도구로써) 등으로 이어진다. 저자는 〈유다〉의 진실을 밝히자는 목적이 아니라 고정관념으로 계승되고 반유태주의로 이어지는 연유를 고찰하고 흔적을 찾아가는 순례를 통해 〈유다〉와 관련한 연대기를 만들어냈다.

옥중기

오스카 와일드

자만심에 가득 찼던 천재가 치욕스럽게 한순간에 나락으로 떨어졌다고 짐작해보면 회한과 슬픔이 가득한 이 사람의 절절한 아픔을 이해할 수 있으리라. 시대에 적응하지 못하고 앞서가는, 평범한 영역을 넘어서는 소수자들의 몸부림으로 세상은 조금씩 틀을 벗어나는 사상적 성장을 해가는 걸까?

〈오스카 와일드〉가 '완전한 생애, 〈단테〉 이래 유일한 기독교인'이라 칭송했던 〈베를렌느〉가 감옥에서 읊조린 "거리에 비가 내리듯 내 가슴에 눈물 흐른다. 가슴 속에 스며드는 이 슬픔은 무엇인가 ~"로 시작하는 시의 쓸쓸함이 얼마나 깊게 가슴에 와 닿았던지. 〈베를렌느〉도 〈오스카 와일드〉처럼 동성애로 감옥에 갇혔었다. 〈베를렌느〉가 발굴하고 후견인 노릇을 했던 〈아르뛰르 랭보〉에 대한 평이 그들 같은 이에게 적확的確하게 비유될 수 있어서 여기 인용해본다.

"낭광병 증세는 사회에 적응하지 못하는 자의 반항으로 사회가 무가치하다고 생각하며 그 사회의 모든 것에 저주를 퍼붓기도 하는 정신병적 증세다." 낭광병狼狂病이란 환자가 자신이 늑대로 변했다고 상상하는 정신

병이라는 비유적인 의미이다. (모든 것에 싸움걸고 물어뜯는 미친 늑대라는.) 〈랭보〉와 〈베를렌느〉는 스스로를 이 질병을 앓는 동종의 인간이라고 생각했다.

살면서 어느 때에는 고통의 시기를 거쳐오게 되는 경우가 생기는데 개인에게는 마치 지옥에서 보낸 것 같기도 하다. 그는 처자식이 있음에도 철없는 귀족 대학생과 사랑에 빠졌다. 현재에도 동성애에 대한 편견은 논란이 많으나 당시에는 감옥에 갈 만한 중범죄였다. 마음 가는 상대의 선택이나 성적인 취향을 죄라고 해야 할지, 안타까운 특성이라고 해야 할지. 옳고 그름을 떠나 동성애란 영혼의 공허함과 각자의 대처 방식에 관한 문제일 뿐이다.

자서전 같은 소설 『도리언 그레이의 초상』을 쓴 유명한 극작가 〈오스카 와일드〉는 부유한 환경에서 성장하였으며 총기가 매우 뛰어났다고 한다. 그의 상식에 맞지 않는 자유분방한 행태(이상한 옷차림 등을 포함해서)는 세간의 가십거리였다고 한다. 그의 글들은 화려한 언변술처럼 재치 넘치는 수사修辭가 특기였기에 탁월한 극을 쓸 수 있었을 것이라는 이유로 오히려 지식인다운 성찰은 없다는 비판을 받았다. 말하자면 말만 번지르르하고 깊이가 없다는 거다. 재를 넘었다고나 할까. 하지만 이는 천재가 바라보는, 억눌리고 가식적인 세상의 비범하지 못함을 비웃은 건 아닐까?

〈오스카〉의 생동력의 원천인 무제한의 자유가 이제는 통제되어버려, 갇힌 상태에서 쓰여진 편지 형식의 『옥중기』는 오히려 감상적이고 감각적이어서 정말 그다운 것 같다. 삐딱한 빈정거림과 비틀림을 벗어나 비로소 진심이 느껴진다. 그에겐 미안하지만 정말 아름다운 참회와 성찰의 글이다.

우리는 사람은 시련 속에 성장하는 거라는 말을 믿고 있지만, 시련 속에 갇혀있는 사람의 고통은 그런 말도 모욕처럼 들릴 것이다. 경험하지 않고 자신이 지켜야 할 선을 넘지 않는 것은 쉬운 일이 아니다. 거침없이 잘 나가고, 부러울 것도 없고, 세상과 사람에 두려움이 사라질 때 자기와 현재를 점검하고 돌아보며 성찰할 수 있는 사람은 거의 없다. 이게 인간의 태생적 한계다. 어쩌면 그런 성찰의 기회를 부여받는 것은, 신이 마련해둔 우리가 처절히 몰락하지 않게 하려는 최소한의 안전장치인지 모르겠다.

와일드

셰릴 스트레이드

한때 나를 무너뜨리기 직전인 마음의 병을 극복하기 위해 미친 듯이 산과 들로 쏘다녔다. 지금은 산기슭에 닻을 내려 그 품 안에 들어섰기에 갑자기 그 열정은 사라졌다. 무슨 특별한 이유라기보다 내 터의 영역 안에서 대체되는 것들이 생겨났기 때문인 것 같다. 확실히 자연은 정서적 상처를 치유하는 힘이 있다.

프랑스의 철학 교수인 〈프레데리크 그로〉는 걷는 과정의 사유로부터 탄생한 위대한 철학자들의 이야기를 썼다. 〈칸트〉나 〈니체〉, 〈루소〉, 〈소로우〉 등의 『걷기, 두발로 사유하는 철학』이다. 운동량이 작은 현대인에게 걷기만큼 건강에 좋은 활동도 없다는 주장 역시 난무하고 있다.

나 또한 체험자로서 등산이든, 걷기든 위험하지 않은 범위 내에서 가능하면 혼자서 조금은 힘들 양量으로 권해본다. 여럿이 어울리는 일은 순수한 집중력을 떨어뜨리고, 동행자를 신경 써야 하며 시간과 행동의 제약이 많아, 다시 조급해지거나 마음이 분산된다. [올레길]이나 [둘레길] 등은 적절한 고행, 사색과 안전의 범주로 안성맞춤이다.

고단하고 고독한 걷기(등반)는 그동안 심취했던 종교와 명상 이상의 찰나적인 해탈을 보여주었다. 오히려 성전聖殿을 멀리한 죄의식을 벗어나 순수한 본성을 가까이 느꼈다. 고행의 수도 과정을 거치는 것과 같은 거친 육체의 노고를 거쳐 하늘에 몇 발치라도 가까이 이르면 잠시 너그러운 신의 마음이 된다. 그렇게 신성神性(사랑)을 채우고 다시 살아갈 힘을 얻곤 했었다.

걷기를 통해 이런 깨달음에 이르고 삶의 극적인 방향 전환을 이뤄낸 미국 여인이 있다. 〈셰릴 스트레이드〉는 미국 서부의 4천km가 넘는 [퍼시픽 크레스트 트레일 PCT]을 걷고 그 이야기를 써내 세계적 베스트셀러를 만들었다. 〈오프라 윈프리〉가 방송에서 소개했었다. 〈오프라〉가 언급만 하면 잊혔다가도 반향을 크게 일으킨다. 주인공이 사정상 전 구간을 완주한 것은 아니었지만 그래도 우리의 [올레길]이나 [둘레길]로는 비교해 보기 어려운 장거리·조건의 규모다. 전체 5개월 정도의 여정이다. 더구나 그녀가 도전했던 때는 트레일 개설 초기였기에 매우 위험하고 험난한 길이었을 것이다. 실제 4천m 이상의 산들과 거친 사막을 가로지른다.

폭력적인 아버지의 학대, 그러기에 깊이 의존했던 어머니의 병사, 어머니를 잃은 상실감으로 젊은 나이에 결혼과 이혼을 겪고 자포자기적 방탕에 빠짐으로써 스스로를 학대했던 그녀가 막바지에서 우연히 도전한 걷기는 깨달음과 새로운 삶에의 희망으로 그녀를 일으켜 세운다. 그녀가 트레킹 이후 거의 십 년쯤 뒤에 이 글을 정리해냈다는 말대로, 글은 오랜 시간에 걸쳐 잘 다듬어졌음을 알 것 같았다. 그만큼 글솜씨가 매끄럽고 탁월했다.

이 책을 바탕으로 〈리즈 위더스푼〉이 주연한 영화가 있었는데 나는 책에서 받은 감동의 흔적을 거의 느낄 수 없었다. 긴 시간 동안 걷기라는 단순한 행위로 이루어진 여정이기에 홀로 고독하게 걸으면서 일어나는 무수한 생각과 감정의 세밀한 묘사까지 영상으로 표현하긴 힘들었을 것이다. 어쨌건, 역설적으로 인간은 자기가 속한 인간계에서 멀어질수록 겸손함을 안다. 인류가 내는 소음과 멀어지면서 인간스러웠던 애증도 멀어지는 법. 그런 점에서 그녀의 도전과 세상으로의 귀환에 동조하게 된다.

또 다른 트레킹 기행이 있다. 〈빌 브라이슨〉이 쓴 『나를 부르는 숲』이다. 『와일드』의 [PCT]가 샌디에이고에서 캐나다까지 그 길이가 총 4,200km인 서부 미국을 남북으로 종단하는 코스라면, 〈빌 브라이슨〉의 길은 정반대로 미국 동부지역을 남북으로 종단하는 3,500km의 [애팔래치아 트레일]이다. 이 역시 〈로버트 레드포드〉와 〈닉 놀테〉 주연으로 영화가 만들어졌으나 보지는 못했다. 그 제목은 『*A walk in the woods*』

이다. 영화로 재생했다는 건 사람들의 흥미를 끌어낸 이야기라는 뜻이다.

어렵지만 사람은 고통 속에서 존재와 생명에의 사랑을 깨닫는 기적을 스스로 만들어내야 한다. 그래야 억울하게 느껴지는 그 고통을 유의미화有意味化할 수 있다.

왜 지금 한나 아렌트를 읽어야 하는가?

나카마사 마사키

국내선 비행기에 비치된 항공사의 월간지에 〈한나 아렌트〉에 대한 평설이 있었다. 여행, 관광, 면세물품을 주로 다루는 간행물에서 전문성이 특별하다 할 이 철학자의 소개라니 놀라웠다. 하지만 당시는 근현대 우리 사회의 정치·사회 상황(진보와 보수, 또는 계층 간 대립이 아주 심각한)에도 예외 없이 적용될 시기이기 때문에 그럴 수 있겠다 싶었다.

평범한 이성을 지닌 사람이라면 타당한 상식선에서 분별할 수 있는 것들에 대해 얼토당토않게 억지를 부리는 일들이 너무나 당연한 듯이 벌어지고 있다. 그것도 남보다 더 가지고, 더 많이 배우고, 경륜이 있을 만한 사람들이 – 우리와 같은 땅에서 살고 있는 그들이 – 그러고 있는 난장판이라 지켜보는 내 정체성에 의구심마저 생기게 한다.

간혹 권력을 오용하거나 잔악하게 행동하는 사람들을 보면서 그들도 보통의 사람들처럼 제 피붙이에게는 현명한 길을 제시하는 가장이고 현실적 삶을 공유하는 존재들일까 궁금했었다. 〈한나 아렌트〉가 생각해낸 것이 바로 그런 점이었다. 수백만 유태인을 학살한 집행자인 〈루돌프 아이히만〉의 전범 재판을 지켜보며 그녀가 결론 내린 [악의 평범성]이라는 전제는 인간이라는 존재에 대해 다시 생각해보게 만든다. 그녀의 책 『예수살렘의 아이히만』은 그 재판을 지켜보고 성찰한 내용이다.

최근 『아이히만 쇼』라는 영화를 보았는데, 실제 기록 영상에서 〈아이히만〉은 볼을 실룩이는 것 외에 거의 감정을 드러내지 않았다. 남의 이야기를 듣는 것 마냥, 지루한 영화를 보는 것처럼 피곤한 모습으로 피고석에 앉아있었다. 묻는 말에는 못마땅한 듯 짧게 말하고 증인들의 참혹했던 사실 증언에는 무표정해 보였다.

〈아이히만〉처럼 권력자가 지시를 내리면 내게 부여된 직무라는 핑계로 다수에 섞여 자기만 따로 어려움에 처하지 않으려는 심리는 보편적일 수 있다. 그래서 학살도 일상의 자기 업무처럼 실행했다는 사악한 변명이다. 그럼에도 명분을 만들어가며 더 적극적으로 악행을 저지르는 일부도 우리 사회의 구성원이고 누군가의 혈육일 수 있다. 실제 우리 역사에도 그런 일이 비일비재했었다. 나는 악한 자가 따로 있는 게 아니라 인간 본성이 악한 환경에 취약하다고 믿는다. 명령을 이용해 남을 고문하고 살상하는 일을 즐겁게 기꺼이 하는 자도 분명히 있기 때문이다.

〈한나 아렌트〉는 명쾌한 답을 주기보다는 생각해보라고 단초를 던져준다. 단순하게 수용하기 쉬운 사상이 아니다. 그런 만큼 〈니체〉 연구가 있듯이 〈아렌트〉 연구도 있다. 내가 그녀를 이해하고자 〈마사키〉의 책을 택한 건 「한나 아렌트 쉽게 읽기」라는 부제 때문이었다. 솔직한 개인적인 의견은 '아쉽게도 소개자 때문에 쉽게 읽히지 않는다'는 거다. 저자는 하고 싶은 자기 말이 너무 많다. (독일에서 수학한 법학과 교수다.)

〈아렌트〉에 관한 어떤 책을 택했든지 간에 그녀를 이해하여야 한다. 〈아렌트〉의 의견이 인간 이성理性에 대한 중요한 실마리를 주고 있으니까. 그나마 〈아렌트〉가 핵심을 소제목들 속에 분별하고 있다. 「악의 얼굴은 어떻게 생겼을까」, 「인간의 본성은 정말 훌륭할까」, 「인간은 어떻게 해야 자유로워질까」, 「방관자가 되어서는 안 될까」 등. 이런 질문은 답을 알고 싶기도 하면서 알아서 마음 편할 것 같지도 않다. 그녀의 사상을 수용하자고 이 책을 말하는 게 아니다. 정치가 우리 삶에 지대한 영향을 미치고 있는바, 그녀가 제시한 물음을 진지하게 같이 생각해보고는 싶다. 무의식중에 순간의 모면을 위해 정의롭지 못함에 발을 적시더라도, 양심에 따라 자각하는 순간 악을 더 발전시키지는 못할 것이다. 적어도 공존에 필요한 최소한의 인간다움이라도 다수가 갖추고 살 수 있는 세상을 만들기 위해서는 반드시 그런 자각 정도는 할 줄 알아야 한다.

공공의 이익을 해치지 않는 한, 개인의 생각과 결정은 자유롭게 존중받아야 한다. 떼를 지어 부리는 억지가 조금씩 먹혀들기 시작하면 가랑비에 옷 젖듯 개인은 사라지고 종국엔 모두의 생각·행위를 압제받는 전체주의 세상이 될 것이다. 누군가가 권력에 편승하여 미쳐 날뛰기 시작하면 군중은 두려움에 쉽게 휩쓸리게 된다. 〈히틀러〉 당시의 독일이 그랬다. (〈마크 뷰캐넌〉은 『사회적 원자』에서 그러한 인간 행위도 물리적 법칙과 유사한 어떤 패턴의 일부분이라고 한다. 혼란 속에서 개인의 특성은 사라지고 어떤 조직화 패턴이 저절로 나타나서 스스로 에너지와 힘을 얻는다는 것.)

최근의 우리 정치 상황은 국민들의 판단능력·의식 수준을 적나라하게 드러내었다. 좀 배웠다고, 돈 많다고, 고위 공직자·정치인이라고 분별이 있음을 보여주지 않았다. 근대(또는 그 이전 시대부터) 이후 이어져 오는 뿌리 깊은 계층·이념 논쟁은, 때론 극단의 증오를 표출하곤 한다. (거의 내 평생 내내 교대로 정권을 쥔 자들이 주도하는 그런 다툼을 보고 있다. 국가 내부에서 기회만 되면 반대자들을 짓누르는 것 외에 국가 경쟁력이나 민생은 그들에게 중요하지 않다.) 그들 중 누군가는 기회만 주어지면 〈아이히만〉처럼 행동할지 모른다. 그런 이들에게 휘둘려 희생양으로 들러리 서지 않으려는 게 바로 지금 〈한나 아렌트〉를 읽어봐야 하는 이유다.

우발과 패턴

마크 뷰캐넌

세상이 '거기서 거기'라는 게 나의 생각이었는데 이론 물리학자인 저자도 그렇다고 말한다. 불평투성이인 나와 달리 과학적 근거와 논증을 제시하며 이를 명확히 납득시켜주었다. 모 방송사에서는 이 책을 바탕으로 『세상은 생각보다 단순하다』라는 다큐를 만들었었다.

인간의 역사를 되돌아보면 더욱 그런 생각을 무시할 수 없는 게 인간 삶의 행태가 그야말로 반복일 뿐이기 때문이다. 인류가 만들어낸 발전이란 단순히 살상 무기의 구체화, 대량화, 원격화 등이고, 인간의 건강을 해치는 편안함, 생활의 복잡함만 끌어냈다. 인간이 의탁하고 살고 있는 자연의 현상마저도 반복 순환에서는 예외가 아니다.

세상은 언제나 곳곳에서 임계 상태에 이르러 있어 예측 불가능한 한계점에 이르자마자 붕괴를 반복(어떻게든)하는 형태를 보여준다는 것이 저자의 주장이다. 우발적인 사건처럼 보여도 과연 우연인 것일까? 모든 사건과 상황은 그 배후에 있는 아주 단순하고 도처에 존재하는 물리적 작동 원칙에서 나온다. 이를 몇 가지 기본적인 수학적 게임만으로 이해할 수 있다는 것. 세상의 예측 불가능한 격변은 [임계상태]라는 수학적인 흔적에서 찾을 수 있다는 논지다.

생각해볼 규칙은 멱함수다. 멱함수는 $y=ax^n$ 형식으로 표현할 수 있는 비례함수 관계를 말한다. 저자는 자연, 인간의 활동 등 거의 모든 것에서 이런 유사한 양상을 보인다고 분석한다. 큰 모양을 잘게 나눈 작은 각각의 조각이 가진 구성과 형태는 이전의 큰 모양이 가지고 있던 패턴과 아주 유사하다는 말이다. 이러한 질서를 [프랙탈 *fractal*]이라고도 한다.

이 책은 세계의 도처에서 모든 수준에 나타나는 변화와 조직의 일정한 패턴을 이야기한다. 그런 규칙성은 지진, 자본시장의 파탄, 혁명, 전쟁 등과 같은 모든 인간 사회 현상, 자연 생태들에서 드러나며, 프랙탈과 멱함수 법칙에 의해 작동한다. 그 배후에는 임계상태가 존재하고 있다. 세상을 움직이는 법칙은 의외로 이렇게 단순할 수 있다. 아무리 복잡한 것처럼 보여도 세상은 항상 일정한 패턴 하에서 움직인다는 것. 과연 '생각보다 단순하다'는 말이 나올법하다.

책의 서술은 모래 알갱이 실험, 지진과 산불의 조사에서 멱함수 규칙이 드러남으로부터 시작하고 있다. 그것들은 다른 복잡한 특성들을 무시해버려도 물리계의 기하학적인 보편성과 자기 유사성만은 확연히 보여준다.

미국 옐로스톤 국립공원에서 발생했던 산불의 진행방식과 규모를 1986~1995년(10년) 동안 조사한 결과를 분석해 보니 그러한 특성을 확인할 수 있었다.

산불이 발생한 빈도와 면적은 멱함수 형태를 보이고, 임계상태의 영향과 분포를 나타내었다. 산불 피해 면적이 두 배가 되면 그런 규모의 산불의 횟수는 2.48배 정도로 줄어든다. 이런 규칙성은 아주 작은 규모의 산불에서부터 100만 배 정도의 큰 산불에까지 유지되었다. 즉, 큰 사건과 작은 사건이 같은 원인에 의해 일어난다는 것이다. 숲의 밀집도와 산불의 빈도는 반비례하고, 산불의 규모에 비례한다는 의미이기도 하다. 멱함수 법칙은 큰 사건과 작은 사건이 규모는 달라도 발생형식은 다르지 않다는 것을 말한다.

이런 단순한 물리적 법칙성은 세계와 자연 생태계, 인간 삶과 역사에서도 공히 드러난다. 지구상 생명체의 주기적인 대량 멸종, 주식 변동, 상품의 가격 변이, 전쟁의 빈도와 사망자의 수 등을 포함해서. 규칙과 유사성을 개시하는 것은 임계 상태에서 어떤 인자로 인한 변이의 촉발이다. 패턴은 바로 인접한 관계의 변화가 확산하여가는 것에서 시작된다. 따라서 나비 효과처럼 아주 사소한 내부 인자의 변화가 전체를 바꾸는 계기가 되기도 한다.

생명 있는 것들의 행동 특징은 생존 확률이 높을 것으로 보이는 방향으로 결정하고 선택한다. 누구도 이런 점에서 단호하게 결정을 내리긴 어렵다. 그러므로 다수의 결정에 휩쓸려 맡겨버리게 되고 부화뇌동하는 것처럼 보인다. 군중심리가 그렇다. 이것마저도 저자는 멱함수 패턴, 변이, 진화의 원인이라 판단한다.

책을 읽어가면서 여러 근원적인 진리에 관한 철학과 사유가 보편성에 연결된다는 깨달음이 생겼다. 내 개인적 경험을 근거하여도 어떤 일의 결과나 마주치는 상황은 그렇게 몰고 온 축적된 결정력이 있었다고 믿고 있다. 마지막 순간 방아쇠가 당겨지도록. 그전까지는 전혀 모른다. 한 개인의 운명도 아주 유사하다는 생각이 든다. 우리가 느끼는 감각적 고통·쾌락을 포함하여 어떤 순간에 다른 길로 가지 못하게 또는 순환 궤도를 벗어나지 못하도록 항상 준비되어있는 '운명의 굴레'였다가 어느 땐가는 축적된 인자가 극적인 변화를 일으키는 삶에서의 임계상태를 맞이한다. 이를 물극필반物極必反, 항룡유회亢龍有悔 같은 개념과도 연결 지을 수 있지 않을까.

부정적으로 본다면, 지구상에서는 바벨탑이나 〈시지프스〉처럼 자연, 환경, 문화 등이 일정 레벨을 넘지 못하도록 한계가 정해져 있는 것 같다. 어쩌면 세상의 단순한 규칙성과 임계상태로 인한 반복은 환경의 건강성 유지와 생태계의 진화를 위한 법칙이다. 말하자면 동양적 사유의 도와 법이라는 개념에 비교해도 큰 무리는 없을 것 같다.

이 책은 근래에 읽은 양자물리, 우주, 운명 등 여러 책 중에 자연법칙에 관한 생각의 영역을 넓혀준 획기적인 책이다. 저자는 『사회적 원자』도 썼는데 이는 물리적 패턴을 보이는 인간의 행태에 대한 통계와 탁월한 고찰의 내용이다. '제 현상이 원인과 결과'라는 것을 생각하면 당연한 얘기인 것을…. 명석하지 못한 난 그렇게 내 식으로 이해하고만 말았다.

우주변화의 원리

한동석

운명에 관한 이야기를 조심스럽게 꺼내 본다. 누군가에게는 '운명'이라는 말이 무능한 한숨 같을 수 있기 때문이다. 모든 것을 신에 의탁해버리면 차라리 덜 고통스러울지 모른다. 하지만 나라는 실체가 티끌만한 결정권도 없는 꼭두각시란 말인가? 당신이라는 존재의 가치는 아무것도 아닌가? 정녕 그래도 좋을까? 당신은 궁금하지 않은가? 나란 실체와 나의 삶에 대해서? 나는 인간으로서 나라는 실존이 맞이하게 된 삶에 대해서 생각 없이 받아들이지 못하기에 정신적 고통을 자처하면서도 나의 운명을 오랜 세월 생각해왔다. 수십 년의 탐구와 고민 끝에 내린 결론은 운명은 분명히 있다는 것. 신의 섭리로 나의 운명이 이끌려 왔다고 해도 좋겠다. 그러나 나는 신이 내게 주신 숙명을 인정한다 해도 따라오는 의문을 떨치지 못했다.

전설 같은 명리가(세속적으로는 점쟁이라 폄하받는 이들이다.)들의 이야기를 알고 있다. 나의 직계 선조들도 그런 분야에서 명성이 자자한 분들이었다. 보통 점占을 의탁하는 사람들로서 영계靈界와 접촉하는 사람들, 사주팔자를 해석하는 사람들이 있다. 물론 주역으로 점을 보는 방법도 포함된다. 변화해가는 상황과 타당한 변수들을 조합해 앞으로의 돌아가는 방향을 분석해내는 서양의 연구가들도 있다. 그들은 세계적으로 명성을 날리고 있다.

오래전 한의사들에게 필독서로 관심을 받았던 『우주변화의 원리』를 지은 〈한동석〉을 '운명'과 관련지어 생각해본다. (그의 심오한 탐구가 운명을 점쳐보고자 목적한 것이 아니었으나 부수적으로 운명과 미래 예측에 관해 신화적인 행적을 남겼기에 그렇다.) 유명한 한의사였기도 한 〈한동석〉처럼 동·서양을 넘나드는 방대한 철학·사상 공부를 바탕으로 '우주변화'로부터 인간과 운명을 짐작해보려 한 어려운 도전을 경외하는 마음으로 존경하고 있다. 막연히 몇 가지 기술을 습득하여 인간의 길흉화복을 점쳐본다는 것에 수긍하고 싶지 않았기에, 나름 정상적인 분별 의식 정도는 가졌다고 자부하는 사람이라면 그래도 무언가 타당하고 보편적인 납득이 가능해야 할 것 아닌가.

〈한동석〉은 서양철학에서 말하는 [본체론]과 [우주론]에 대한 비판을 필두로 우주 변화의 법칙에 관한 이론적 제시와 판단에 따라 논증을 전개하고, 우주정신과 인간 정신 그리고 우주 본체에 이르기까지 심오한 자신의 깨달음을 보여주었다. 우주의 법칙은 인체에 비추어볼 때에도 예외가 있을 수 없기에 인체의 비밀을 먼저 깨닫고 배우는 것이 더 쉽고 빠르며 이를 통해 우주 변화의 법칙을 알 수 있을 것이라고 판단했다. 그는 존재를 '정신+물질'로 규명하고 이에 부응하는 법칙이 음양 및 오행이며, 이들의 분리와 통합 작용에 의해 새로운 성질이 발생한다고 보고 15가지의 성질로써 모든 걸 설명할 수 있다고 주장했다. 그가 설한 우주 변화의 원리란 음양오행陰陽五行의 법칙을 말한다. 음양오행에 대한 설명은 여타의 책에서 읽어왔던 어떤 서술보다 깊이가 있었고 어느 정도 수긍이 되었다. (그래도 매우 난해한 전문서이기에 중도에 멈추고 좌절하게 만들기 십상이다.) 그는 주역뿐 아니라 방대한 학문에 통달하여 미래 예측에 관한 전설적인 얘기도 나돈다. 당시 권력자의 운명, 사후 자기 자식들의 미래까지 점쳤고 정확히 들어맞았다 한다. 미래에 닥쳐올 자기 후손들의 몰락을 마음 아파하며 천기天機를 누설한 과보라고 생각했다고 한다.

나는 오랜 탐구의 도정에 이르러, 운명을 추정하는 방법으로 명리학命理學(우주변화의 원리에 포함되는 사주팔자를 통한 음양오행의 법칙)이 나름 타당한 것 중 하나라고 생각한다. 어느 정도 한 인간을 해석하는 기능을 한다고 보고 있다. 사주팔자를 보면 완벽하게 족집게 같지도, 엉뚱한 이야기 같지도 않긴 하다. 경탄할 과거·미래 적중률을 보이는 경우도 있고 엉뚱한 오류도 많다. 해석하는 사람의 경험과 역량도 중요한 변수이지만, 인간이라는 복잡한 특성을 완벽히 대입하고 무수한 경우의 수를 빈틈없이 짚어내기란 쉽지 않기 때문이다. 하지만, 우주변화 속의 인간과 운명을 예측해보기 위해 좀 더 단순화하는 방법이라고 받아들이면 사주팔자라는 것은 개별 인간을 특정화하는 한 가지 수단으로써 찾아낸 고유의 특성이라 할 수 있으며, 요즘 유행하는 성격유형 검사 방법인 MBTI 와 유사하되 어쩌면 그것보다 정밀하다고 나는 생각하고 있다. 하다못해 주식 차트를 따르거나 애널리스트들의 분석을 바탕으로 한 주식 투자보다 못할까? 이를 미신이라고 비하할 필요도 없으나 무조건 맹신해서도 안되는 것이, 일정 부분 선택의 변수가 있는 내 삶을 고정된 틀에 묶어버릴 순 없는 것이다.

세상과 인간, 삶은 의외로 단순하게 정형화되어 있다. 말하자면 운명은 환경과 성격 및 습관이다. 나는 사주팔자가 한 인간의 행로를 암시한다고 본다. 사주팔자를 보는 것은 개인이 타고난 오행의 조건을 가지고 시간과 사회적인 네트워크 속에서의 충돌과 화합으로 유·불리를 이해하는 방법이다. 내가 찾아온 환경 여건이 내 의지가 아니었듯이, 알면서도 고치기가 정말 어려운 것도 기질과 습성이다. (마음 바꿔 먹기, 습관 하나 고치는 게 얼마나 어려운지 누구든 잘 알 것이다.) 그렇기에 이것이 운명(과거와 현재, 미래)을 만들고 있다. 이게 흔히들 말하는 주어진 운명을 주도할 수 있다는 것의 한계다.

현재의 상황이 나를 고통스럽게 한다면, 또는 자신의 운명을 조금이라도 바꾸고 싶다면 지금의 나의 환경, 생각, 행동을 180도 전환해볼 필요가 있다. 화나는 상황을 당장 벗어나기, 남의 탓·증오하는 마음을 버리기, 기도·명상, 청소, 여행, 이사, 남을 돕기 등으로부터 시작해볼 수 있다. 그럼으로써 당장 전환을 이루지 못하더라도 조금이나마 방향의 전환을 이룰 수 있다고 본다. 정말 어려운 것이, 그보다 먼저 부족한 나와 나의 삶을 용서하고 나의 운명을 수용해야 한다고 생각한다.

울지 않는 늑대

팔리 모왓

이 책의 서술 배경은 이미 수십 년 전의 상황이다. 늑대에 대한 인식이 지금은 얼마나 바뀌었는지, 그들의 생존 여건이 개선되기는 했는지 모르겠지만. (아마 그랬을 거라 믿고 싶지만 최근의 소식은 여전히 멸종 우려로 관심 보호종이다.) 동물에 대한 우리의 잘못된 관념이 바뀌기를, 생명에 대해 제발 작은 배려심이라도 생기기를 바라는 마음으로 와 닿았던 오래전의 책이다. (2003년 국내 초판.)

인간의 잔혹함의 기원은, 생존에 대한 두려움 때문에 주변의 자연(동물, 식물 포함)으로부터 과도한 착취를 하는 것에서 시작되어, 결국은 우리 인간끼리도 잔인한 짓을 저지르기가 너무 스스럼없어진 게 아닌가, 라는 생각을 해본다. 동물에 대한 존중과 사랑이 없다면 기본적으로 인간은 아직 동물과 차별 없는 단계에 있음을 의미한다. 그건 우리가 얕보는 동물과 생존 다툼을 하는 처지이기 때문이다.

작가는 1993년에 서두書頭를 쓰면서 30년 전부터 『울지 않는 늑대』를 쓰기 시작했다고 밝혔으니 대부분의 시간적 배경은 1960년 이전일 것이다. 자연학(생물학)을 전공한 저자는 캐나다 야생동물 보호국의 [늑대 프로젝트]를 맡는다. 그는 순록이 갑자기 대규모로 줄어드는 이유를 조사하기 위해 캐나다 북부 [아북극亞北極](북극인 북위 66도 선 이하부터 ~ 60도 정도의 지역)에 파견된다. 늑대들이 새끼를 낳는 봄부터 가을까지 세 계절 동안 늑대를 지켜보며 지낸 경험을 바탕으로 한 소설이면서도 논픽션적인 기록을 남겼다. 이때 이후로 그는 평생 동물과 환경에 대한 보호 운동을 해왔다고 한다.

늑대에 대한 오해는 어떻게 시작되었을까? 어릴 적 읽은 동화책에서부터 영화에까지 늑대는 사악하고 잔혹한 살인마로 인식되어 왔다. 그러나 그가 살펴본 늑대는 인간들의 편견처럼 그다지 위험하지도 않고 결코 사악한 악마가 아니다.

실제로 정부에서 행하는 이 연구는 순록의 죽음에 대한 원인으로 늑대를 지목하여 희생양으로 삼고 더불어 늑대 살해에 대한 근거를 제공해주기 위한 의도된 기획이었다. 정작 순록을 죽이는 행위는 관광 사냥(머리를 박제로 만들기 위한)이 큰 원인이었다. 이것도 결국 관료가 묵인해주는 사업의 일환이다. 뿔이 제일 멋지게 생긴 놈 하나를 고르기 위해 일단 수십 마리를 죽여 놓고 보는 짓을 자행했다. 또한, 지역 경제적 요인도 컸으니 모피 거래의 무시하지 못할 사업성 때문이다.

이는 에스키모들의 의衣, 식食의 필요성에 의한 것이 대부분이었다. 급격히 줄어든 순록의 수가 이러한 이유들로 인한 수와 거의 일치하고 있다는 사실을 확인한다. 늑대 때문에 대규모로 죽는 게 아니었음에도 진실과 달리 늑대를 원흉으로 몰아(여러 이해 관련자들에게 고루 유리하므로) 현상금까지 걸었다. 심지어는 독극물을 써서 무차별로 대량 살해한다. 실제로는 늑대들은 설치류(쥐, 토끼)나 사냥하기 쉬운 약한 순록만을 겨우 잡는다. (이는 오히려 순록의 사회를 건강하게 하는 순기능도 있다.) 꼭 필요한 외에 함부로 살생하지도 않으며 포악하지도 않다. 자기 새끼들이 아니어도 부모를 잃은 어린 늑대들을 돌보고 배우자를 잃은 늑대는 계속 홀로 살아간다. 늑대들은 책임감으로 보호받는 가족을 이루고 평화롭게 살아간다. 여러 면에서 인간보다 신의가 있고 아름답기만 하다.

그의 글은 상당히 위트가 넘치지만 그렇다고 늑대에 대한 안타까움이 사라지는 건 아니다. 그는 늑대를 직접 관찰한 사실을 바탕으로 잘못된 것을 지적하며 보고서를 보내지만 그의 보고서는 받아들여지지 않았다. 관료들에게는 고위 정책자들의 입맛에 맞추는(사냥 관광정책, 흑색선전으로 인간의 죄를 늑대에게 뒤집어씌우는 게 쉽기에) 일만이 중요할 뿐이다. 본 소설을 바탕으로 1983년에 제작된 영화도 있었다고 한다. 지금은 과거와 달리 어느 정도는 보호받고 있을 것이다. 언젠가 늑대에 대한 오해와 진실에 관한 영국 BBC의 다큐멘터리도 만들어졌었다(『북극 늑대와 나』).

자연과 환경을 생각한다면 가장 큰 해악의 원인은 역시 인간이다. 사람들에겐 동물이란 가죽과 고기, 해로움을 주는 대상이라는 게 주된 시각이다. 인간들이 상상하는 사후의 지옥 못지않게 동물들을 처참하게 사육하고 죽이는 행위는 결코 해서는 안 되는 일이다. 그건 언젠간 반드시 우리에게 돌아올 해로움의 단초이기 때문이다. 생명을 적자생존, 약육강식으로만 보는 관점도 문제다. 모든 존재의 근원이 하나라면 우주의 생성 이후 모든 것은 분화되고 진화해온 것이므로 근원의 동질성에 대한 포용적 존중이 타당하다. 그렇지 않다면 인간이 유의미한 존재가 아니게 된다. 우선은 투쟁처럼 보이는 상황도 사랑을 배우며 신의 마음을 깨닫는 과정이라고 한다. 그래서 목표는 항상 차별 없는 사랑이어야 한다. 현 인류에겐 먼, 정말 멀고 먼 길이다.

웰컴 투 지구별

로버트 슈워츠

죽음을 상상해보는 중에 당황하게 하는 두려움의 근저에는 이 생生이 이대로 끝나버리는 것인가, 라는 의문에 뿌리를 두고 있다고 생각해본다. 신과 종교, 죽음과 그 이후의 세계 등은 논란이 많을 수밖에 없다. 어느 개인이 신 또는 천국·사후 세계를 영접했고 체험했다고 한들, 명백히 입증할 수 없는 미지의 영역이므로 때로는 위험한 요소가 다분하다. 많은 책이 근거 없이 허황되었으나 일부는 무시해버리긴 어려운 논지가 있었다.

이 책은, 의지와 상관없이 이 세상에 오게 된 하나의 개체로서 이 인생이 무슨 의미인가 싶은 생각에 습관적으로 마음이 가라앉을 때 읽었던 책 중의 하나였다. 나라는 미미한 존재, 그 유의함의 지푸라기라도 잡고 싶은 간절함이기도 했었다. 삶은 우리가 실증해내지 못하는 무언가가 분명히 있다고 믿으면서도 명확하지 않고 확신이 없다. 그럼에도 불구하고 인생의 유의함은 억지로라도 만들어내고 싶다.

'전생前生'에 관한 얘기, '영매'라는 이들의 주장이나 사후 세계를 겪었다는 사람들의 체험담은 과연 진실일까. 내가 모른다고 없는 건 아닐 수 있다. 윤회는 한편 생각하면 끔찍하다. 끝없이 돌고 도는 이런 방랑이 마냥 즐겁다고만 할 수 없으니 궁금증은 또 생겨난다. 그럼 '왜 영적 진보를 해야 하는가', '옳고 그름의 기준은 무엇인가', '그 끝은 어딘가' 등이다. 간혹 내가 지금 죽어도 후회 없을까를 생각해본다. 대단한 인생은 아니니까 타인에게 비치는 존재 가치는 크지 않을 거고, 스스로에게 "넌 정말 존재의 의미를 찾았는가" 묻는다면, '삶의 우울함을 이겨낼 인내심과 내가 짊어져야만하는 책임에 대한 업보의 강렬함'에 때때로 놀라곤 한다.

과학의 신봉자인 의사 〈이븐 알렉산더〉는 7일간의 혼수상태에서 돌아와 자기가 경험한 사후 세계의 실재와 '두려워할 이유 없음'을 말해준다. 티벳 불교계에서 선대先代 〈달라이 라마〉 입적 후 차기 〈달라이 라마〉를 선출하는 방식에서 이를 적용하는데, 전대前代의 큰 스승의 환생인지를 확인하는 검증 절차로 당사자 아니면 알 수 없을 특별한 사실을 밝혀낸다. 영매 〈에드가 케이시〉의 리딩을 분석하여 의미를 찾고자 한 미국의 심리학자 〈지나 서미나라〉는 『윤회의 비밀』, 『윤회의 진실』 등에서 윤리적 세계의 인과 법칙이 인간의 행위와 생각에 연계되어 있음을 주장한다. 사례에 집착하기보다 좀 더 체계적 논지로 접근해보고자 한 종교철학과 교수 〈크리스토퍼 M. 베이치〉가 쓴 『윤회의 본질』이란 책도 있다. 우리나라에서는 20여 년 전 정신과 의사 〈김영우〉가 상담자들의 최면 치료 중 인지하게 된 윤회輪回(또는 전생轉生) 현상을 『전생여행』, 『우리는 영원히 헤어지지 않는다』는 책으로 펴내 큰 반향을 일으켰었다.

애초에 영원한 존재였던 우리 영혼의 열정을 되살려내는 인간으로서의 시련은 축복받을 일이라고 한다. 카르마의 균형, 부정적인 에너지의 치유는 처벌이 아니라 사랑을 근본으로 하는 성장을 위한 역할이란다. 하지만 현실의 참혹한 상황에 있는 사람에게 이런 얘기는 분노를 일으킬 수 있다. 존재 여부가 확실하지도 않은, 지금은 전혀 알 수 없는 현생 이전의 상황에 책임을 져야 한다니까. 이 책에는 에이즈라는 병을 앓기로 하고 수치심을 이겨내려 했던 〈존〉(자기 존중을 배우려는), 유방암에 걸려 여성으로서의 자기혐오를 버리게 되는 〈도리스〉, 장애아의 부모가 되어 고통을 통해 진실한 소통을 배운 〈제니퍼〉, 폭발사고를 당함으로써 육체를 극복하는 것을 보여주려던 〈크리스티나〉 등 여러 시련을 계획한 열 명의 사례가 있다. 이 시련은 주변의 관계된 사람들과 함께 (현생에 오기 전) 기획한 것이며 모두의 치유와 성장을 돕기 위한 것이라 하고 있다.

윤회의 실재를 놓고 사실 여부를 따지는 것은 그다지 중요한 게 아니다. 실은 구태여 윤회가 없더라도 전혀 나쁠 것은 없다. 끝없이 인간 삶을 반복하는 것도 바람직한 건 아니니까. 그러나 내가 겪는 고통에 대해 "왜 내가 이런 일을 겪어야 하나?"라는 해답 없는 자책과 원망을 내려놓고 저자의 말처럼 "이 일에는 어떤 뜻이 있을까?", "어떻게 하면 그 의미를 알 수 있을까?"라고 인식을 바꿔보면 더는 절망의 어두운 수렁에 빠지지 않을 것 같다. 감내할 수 없는 현실에서 이 삶이 일회성이라면 사악한 이들만 축복해주는 삶일 테니까 그래도 인생이 의미가 있었다고 믿으면, 폭넓은 이해와 사랑에 대한 희망을 버리지 않을 수는 있겠지.

저자는 채널러(영매)를 통해 영적 각성을 경험하고 다양한 사례들을 찾아 우리가 지구를 찾아온 이유를 전해준다. 그 핵심은 태어나기 전에 이미 삶을 계획했다는 주장. 계획의 이유는, 대조되는 경험을 통해서 깨닫게 되는 이원성二元性의 깊은 이해라고 한다. 선과 악의 식별이 아니라 어둠을 통해 빛을 알고, 소음에 대비되는 아름다운 음악을 아는 것과 같은 것이다. 지구라는 곳에서의 힘든 체험(시련)은 더 높은 레벨로의 지향을 추구하며 성숙함을 완성해가는 과정이라는 말이다.

말도 안 되는 비주류의 신비 현상을 주장하거나 이를 강요하는 것이 아니다. 설혹 그런 의구심이 생겨나더라도, 믿기지 않더라도 그것이 입증되어야 한다는 강박을 내려놓는다면 의미가 생겨난다. 그렇지 않고 '아무 의미도 없어, 그냥 우연히 살다 가는 거야'라고 말한다면 참으로 황당하다.

육식의 종말

제레미 리프킨

이 책의 머리말엔 육식을 과다 소비하는 서구인, 일본인 등을 거론하고 있지만 지금의 우리에게도 심각하게 해당하는 얘기가 되었다. 나는 육식을 그다지 좋아하지 않고 소화를 잘못시키는 편이나, 몸이 허약하니 채식만으로 기력을 찾으려는 건 어렵다고 생각한다. 하지만, 언제부턴가 가혹한 사육 환경, 참혹한 도살, 비위생적인 공장식 가공 육고기의 아수라 배경이 떠오르면 입맛이 떨어지고 이 생명들에 대한 미안함이 떠오른다. 조류 바이러스로 오리, 닭 등을 수천만 마리 이상, 아직 꿈틀거리는 그것들을 자루에 담아 매몰 처분하고 있다. 구제역, 열병이 유행할 땐 돼지를 독물로 주사하고 묻었다. 그 생명들의 울음소리로 처분 작업에 참여했던 사람들 중에는 마음의 병을 얻은 이들도 있었다고 한다.

전원생활 중 동물을 자주 접하면서 생명있는 존재에 대한 경의를 배운다. 우리가 흔히 미련하다고 놀리는 닭들도 지켜보면 얼마나 일사불란한지 신통하기 그지없다. 절대 주인이 설정한 범위를 벗어나지 않는다. 영리한 그놈들은 그 집 손주들이 올 때마다 한두 마리씩 사라지고 있다. 산중의 내 집 주변에서도 산짐승들을 자주 만나는데 새끼들을 지키려고 몸부림치는 모습, 생존에 고단한 상황을 느끼게 된다. 내 강아지의 하는 짓만 보더라도 감히 그 생명이 판단의식이 없고 아무 의미 없는 존재라고 하진 못할 것 같다. 인간만큼 능동적으로 잔혹한 동물은 없다.

〈리프킨〉은 미국의 경제학자, 사회학자다. (문명 비평가, 미래학자가 더 맞을지 모르겠다.) 그는 다양한 분야에서 탁월한 통찰을 통해 인류의 삶의 방식과 자본주의 체제로 인한 폐혜를 지적하고 그로 인한 지구의 위기를 경고해왔다. 저서로는 『엔트로피』, 『노동의 종말』, 『소유의 종말』, 『수소 혁명』 등이 있다. 제반 저서가 미래를 앞서 보는 통찰이 정확하고 탁월하다. '소유의 종말'(개인이 모두 소유할 필요가 없는, 온라인 등을 이용한 접속·접촉을 통한 공유)이나 '수소에너지'는 현대의 상황이나 방향성에 아주 근접하다.

『엔트로피』에서는 고高엔트로피 삶의 방식을 경고함으로써 어려운 공학 용어인 [엔트로피]를 대중화시킨 계기를 만들었다. [엔트로피]는 독일의 〈루돌프 클라우지우스〉가 정립한 [열역학 제2법칙] 관련한 용어로서 간단한 정의는 '계(系, 고찰 대상이 되는 특정 카테고리 내의 시스템 영역)의 자유도의 척도'이다. 즉, 에너지를 소모하고 남은 비가역적 상태(돌이킬 수 없는)의 혼란함 정도를 나타내는 방식이다. 만물은 엔트로피가 증가

하는 쪽으로 변해가며 언젠간 소진된다. 방출한 에너지를 완벽히 회수할 수 없으므로 이는 물질의 유한성을 설명하는 것이기도 하다. 현재와 같은 방식으로 자원과 에너지원을 소모하는 행위도 언젠간 끝이 있으며, 따라서 우주에 영원한 것은 없다는 뜻이 된다.

『육식의 종말』은 '동물애호론'이나, '채식주의'를 적극 주창하는 내용과는 조금 거리가 있으나(점차 그렇게 가기는 해야 한다고 제안한다.), 육식의 대가代價로 소가 인간을 집어삼키고 있다고 저자는 말한다. 육식으로 인한 종말이다.

소는 대량 식용화 이전에 인류 문화와 함께 이미 여러 상징(신앙, 남성성, 부와 지위, 권력)으로 숭배되어 점차 탐착貪着으로 발전했다. 거의 모든 어두운 침략과 이주, 기아의 문제에는 기름진 소고기에 대한 수요를 배제할 수가 없다. 소를 키우기 위해 엄청난 곡물을 소비하니 상대적으로 가난한 사람들은 양식이 부족해진다. 과도한 육류 섭취는 질병을 낳고 수명을 단축시킨다. 대규모 사육으로 인해 발생하는 환경문제에서는 토양 부식, 사막화, 물 부족, 수질오염, 생태계 변형 등을 악화시키고 있다. 다시 말해 "곡물로 키운 소고기는 불에 탄 삼림, 침식된 방목지, 황폐해진 경작지, 말라붙은 강이나 개울로 자연을 황폐화하고 수백만 톤의 이산화탄소, 아산화질소, 메탄을 허공에 배출시킨 결과물이다."

지구 대륙의 1/4이 가축들의 방목지며, 호주에서는 인구보다 소가 40%가 더 많다. 미국인 2.5명당 소는 1마리이며 국토의 19%는 소의 방목지다. 탄소 저감 필요성이 심각한 현재에는, 인류가 소고기를 먹지 않는 것도 의미 있는 환경보호 방향 중 하나일 수가 있겠다

소고기의 문제는 식량에서 그치지 않고 인류의 가장 복잡한 문제인 사회 정의와 평등의 차원으로 확장되었다. 전체 인류 중에서도 소수를 위한 소의 사육이 다수 인구의 빈곤(소는 살찌는 반면 굶주린 사람은 많다.)과 마주하고 있으며 그사이에 인구는 계속 증가하고 그에 따라 육식 수요도 증가한다. (*인구와 지구의 생산성이라는 힘의 불균형을 〈맬더스〉가 거론한 바 있다.) 이익을 얻는데 죄의식이 없어져 버린 인간의 인식에 따라서 소고기는 계급화 차별, 남녀 불평등(황소의 남성적 이미지 과시)을 만드는 '차가운 악'으로 변질되고 말았다.

육식을 위한 도살이 인간성의 점진적 황폐와 연관이 있다. 고대에는 그런 인식이 없었어도 문제가 적었지만, 현대에는 인구 과잉에 따른 지나친 도살·과도한 육식에 대해 그 영향을 다시 숙고해야 한다. 육식의 종말이라는 혁명이 일어나지 않는 한 자연을 회복하고 다른 생명체와의 유대감과 함께 인류 의식의 향상을 기하긴 어렵다는 게 저자의 생각이다. .

윤리 21

가라타니 고진

일본인이 쓴 책들은 우리와 유사한 아시아적 감성의 공유점과 그들의 병적인 꼼꼼함 때문에 오히려 읽기가 편안하다. 여기서, 읽기 편하다는 말은 내용을 쉽게 이해할 수 있다기보다는 문맥의 흐름이 쉽다는 뜻이다. 사고방식과 글의 서술형식이 우리와 많이 달라 번역이 모호하여 문장 읽기가 어려움으로써 자꾸 멈추게 되는 서양의 책들과는 달리, 일본인의 책은 그렇게 조금 다른 것 같다.

우리나라는 일본의 이 사상가와 같은 사람이 나타나기 어려운 환경일까? 여러 철학사상을 관통하여 새로운 시각으로 분석해내는데 놀라움을 금할 수가 없다. 특히 〈칸트〉와 〈마르크스〉의 사상에 대한 획기적인 관점은 더욱 그렇다. '아하, 과연 그렇게 생각할 수 있겠구나!'를 새삼 깨닫는다. 하지만, 다양한 방면에서 철학적 깊이의 일목요연함이 부족하면 〈가라타니〉의 사상도 오해하기 쉽다. 이 책은 그의 전집 17권 중 16권째이다. 근래에 전집이 완간되었다고 하는데 다른 책들은 목차 외에 내용은 알지 못한다. 이 책에는, '자식이 저지른 죄를 부모가 책임져야 하는가', '일본의 전쟁 책임은 누구에게 있는가' 등을 사례를 들어가며 철학적 관점들과

대조하여 논지를 전개한다. 〈칸트〉의 '인간을 수단으로 써 보다는 목적으로 대하라'는 논지가 이 책의 핵심이라고 할 수 있다. 〈가라타니〉는 러시아와 동유럽 사회주의 국가들이 붕괴된 것과 관련해 공산주의 국가체제에 대한 비판을 재고하게 되었고(망해 버렸으니까) 그 과정에서 〈칸트〉를 통해 〈마르크스〉를 다시 보려고 시도하였다고 말한다. (공산주의 국가들은 마르크스가 주장한 본질과는 다르다는 것.)

거의 한계에 이르렀음에도 자본주의는 현재 대안이 없다. 엄밀히 자본주의는 민주주의가 아니다. 돈이 주인인 세상이다. 미국과 서구를 비롯해, 이제는 우리나라와 중국까지 최악의 금전만능과 계층 간 차별이 극심하게 생겨났다. 〈마르크스〉가 결국 스스로 붕괴하리라고 믿었던 자본주의는 오히려 공산주의를 주도했던 국가들의 폐해에 대한 반대급부로써 수명을 연장하게 되었다는 주장도 한편 타당하다.

〈가라타니〉는 〈마르크스〉의 '자유롭고 평등한 생산자 연합'을 〈칸트〉의 [세계공화국이념]에 대입해 [어소시에이션]이라고 하는 '지구적 공동체'를 구상한다. 현재 우리 지구의 치명적인 문제들을 생각하면 이 구상은 자본주의를 포함한 문젯거리의 대안이 될 수 있다. 지구자원, 환경, 인류 공생의 문제를 생각하면 확실히 그렇다. 특히, 환경문제의 경우에는 반드시 필요한 지구

총괄적 조치를 외면하고 자국만의 이익을 추구하므로 〈가라타니〉식 발상의 실행 없이는 절대 해결 불가하다. 이 책의 제목 『윤리 21』은 이러한 21세기에 인류 생존을 위해 절실한 윤리 인식을 의미한다.

〈가라타니〉는 윤리, 도덕을 자유라는 관점에서 설명한다. 그건 〈칸트〉의 '자유로워지라'라는 명령에 의해 인간이 윤리적인 책임성을 갖는 것을 말한다. 비록 '자유의지는 없더라도 자유에 의해 스스로 행위를 한 것으로 간주하라'는 지상 명령으로 이해하는 것이다. 〈니체〉의 [운명애運命愛]도 그런 의미라고 〈가라타니〉는 주장한다. 즉 '운명애'란 타인이나 주어진 조건을 탓하지 않고 자기가 원인인 것으로 받아들인다는 설명이다. 나는 그의 이런 해석을 긍정하게 되었다. 인간으로서의 책무는 그래야 타당하다.

〈가라타니〉의 전쟁 및 범죄의 행위 책임에 대한 판단 가운데 공감하게 되는 얘기가 있다. 그는 잘못의 행위에서 '오십보백보'의 의미는 그 차이가 매우 명백하다고 한다. 오십보에서 멈추고 백보를 가지 않는 것은 '오십보백보'라고 '그냥 대충 같은 것'은 아니다. 즉, 스스로 자율권을 가지고 적정한 선에서 멈출 수 있음에도, 권력자가 시킨다고 살상을 더욱 기꺼이 저지르는 '현장의 학살자'들에 대해 계속 생각해봤었다.

요즘 우리 사회를 주도하는데 참여한다고 하는 이들도 편향되고 왜곡된 모습을 너무 많이 보여준다. 도의도 양식도 이해타산 앞에선 소용없음을 적나라하게 드러내고, 정치인이든 학자든, 진보건 보수건, 신념과 사상은 가까운 자기 집단의 이익을 위한 수단(원칙을 준수하기보다는)인 것이 그들 행태의 대부분이다. 〈가라타니〉와 같은 양심과 큰 그림을 보여주는 사람은 찾기가 너무나 어렵다. 인간은 합당한 상식과 책임, 양심을 알기에 동물과 차이가 있는 존재임에도.

의식 혁명

데이비드 호킨스

사람들이 다들 왜 저렇게 천양지차인지 자주 생각해본다. 드러난 명백한 상황을 보고서도 철저히 다르게 판단하고 분별하는 이유 말이다. 불교적 표현으로 해보자면 '근기根器'가 다르다고 하겠다. 〈공자〉도 제자 각각에 다른 방식으로 설명하기도 했고, 〈예수〉께서는 상대에 따라 적절한 은유로 말씀하셨다. 십자가에서 임종 시 "그들은 자기가 하는 일을 모르고 있습니다"라고 하셨으니 사람들의 인식에 한계가 있음을 애처로워하셨다고 생각해본다.

의식의 레벨에 착안하고 연구를 해온 저자의 노력에 찬탄할 수밖에 없다. 〈호킨스〉가 주장하는 근거는 '존재라는 근원의 진리를 측정해 통계를 낸 실험의 결과'다. 측정법은 과거 꽤나 유행했던 [오링 테스트]라는, 체질을 알아보는 방법과 유사한 것으로서 [운동역학 *kinesiology*] – 자극에 대한 근육의 반응 측정법 – 에서 출발했다. 오링 테스트는 건강 측정이나, 내게 맞는 음식을 테스트하는 방법으로, 팔을 뻗어 힘을 주고 대상물을 쥐거나 떠올리면 팔에 강약의 변동(실험 수행자가 피험자의 팔을 내리누르면 저항하거나 또는 힘없이 떨구어진다.)이 온다. 이 실험은 피험자의 의지가 작용하는 것이 아니고 의지와 상관없이 몸이 반응한다.

저자는 20년간 실행한 수백만 번의 실험에서 그 결과들이 유의하면서도 일정한 패턴을 이루고 있음을 확인했다고 한다. 거의 모든 현상, 생명, 인식 등 제 분야에서 계량화가 가능하므로, 이를 수치화하여 과학적인 체계를 세웠다. 그냥 형이상학이라고 치부하는 막연한 깨달음의 영역을 수치로 측량(객관적인 레벨의 척도)함으로써 우리가 생각하는 의식화된 심리·행위의 가치, 영적 성장의 단계, 삶의 의미 등이 보다 명확해졌다는 주장이다. 하지만 그를 사기꾼이라 비난하는 이들도 있긴 하다. 이러한 탐구 의지에 따른 인식의 확장을 고려해본다면, 그가 혹 사기를 쳤더라도 내용은 내게 해를 입힐 것이 없다.

저자는 계량화하여 측정한 에너지 수준 200 정도는 인간이라는 기준이며, 어떤 현상이 '파괴적인가, 건설적인가'의 분기점이 되는 수치라고 판단했다. 그 수치는 '진실'과 '온전함'에 대한 분별을 할 줄 알고 '타인에 대한 관심을 가지게 되는' 수준 정도라고 말한다. 1에서 1000까지의 단계는 단순한 자연수 증가식이 아니라 대수對數(logarithm)적 수치이므로 1의 간격은 엄청난 차이다. 박테리아가 1이라면 〈예수〉와 〈석가모니〉는 1000의 수준이다. 수치심이 20이라면, 200은 용기의 수준, 사랑은 500이다. 다행인 것은 현재 세상의 평균 인간 수준이 이제는 200에 이르렀고 과거의 어느 때보다 빠르게 상승하고 있다고 한다. 사람들이 오랜 세월 쌓아온 영적 성장의 모습이기도 하고, 생활 수준과 의식 수준이 어느 정도 높아져 내면의 성찰과 성숙에 대한 관심이 과거 어느 시기보다 강하다는 뜻이다.

나도 의식의 계층이 있다는 그런 생각을 안 해본 건 아니다. 사람이 사람이라고 다 같은 게 아니라 동물에서 → 신으로 나아가는 단계별로 늘어서 있는 것이며, 모두에게 자기가 처한 위치가 있고 그 책임은 각자의 몫이라는 추정을 해왔다. 이 책의 핵심이 드러난 저자의 표현을 인용해보면 다음과 같다.

"우리의 영혼은 시간 안에서 벌거벗은 채로 서 있다. 우리는 저마다 우주에 대해 책임을 지는 삶을 살아야 한다. 고통은 집착의 결과이며 관점의 차이일 뿐. 우리 삶을 이해하고 용서하고 받아들여야 한다."

저자는 인생에서 일어나는 갖가지 사건이 우리에게 긍정적인 영향을 줄 것인지 부정적인 영향을 줄 것인지, 배움의 기회로 작용할 것인지 우리를 억압하는 요소로 작용할 것인지를 결정하는 것은 그 사건 자체가 아니라 거기에 대한 우리의 반응과 태도라고 한다. 그의 말처럼 모든 고통과 아픔은 운명이나 신으로부터 오는 것이 아니라 에고$_{ego}$에서 온다. 에고는 독립적이지 않고 의타적이며, 생존을 남에게 의탁하는 것이다. (다른 것의 에너지에 기생하거나 빼앗는 것이라 할 수 있다.)

정신 치료학을 전공한 의사인 저자는 이 연구를 통해 깨달음을 얻고 영적 수행자가 되었다. 독특한 어릴 적 체험 이후 평생을 의식과 존재에 관련한 연구를 해왔고 은퇴 후 영성 활동에 몰두하며 많은 저서를 남겼다. 이 책을 오래전에 구해두고서는 최근에야 읽게 되었다. 그의 또 다른 책 『내 안의 참 나를 만나다』를 구입하면서 책장에 같은 저자의 『의식혁명』이 이미 있었음을 알게 되었다. 그 사이 저자는 고인이 되었다.

내가 관심 있어 기웃거리는 다수 책들에서 '근원의 지혜'(이 책에서는 '잠재력'이라고 표현하는), 혹은 '본질의 바탕'이라는 공통점을 자주 접한다. 유사하게 고대 서양에선 〈플라톤〉도 [참된 이데아의 세계]를 말한 바 있다. 만약 읽어보겠다면, 번역이 마음에 들지는 않지만 유의한 책으로 『진실 대 거짓』, 『놓아버림』을 추천하고 싶다. 쉽지 않은 내용이다. 다만 이런 분야에 관심이 있는 사람이건 아니건 간에, 스스로의 의식의 영역을 확장하는 데 도움이 되는 기회라고 생각해본다. 『진실 대 거짓』은 우리가 알고 있는 인식의 근거와 사례에 대해 명백히 밝혀주고자 한 내용이며, 『놓아버림』은 에고를 버림으로써 깨달음에 이르는 방법을 알려준다.

보통 참선 수련은 날뛰는 생각을 잠재우고 자아의 집착을 놓는 식으로 진행한다. 그러면 어느 순간 진아眞我를 발견하게 된다는 구도의 한 방법이다. 진아(내 안의 참 나)는 누구에게나 있는 본원적인 진리, 근본의 실체라 부를 수 있다. 사람은 각자의 근기가 어떻든, 또는 현실의 욕망에 덮여 표면적으로는 모르는 것처럼 보여도 깊은 내면으로는 본래의 순수한 성품(모든 존재의 통합된 근원, 진리)을 예외 없이 간직하고 있다. 내가 심취했었던 명상의 방법(불교 참선 수행 방식과 유사한)이 그러했다. 비유를 들어보면, 거울에 묻은 먼지를 깨끗이 닦아낼수록 내 존재의 진면목이 드러난다는 방법이다. 자아의 집착을 버리는 수행법이다.

아상我相, 인상人相, 수자상壽者相을 버리라던 부처님의 가르침대로 '그물에 걸리지 않는 바람처럼' 두면 물아일체物我一體가 된다. 그러면 감정적 에고가 덮어버렸던 본래의 실체가 드러나게 된다. 우리가 통제할 수 없는 저 심연 속의 숨겨진 근원에서 비롯된 나는 대체 어디쯤 가고 있는 걸까? 이 지루한 탐구를 보다 빨리 끝낼 순 없는 것일까?

이렇게 살아가도 괜찮은가

피터 싱어

저자 〈피터 싱어〉는 인간이 동물에게 저지르는 비윤리적 처우를 폭로해서 동물학대에 대한 인식을 새롭게 한 계기가 되었던 『동물해방』을 썼던 사람이다. 그는 『동물해방』에서, 인류가 동물에게 자행하는 가학적인 실험, 비생명 윤리적인 사육 방식 등을 비판하였다. 그의 글은 많은 사람들에게 충격과 각성을 주어 동물해방운동에 참여하게 만든 계기가 되었다.

본 책에서는 현대와 같은 극한적인 이기적 삶의 방식이 온 세상에 만연하게 된 역사적 전개와 현재 삶의 구체적 양태를 보여준다. 오래전 방송에서 하루 숙박에 2천만 원을 쓰고 5백만 원짜리 아침 식사를 하는 미국인의 인터뷰를 보았다. 일본의 부동산 광풍 때는 어느 부동산업자는 황금 조끼를 입고 헬기를 타고 땅을 보러 다녔다고 한다. 아직도 우리나라는 투기성 부동산 가격 변동이 지속되고 있다. 이런 식으로 개개인이 지나치게 소유하고 소비하는 삶을 추구하는 풍토가 비뚤어진 자본주의, 극한 이기주의의 모습이다.

저자의 논지처럼, 극도로 자본·이익을 추구하는 삶은 생명의 공존 및 타인을 고려하지 않으며, 지구의 한정된 자원을 고갈시키는 직접적 원인이 되고 있다. 맹목적인 자원 소모 방식은 인류의 미래를 어둡게 하고 있다. 지금 지구의 가용할 수 있는 자원, 기후 위기로 인한 생존 여건의 불확실성을 생각하면 남아 있는 시간이 여유롭지 않다는 것은 자명하다. 하지만, 저자는 오히려, 인간 삶의 목적이란 게 있을까? 추구할 만한 가치가 있을까? 우리가 생각하는 좋은 삶(가장 온전한 의미에서의 좋은 삶)이란 무엇이고 진정으로 바라는 삶은 어떤 삶일까?를 돌아볼 수 있는 절호의 기회를 맞았다고 주장한다. "역설적으로 이제는 무엇을 목표로 삼아야 할지, 당면한 생태적 위기로 인해 경제의 변화가 불가피해지면서 수 세기 만에 우리는 이 물음을 성찰할 기회를, 잘사는 것이 과연 무엇인지 곰곰이 생각할 절호의 기회를 맞았다"는 것이다. 불가피하게라도 이제는 회피할 수 없는 시점에 이르렀으니까 마지막 긍정적 기회로 받아들이자는 것.

〈싱어〉는 경제와 성장 위주의 목적하에 무한히 이기적일 수밖에 없었던 지금까지의 삶의 방식을, 이제는 우리의 생존을 위해 적극적으로 선택해야만 하는 윤리적 삶의 방법들로 전환하자고 호소한다. '좋은 삶'을 위한 윤리적 선택이란, 자신의 이익을 뛰어넘어 모든 사람의 처지에서 생각해봐야 하고 더 넓은 관점에서 세상을 바라보고 행동하라는 뜻이다. 말로 하는 윤리란 아무 의미가 없다. 사소한 것부터라도 당장 실천하지 않으면 어떤 명분이 주어져도 못 할 것이다. 비록 소소하게 보이는 일일지라도 사람들의 '티끌 모으기'로 세상은 조금씩 변해가는 것이니까 말이다. 인간이 비록 자기 이익이라는 유전적 특성이 있음에도 사회적 관계 속의 존재라는 걸 인정하면 작은 변화가 일으키는 긍정의 요소도 분명히 있다고 믿고 있다.

우리가 윤리를 실천해야 하는 것은 자기 이익을 위해서라기보다는 그 이상의 차원이라고 생각하고 싶다. 동물의 처우에 대한 문제에서도 그렇다. 동물을 - 생명을 - 소중히 생각해보지 않음으로써, 학대함으로써 그 잔혹한 행위를 자행하는 마음가짐이 인간 사이의 증오심과 갈등으로 확산되는 것 같다. 동물에 대한 생명 경시는 곧 인간에게도 그럴 수 있다는 것이기에.

며칠 전 읽은 모 일간 신문의 칼럼에서는 동물 학대로 인한 고통의 재순환에 관하여 얘기하고 있었다. 타이완에서 수많은 동물을 안락사시키는 일을 하던 수의사가 자살한 것과 관련한 내용이었다. 그는 안락사 약물을 자신에게 투여하였다고 한다. "즉 고통은 단지 대량 생산되어 대량 도축되는 동물에게만 국한된 것이 아닌, 그 현장에서 작업을 하는 노동자에게까지 영향을 미치는 무엇으로서 이해된다. …고통은 절대적인 의미에서 해소 가능한 것일까? 누군가의 고통은 이를 목도하는 또 다른 누군가를 감염시키고 함께 고통스럽게 하는 것은 아닐까?" 그 기사의 기고자는 그렇게 문제를 제기하였다.

〈싱어〉는 내내 긍정적으로 희망의 근거를 주장하던 모습과 달리 마지막으로 간곡히 호소하고 있다. "관점이 바뀌면 세상이 달라 보입니다. 분명한 사실은 가치 있는 일을 얼마든지 찾을 수 있다는 것입니다. 권태를 느끼거나 삶에서 공허함을 느끼지도 않을 것입니다. 무엇보다 중요한 사실은 자신의 삶이 헛되지 않았음을 알게 된다는 것입니다. 윤리적 삶을 산다는 것은 이 세상의 온갖 고통에 연민을 느껴 세상을 더 나은 곳으로 바꾸고자 애쓴 위대한 전통에 참여하는 것이니까요." 윤리가 자기 이익을 초월하는 것임에도 윤리를 실천하는 것이 당사자에게도 이익이 될 거라고 설득하는 〈싱어〉의 안타까움이 느껴진다.

인간 없는 세상

앨런 와이즈먼

삶의 가치를 높이기보다는 방탕하고 낭비만 하는 혼돈 속에서 우리 모두 갈 길을 모르고 있는 것 같다는 께름칙한 깨달음. 그로써 우리의 뻔한 종말이 더욱 가까워 보이는.

『우발과 패턴』을 쓴 〈마크 뷰캐넌〉의 주장처럼 세상 속의 제 현상이 어느 한계치에서 무너져 내리는 '임계점'이 존재한다는 말을 나는 실감하는 바다. 절제하지 못하는 개인의 행위에도 반드시 그 끝은 온다. 『주역』에서 밝혔듯이 상황, 환경, 행태가 한계에 다다르면 국면은 전환기를 맞기 마련이다.

지금 세상은 너무나 빠르게 팽창 또는 증가, 그리고 종점에 다가가는 느낌이다. 기후는 정말 대재앙을 부르는 게 아닌가 싶게 짧은 우리 세대의 생애 기간 중에 혼란을 겪고 있다. 인류의 문제는 어떤가. 범죄와 테러는 미쳐 날뛰는 것같이 극단을 치닫고 생산 인구는 줄어감에도 불구하고 전체 인류는 계속 늘어간다. 전반적으로 절망적인 조짐을 불러일으키는 방향으로 가고 있다. 투자자문가 〈해리 덴트〉는 인구 구조 악화로 인해서 전개될 부정적인 미래 전망을 내놓았는데 이는 결코 무시해버릴 수 없는 주장이었다. (*〈해리 덴트〉는 한국의 문제도 예견한 『2018 인구절벽이 온다』를 썼다. 그의 투자 자문에 따랐다가 낭패를 본, 그를 비웃는 이들도 있긴 하다.)

지구의 오염은 한정된 공간 내의 과도한 인구가 생존해야 하는 문제에서 비롯되고 있다. 그래서 이 책의 저자는 이런 발상을 제안 (연구해달라는) 받았을까? 저자는 인간이 없다는 가정하에 다양한 분야의 과학적 논증 근거를 탐구하였다. 애초 인간이 없었던 시절부터 탐색을 시작해서, 인류가 저지른 폐해가 어떤 결과를 만들어냈고, 지구는 어떻게 변해갈지를 차분히 설득력 있게 (끈질기게) 설명한다. 매우 우울한 얘기다.

인간이 살던 흔적이 끊어지면 순식간에 특정 식물이 거주지를 덮을 것이고, 어떤 오염은 수백 년, 수천 년간 이어질 것이다. 인간이 의도적으로 자연의 변화나 회복을 시도하는 건 막대한 비용과 노력이 든다. 어떤 건 도저히 해결할 수도 없다. 가장 좋은 건 지질의 변혁이 인류가 저지른 '처치 불가' 오염을 빠르게 해소하는 유일하고도 강력한 대책이란다. 즉, 지구의 지각이 큰 변동을 일으켜서 용암 속으로 모든 오염물이 녹아들어야만 해결된다는 얘기다. 지저분한 인간의 흔적과 쓰레기를 생각하면 그렇게 될 수밖에 없겠다는 생각을 한다.

얼마 전 모 방송사의 다큐멘터리에서는 북극의 급변하는 자연을 보여주었다. 빙하와 동토층이 빠르게 녹아, 2100년경이면 인천공항을 비롯한 서해안 지역이 일부 침수될 것이라 한다. 쉽게 바뀌지 못하는 이기적인 우리가 갑자기 모든 삶의 조건을 축소해가면서 자연 친화적으로 살 수 있을까? 그 방대한 자연 훼손을 어떻게 되돌린다는 말인가? 그런다고 위기 상황 이전으로 과연 돌아갈 수나 있는 건가? 이미 돌이킬 수 있는 선을 넘어버린 건 아닐까? 라는 걱정이 내내 일었다.

어차피 인간은 곧 사라진다. 인간이 없어도 언젠간 지구도 종말을 맞는다. 그렇다고 그걸 앞당기고자 지금 우리만 한세상 살다 가면 그만인 것처럼 분탕질을 치고 후세의 생존 여건을 외면해서야 되겠는가. 인간이 없어진 뒤의 지구가 어떻게 될까?라는 상상은 우리가 저지른 짓에 대한 역설적 반성이며, 미래에 무엇을 남길지 나름 모든 인류에게 숙제를 던져주는 의미심장한 얘기이기도 하다.

인생

지셴린(李羨林)

'내 앞의 생生은 내 스스로 만들었고 스스로 택한 것, 자연 현상 하나도 정확히 정해진 것. 시공간에 한 치의 오차도 없이 정확한 장소와 시간에 나타난다. 그러니 이 인연에 시비분별이 무슨 소용인가. 좋은 인연에 집착하고 싫은 인연을 벗어나려 몸부림치다 그렇게 업을 짓는다. 인정하고 수용하여 그냥 두면 소멸될 자연스러운 흐름이다.'라는 이 말을 나는 이해할 것 같다. 벗어나고 싶어도 주기적으로 어떤 패턴을 이루는 환경과 경험을 마주하면서 부정하기가 쉽지 않다.

모든 내 앞의 현상은 인연 따라 잠시 순간에 머무르는 것이라면 붙잡고 있을 일도, 미워하여 외면할 일도 아닐 터. 우리 개개인이라는 물방울은 거대한 급류 속에서 버려두어도 어찌어찌 흘러가고 말 것을. 노년기에 진입하며, 나의 숙제가 얼마나 남았을까 생각하니 아직 남은 기회를 고마워해야 할까 아니면 정말 숙제는 그만 끝내고 싶은 걸까, 자문해 본다. 숙제를 끝내고도 살아있으면 남은 생애가 편안해질 수 있을까? 나는.

내가 성인이 되어서 부딪치는 암담한 문제들에 직면했을 때, 이미 많이 연로하시고 가난해서 현실적이거나 물적인 도움을 줄 수 없었던 내 부친은 내게 연민을 가지고 미안해하시면서 가식이 필요 없는 솔직 담백한 조언을 해주시곤 했었다. 그것만으로도 언제나 큰 위로와 힘을 얻곤 했는데, 부친 작고 후 가장 아련한 슬픔의 근원이 '내 말을 비틀어 듣지 않는 유일의 진정한 친구가 사라졌다'는 것이었다. (이젠 누구에게 투정하고 위로를 받을 수 있을 것인가, 나는 정말 외로운 처지가 되어버렸구나! 하는 슬픔.)

저자는 내 부친에의 향수를 되살아나게 한다. 인생이 뭐 대단한 거라고 납득시키지 못하는 철학적인 아리송한 해석을 내놓는 막연한 얘기보다 마치 아들을 대하듯, 후배를 대하듯 담담히 인생 선배로서 다정한 말들을 속삭여준다. 이미 자신도 평생 충분히 고찰해왔던 정답이 없는 이 문제를 같이 상의하자는 것 같다.

이 글들은 그가 여러 곳에 발표한 수필들을 모아 엮은 것이다. 많은 것을 겪고 심오한 성찰을 해온 저자는 왜 사는지, 인생의 의미와 가치, 인연과 운명, 사랑, 해야 할 일과 하지 말아야 할 일 등에 대한, 쉽고도 세속에 초연한 부드러운 조언을 해주고 있다. 세상을 이렇게 살지 않으면 무슨 일을 당하게 된다는 식의 거칠고 독한 성공담은 사람을 더 지치게 만든다. 인생이 쉬우면 조언이 필요 없도록 안이하게 살 것이다. 저자도 똑같은 고민과 삶의 문제들을 겪어왔기 때문에 '정답이 어디 있는가, 같이 성찰해보자'고 한다. 이젠 고인이 된 베이징대학교 교수였던 저자는 "대다수 사람은 인생에 어떠한 의미나 가치도 두지 않는다. 땅속에 묻힐 때가 되어도 왜 삶을 살았는지조차 알지 못한다. 이런 심오한 문제를 구태여 생각하지 않는다."고 말하면서 "인생에 정말로 의미와 가치가 있다면 인간의 역사 속에서 모든 인간은 인간사회의 발전을 위해 자신만의 막중한 책임을 다하는 것이 인생이다."라고 한다.

나는 '인생의 의미와 가치를 살펴볼 수 없는 다수 삶의 원인'을 구조적으로 모순 속에서 벗어날 수 없게끔 설계되어있는 인간의 숙명이라고 생각한다. 그것은 살아남는 것에 우선을 둘 수밖에 없는 고통 속의 인생이나, 나약함에 현실 그 이상을 고민하지 않으려는 인생이 그만큼 많다는 뜻이리라. 그러나 〈지셴린〉의 말처럼 불합리 속에서도 의미와 가치를 숙고하고 향상을 기하려 수고해야 하는 것이 인간다움이라고 믿는다.

〈지셴린〉은 그럼에도 "완벽하지 않아서 인생"이므로 "깊은 생각은 삶을 다치니(!) 마땅히 운명에 맡겨야지, 거칠고 변화 많은 세상에 무엇을 기뻐하고 무엇을 두려워하랴, 마땅히 해야 할 일을 하면 걱정할 것이 없으리"라는 〈도연명〉의 시구詩句를 평생 좌우명으로 삼았다 한다.

저자는 [대자연], [사람], [생각과 감정]을 잘 대하라고 한다. "대자연을 우리의 친구로 삼고(天人合一), 진실함과 인내로써 사람을 만나고, 사심私心을 버려서 생각·감정의 갈등을 조절하고 균형을 잡아야 한다."는 저자의 생각에 나는 크게 공감한다. 여기서 말하는 사심에 관해선, "마음이 깨끗하니 뜻이 밝아지고, 평안하고 고요하니 생각이 멀리 미치는 도다."라고 한 〈제갈량〉의 말을 참조하란다. 인생을 진지하게 생각해보고, 행·불행에 치우치지 않고 평정심을 유지하는 것, 최선을 다한다면 언제나 평온한 마음을 유지할 수 있다고 한다.

평범 이상의 뛰어난 각자覺者·예지자豫知者들은 '인생은 필연이고 해야 할 임무(보편적 선善)가 꼭 있다'고 생각한다. 생존에 쫓겨 아무 목적이 없는 인생살이보다는 다행이지 않은가.

〈니체〉는 진전이 없는(성찰하지 못해) 인간까지도 포용하는 보편적인 기독교 사상을 비판하였고, 〈맹자〉는 "인仁은 사람의 마음이고, 의義는 사람이 가야 할 길이다. 그 길을 거기에 놓아두고, 거기를 안 다닌다. 학문하는 길은 그 잃어버린 마음을 찾는 데 있다"라고 하였다. 그냥 '먹고 살다가, 자손을 남기고 어느 날 죽었다'라는 정도는 동물도 꾸려가는 삶이다.

『중용』에서도 완전한 삶을 이루려는 노력을 밝히며

인간 공부의 목적은 바른 도를 얻으려는 것이라 했듯이 인간의 삶은 향상되고 두루 좋은 방향으로 발전되어야 한다. 〈지셴린〉의 조언처럼 인간사, 겪어온 길과 가까운 사람 하나하나를 떠올려보면 정말 예사로운 삶과 인연이 아니다.

잊혀진 질문
(내 가슴을 다시 뛰게 할)

차동엽 신부

〈차동엽〉 신부님은 『무지개 원리』를 통해 독자들에게 희망을 주고 긍정적인 삶을 격려하였었다. 근래에는 『천금말씨』로써, 스스로와 타인의 독한 말로 쌍방향 고통을 주고받는 나에게 반성의 기회를 만들어주었다. 형의 마음고생(내가 힘들다고 투정을 해대므로)이 심하다고 생각한 막냇동생이 이 책을 선물해주었다. 간접적인 이런 위로의 방법이 고맙기만 하다. 정작 동생은 사업하며 고충이 많은데도 내게 징징대진 않는다.

내가 스스로는 신실信實한 천주교 신앙인이라 자부하면서, 성전聖殿에는 가지 않고 공동체 활동에 냉담하고 있으나, 이 책은 신앙이나 활동과 관계없이 정말 오랜만에 감동이 컸었다. 모某 그룹의 창업주 회장이 마지막 병상에서 떠올린 필생의 의문이 이 사유의 출발이었다 한다. 우리나라뿐 아니라 세계적으로 영향력이 큰 굴지의 대기업을 일군 사람의 생각이었다니 의외였지만.

나로서는 단편적인 부분만을 간접 경험한 것이긴 해도, 내가 현세에서 죽을 때까지 결코 꿈도 꾸지 못할 상상 이상의 부를 축적한 사람들은 분명 평범한 사람들이 도저히 이해할 수 없는 (지나치게 괴팍하기도 한) 특성적 면이 있고 의외의 심리적 취약함을 가졌었다. 그 독특한 다른 점이 그들의 부를 만들어내게 한 동력(운도 포함되지만)이 되었으나, 범인凡人과 또 다른 차이점은 그들이 의외로 걱정이 많고 연약한 감성을 가지고 있다는 것이다. 달리 표현하면 많은 돈을 지키려는 강박만큼 의심이 지나쳐 허점이나 독선도 상당하다는 게 나의 관점이다.

남들이 선망할 모든 것들을 이루었음에도, 명예와 부가 클수록 노년의 병상에선 본질에 대한 의문이 강할 것 같기도 하다. 죽음이 가까이 다가옴을 아는 순간부터 가진 것도 이젠 의미 없어져 놓아두고 가야 하는 입장에서는. 굴지의 대기업을 일군 창업주로 격동의 세월 속에서 큰 조직을 온전히 이끌어가는 힘로를 거쳐왔는데, 말년의 병상에서 느낀 공허함일까? 그가 제시한 것 중에 가장 관심이 생기는 의문을 나열하자면, 운명이 있는가(현실의 복), 신이란 존재, 사후의 세계가 있을까? 등이다. 일부는 구태여 대답이 필요치 않을 의문이다. 종교나 빈부귀천이 문제가 아니라 결국은 [인간]이라는 나약한 존재가 세상을 건너가는 [태도]에 기인한 문제이므로.

역설적으로 나는 명예와 돈이 미천하기에 평생의 의문을 간직하고 있었으며 고난(?)의 기회와 더불어서 번민을 반복했었다. 어려움이 있기에 사유의 축복을 받는 것이리라 나름 생각한다. (신부님도 그리 말하였다.) 간혹, 복福과 지켜주는 힘에 대한 감사함을 안다. 다행히도.

신부님은 우리가 생각하지 못한 특유의 깊은 성찰과 새로운 전환의 발상으로 깊은 울림(정말로 내 가슴을 뛰게 하는)이 있는 말씀을 해주었다. 어떤 부분은 내 생각과 같고(그렇다는 걸 아는 건 즐거운 일이다. 남들이 나를 좀 별나다고 하니 내가 판단력이 비뚤어진 건 아니라는 확인이 되어), 어떤 부분에서는 새롭게 눈을 뜨게 해주셨다.

남은 생애, 꼭 존재의 본질과 이유에 대한 궁금함을 확연하게 풀어보려는 게 나의 의도다. 가능하면 죽기 전에. 꿈이 너무 큰가? 당신은 아무것도 궁금하지 않은가? 그럼 복이 많은 거다.

자유 죽음

장 아메리

유년幼年 시절부터 몇 차례 죽음의 고비를 넘기고, 철들기 전부터 냉엄한 인간사와 책임을 알고 배워야 했던 내게 죽음은 항상 떠나보내지 못한 화두였다. (간절히) 살고 싶었던 만큼 죽음을 정말 많이 생각했다. 마음과 몸은 따로 유지되는 존재가 아니며 마음은 육체에 곧바로 영향을 끼친다. 냉혹한 세상·인간을 향한 증오와 암담한 상황에 빠진 내 운명을 저주하려는 유혹은 예사롭지 않았다. 나라고 우기는 거짓된 자아가 얼마나 무서웠던가.

우리 사회의 보편적 인식에서 자살이라는 말은 아직 금기처럼 여겨진다. 실은 이런 말을 되새길 때마다 망설이고 있다. 그런 생각에 스스로 함몰될까 봐. 그러나 우리 사회는 수단과 과정이 정의롭지 못하더라도 결과만이 선악을 갈라놓으므로 순하고 연약한 사람들에게 너무나 가혹하다. 분노와 절망이 팽배함에 따라 많은 사람들이 자살을 선택하거나, 공존하지 못하는 현장에서 외로움에 미쳐가는 사람들의 무차별 폭력도 증가하고 있다.

평생을 주어진 숙명에 따라 살아냈다는 종교적·관습적

신념이 중요할까? 특히 종교적 관점에서 자살은 신에게서 부여받은 책무의 거부다. 또 죽음에 이를 줄 알면서 일부러 아무런 조치를 취하지 않는 행위나, 뻔히 보이는 죽을 짓을 일상으로 해대는 어리석음도 결국 스스로를 죽음에 이르게 하는 방기放棄적 태도 아닐까? 즉, 암묵적 자기 살해 동의가 아닌가 말이다. 하지만 (비난과 달리) 자살에 대해서는 '목숨까지 버렸는데…'라고 은근히 이중적이다. 유명인의 자살에 동조하여 (핑계 삼아) 결행하기도 하고, 치명적일 사회적 비난 대상인 잘못에는 당사자의 자살을 내심 기대하거나, 그가 자살한 다음에야 비난을 멈추곤 한다. 우리 사회의 가면적인 위선이다. 자살을 비판하는 이유가 한 개인의 생애에서의 극한 상황을 외면할 이유가 되는 것일까. 〈장 아메리〉는 '실패'를 의미하는 프랑스어인 [에셰크 échec]를 말하고 있다. '외통수에 걸린 것, 돌이킬 수 없고 치욕적인 좌절과 냉혹한 실패'라는 뜻이다.

나도 오랜 세월 [자유 죽음]이라는 명제에 집착해왔다. 더불어, 가능하면 살아남아야 한다는 명분을 합리화하려 애썼다. 삶과 죽음 중 무엇이 더 두려운가 선택하라면 내게는 삶이 아주 미세하게 우위를 가진다고 볼 수 있다. 우리에게 진실한 자유는 어디까지 제한적일지 모르겠다. 자살·죽음은 자의自意의 영원한 예외일까. '그런 결행을 할 독한 심사로 세상을 살아가면 되지 않은가'라며 '피해서 도망가는 비겁자'라 비난하지만 자기의 죽음을 결단하는 그 무거운 심상을 당사자 아닌 자는 결코 알 수 없을 것이다. 누군들 목숨 걸고 심지어 죽음까지 감행하기가 쉽겠는가. 자살자가 '삶의 어려움이 너무나 무서워 죽음을 택해 피해버렸다'는 우리의 생각처럼 처절한 삶의 고통은 죽음과 대비하여 양자택일할 만한 두려움이다. 〈프로이트〉도 인간이란 생존의 본능(에로스) 저면底面에 죽음의 본능(타나토스)을 가지고 있다고 생각하였다. 사자死者의 결단에 대해서 산 자들이 타인의 생사를 놓고 하는 비판은 그를 한 번 더 죽이는 일이다. 그의 생존에 미미한 보탬도 되지 못했으면서 말이다.

영국 작가 〈조조 모예스〉의 인기 소설 『me before you』에는 척추 골절에 따른 합병증으로 극한의 고통에 좌절하는 전신마비 환자(그는 재산이나마 많았다.)에게 본인의 의지 하에 죽음을 선택할 기회를 제공하는 스위스 병원의 얘기가 있다. 실제 그 병원에서 가족들과 함께 죽음을 진행하는 고령의 환자 이야기를 방송에서도 보여준 적이 있었다. (네델란드를 비롯해 일부 국가에서는 합의적 판단하에 안락사를 허용하고 있다.)

우리 사회가 OECD 국가 중 자살률이 가장 높다고 한다. 특히 노인들의 비율이 높고 소위 성공한 사람일지라도 실패의 상실감을 견뎌내지 못하고 극한의 선택을 한다고 한다. 우리 사회가 경쟁에서 뒤처지거나, 실패, 남의 실수 등에는 매우 가혹하므로 정신적인 내성이 부족한 사람들을 죽음에 내모는 조직적 살해의 집행자가 되고 있는 것인가, 두려워진다.

"자살은 모든 삶의 충동, 살아있는 존재의 끈질긴 자기 보존 충동에 맞서 인간 실존이 인간에게 보장하는 자유를 가장 급진적으로, 어떤 점에서는 가장 생생하게 실행하는 행위이므로 '자유 죽음'으로 대체되어야 할 말"이라고 했던 〈장 아메리〉는 자살을 합리화한다는 비난을 받았다. 하지만 그의 특수하고 혹독했던 삶의 여정을 고려해볼 때, 간절히 자기 존엄성을 지키고 싶었을 자유에의 갈망을 역설적으로 표현한 것이기도 하다. 삶에 대한 자유를 억압당하고서는, 죽음에서마저 자유를 빼앗길 수 없다던 그의 '자유 죽음'을 이해할 수 있을 것 같다. 동물은 자살하지 않으니까.

〈장 아메리〉는 인간성과 존엄성의 관점에서 자유 죽음은 인간의 특권이고 이는 지극히 자연적이라 했다. 원인과 결과가 맞물려 돌아가는 인과관계를 전제로 이해한다면 자연적이라는 말은 일반적인 것을 의미하며, 따라서 죽음도 자연적인 것이 된다. 그는 무조건 살아야 한다는 맹목의 생존 이유, 인간의 존엄과 죽음 선택의 자유에 대한 처절한 사유를 죽는 날까지 수십 년 동안 했었다. 그러고서는 …도저히 참고 살아낼 수 없을 것 같았던 지옥(치욕적이며 생사의 한계까지 내몰렸던 고문을 겪고)에서 돌아와서는, 결국 그는 자유 죽음을 결행하고 말았다.

책을 읽는 내내 떠오른 생각은 '그가 오랜 고뇌와 사유로써 자유 죽음에 대한 타당한 근거를 모색하기 위한 처절한 탐구를 해 온 것 같다'는 것이었다. 마침내 그가 찾아낸 결론은, 수면제에 의지해 자의적 죽음을 선택해버린 것으로써 추측할 수 있다. 그 타당성을 찾으려 그 오랜 세월 고통 속에서 몸부림쳤던가, 한편 측은해진다.

'우리의 모든 것은 신이 결정한다'는 믿음 속에 자살은 과거로부터 금기가 되어왔다. 선각자들의 가르침은 신의 결정에 반하는 것이거나 반드시 이행해야 하는 책임을 기피하려는 무책임에 따른 출발점 회귀(즉, *resetting*)라는 거다. 마치지 못한 숙제는 다시 반복될 수밖에 없어 바람직하지 않다는 말. 어떤 상황, 어떤 극한, 어떠한 고통에 맞닥뜨려도 살아남아야만 하는 인간의 숙명이란 무엇일까. 책임은 지지 않으면서 어떤 이유로 우리 죽음이 신의 권리에 속하는가.

나 역시 살아남는 것이 무조건 중요하고, 자연적 자기 존속을 최후의 순간까지 책임져야 한다고 믿는다. 삶이 온전히 나만의 것이 아니라는 것을 철저히 인식하려 애쓰고 있다. 모든 생명의 시스템이 유기체를 이루어 하나의 빈자리가 먼 곳의 나와 관계없는 일이라 말하기 어렵기에, 삶의 빚은 갚아야 하며 (절대 벗어나지 못하고), 자유로이 죽음을 선택(신과 상관없이)하게 해서는 안 되게 만들 책무가 인간이기에 있는 거라고 일단은 생각한다. 단지 이것은 세상의 논평을 의식한 말이다. 내가 알던 몇 사람들의 안타까운 선택을 보면 '그럴 지경에 의식이 잠식될 수도 있었겠구나'라는 동정도 있는 반면, '꼭 그래야만 했나' 또는 '어찌 그런 터무니없는 우발적인 결행을 했나' 싶은 다양한 상황이 있다. 그러나 '자유 죽음을 선택함'에 대해서는 끝까지 상황에 투쟁하며 살아남으려는 것만큼, 목숨을 건 결단도 역시 그의 의지이므로 국외자局外者가 왈가왈부해서는 안 될 것 같다.

타인 스스로의 생명을 건 결정을 두고 제삼자는 어떤 비난도 제발 하지 말자. 그의 결정에는 공동체 모두의 책임도 연결된 바가 전혀 없다고는 못할 것. 오히려 '남아 있는 우리를 용서해라, 우리의 무관심이 미안하다', 그렇게 빌어야 하지 않을까? 인간 공동체에서 당사자의 행위는 온전히 그만의 탓이 아닐 수 있으므로. 나는 '가치가 없는 생명은 없다'라는 말보다 '의미 없는 피조물은 없다'고 강변하고 싶다.

장미의 부름

다그니 케르너·임네 케르너

'식물도 사람이나 동물의 신경조직과 대비될 수 있는 자극 전달 조직을 갖고 있으며 온 우주와 소통하는 특별한 존재'라는 문장으로 이 책을 대변할 수 있을 것 같다. 산자락에 살면서 동물과 곤충, 식물들에 대해 경탄하는 일이 거의 매일 이어지지만 이렇게 식물에 대한 탐사 형식의 글을 읽어보니 도심지에서보다 야생 속의 삶에서 느끼는 바가 더 새삼스럽다.

나도 몇 지인들의 이상한 질환 (쇼크와 무기력증 같은) 이야기를 들은 적이 있었다. 그들은 나무를 자르면서 갑자기 충격으로 헛소리를 하거나, 헛것을 보았거나, 실신하거나 또는 몸져누운 상황들이 있었다. 화초를 가꾸면서 애정을 주면 사람보다 훨씬 예민하게 반응하면서 성장하는 걸 알 수 있다. 초목이 그냥 단순한 생명이 아님을 짐작하게 한다. 사람만 생존에 고단한 건 아니다. 풀 한 포기도 살아남으려 얼마나 치열한지 그 수고에 함부로 자르고 밟아버리기가 미안할 때가 많다. 이 책에서 소개하는 여러 연구 사례들을 보면 더욱 그런 마음이 든다. 독일의 저널리스트와 생화학자인 저자들은 식물의 의사소통, 인지능력, 초감각적 지각 등의 사례를 추적하였다. 연구자가 줄기에 금속 전극을 심어

컴퓨터에 연결한 캘리포니아의 어떤 살구나무는 말을 하였다. 전기신호로 미리 입력된 한정된 언어로의 변환으로 생겨난 그 말의 뜻은 명확하지 않을지라도 정보의 교환이 일어나고 있음을 짐작하게 한다.

나무들은 자기들끼리 정보를 주고받으며 위험에 대응하는 조치를 취한다는 사례도 있다. 수십 킬로미터 떨어진 나무들이 당한 위험(벌목이나 산불, 그로 인해 자신에게도 장차 다가올 죽음)을 미리 감지하고 열매를 갑자기 많이 맺는다거나, 벌레들이 번성해 나무가 침해당할 때는 벌레를 죽일 수 있거나 달라붙지 못하게 하는 물질을 만들어낸다. 아마 화학물질로써 나무들끼리 서로 정보를 전달한다고 추측되었다.

사람의 생각과 감정을 읽는 게 아닌가 싶은 연구도 있다. 거짓말 탐지기를 응용한 실험기에 나무를 연결하고 잎에 불을 붙이려 했을 때 가파른 그래프를 그렸다. 아직 불을 대지 않고 생각만 하고 있을 뿐인데도. 심지어는 식물을 해쳤던 사람에 대해서도 역시 반응을 보였다. 이는 식물이 의도, 생각, 감정, 마음을 인지하는 지각 기능이 있음을 말한다. 더 나아간 실험에는, 특정한 정전기장 하에 식물을 두었을 때는 식물의 원형, 즉 먼 옛날 진화가 이루어지기 전의 정보도 얻어낼 수 있다는 연구가 행해지고 있으며, 이는 동물에 대한 실험으로 진전되고 있다.

식물은 지구상의 모든 식물과 정보를 공유하고 태초부터의 자연이 겪어온 정보를 가지고 있다는 것이다. 믿지 않을 사람도 있겠지만 프랑크푸르트에 사는 영매(현실 세상과 영적 세상 간 정보를 연결해주는 사람)는 식물을 안테나로 이용해 피안(영계)의 사람과 소통을 한다. 그 영매는 나름 알려진 산부인과 의사이기도 하다. 그는 사물이 모두 연결되어 있다고 생각한다. 사실 이런 가르침은 고대로부터 세계 곳곳에 있었던 믿음이다. 소위 과학이라는 명분 하의 단편적 확인으로만 우리의 생각을 고립시키는 것은 어리석기만 하다. 편견을 벗고 나무들이 전하는 사랑과 평화의 메시지, 본래의 우주 에너지에 귀를 기울여야 한다는 의미를 한번 생각해보는 것은 나쁠 것 없지 않은가? 식물의 탄생과 성장, 죽음을 애정으로 지켜보며 세심하게 관찰할 기회를 갖는다면 이 책의 내용을 수긍할 것이다.

우리보다 먼저 지구의 주인이었을 나무. 나무들이 있었기에 우리가 지구에 살아남아 번성할 수 있었다. 옛날에는 나무들이 신성한 존재로 숭배되기도 했었는데 지금은 나무를 너무나 함부로 베어 버리고 있다. 나무를 하나의 고귀한 생명으로 사랑하지 않기 시작하면서 우리 인류는 평화로부터 더욱 멀어지고 있는 것이 아닐까.

조화로운 삶

헬렌 니어링

현실의 삶과 가난한 마음이 병립하기 어렵다는 인식을 버리지 못하는 나로서는 청빈의 서원을 실천했더라도 심신의 부조화는 변함이 없었을 것이다.

나의 청빈은 궁핍을 감수하는 일이 아니다. 의식주의 질을 낮추고, 양을 줄이고 욕망을 제거해나가는 실천의 과정이다. 그러나 숨길 수 없는 속내는 만약 결핍 속에 고난을 겪으라면 청빈에 미련을 버리고 싶다. 부양가족을 핑계로 하는 나의 탐욕이 참으로 싫어진다. 결국 많이 가진 자의 검소함은 자부심인데 못 가진 자의 남루함은 궁상이라는 말을 신봉하고 만다. 현실의 어쩔 수 없는 필요성은 나를 떳떳하게 만들지 않는다.

선인先人들의 청렴과 떳떳한 가난, 선사들의 무소유, 오직 사랑뿐이던 〈예수〉, 탁발하며 생계를 이으신 〈석가모니 부처님〉을 알면서도 우리는 부득이한 현실이라는 변명을 하면서 양보가 없다. 〈프란치스코 교황〉이 즉위 후 이름을 〈아시시의 성 프란치스코〉 성인을 따라 정하신 것은 수도자마저 안락에 젖기 쉽기 때문이다. 세속에 발을 담그면 점차 거기에 물들어 청빈과 멀어지기 쉽다.

일본의 저술가 〈나카노 고오지〉는 물질의 풍요에 빠져 검약의 가치관을 잃어버리는 것을 개탄하며 극한까지 소유를 제한했던 조상들의 사례를 전파하려 『청빈의 사상』을 펴냈다. 우리에게도 이들보다 훌륭한 무소유와 검약을 실행했던 현실 초월적 선인들이 많았다. 하지만 독신이 아닌 이들의 처자식 생각은 어떠했을까 궁금해진다. 혼자라면 감행이 될지 몰라도 가장의 고고한 정신을 지키고자 궁핍을 감내해야 했을 피붙이들은 어떤가 말이다.

청빈의 실행에 대해 애매모호함이 있어, 당장 무엇으로 기준을 삼을 건가 생각해보면 '생활의 단순화'가 반드시 필요해진다. 첫째는 TV와 전화인 것 같다. 듣는 전언 중에는 대부분 들어도 안 들어도 그만인 소식이거나, 차라리 몰랐던 게 나았을 내용도 많다. 무력한 지도자, 정쟁으로 업을 삼는 대리인들, 흉악한 범죄와 무너지는 윤리로 범벅이 된 뉴스. 전화의 90% 이상은 가슴 철렁 내려앉는 소식이거나 부담스러운 전언이었다. 그 다음은 의식주의 질·량의 제어다. 귀촌·귀농의 롤 모델격인 〈헬렌 니어링〉 부부는 먹을거리는 스스로 경작하고 최소한의 것만으로써 오히려 풍요로운 삶을 영위하며 50년을 넘게 의사의 도움 한번 없이 맑은 정신으로 100세·92세까지 살았다. 남편 〈스콧 니어링〉은 100세에 곡기를 줄여가며 자의적 죽음을 맞이했다. 청빈의 소망을 자주 무너뜨리는 나를 위해 주저하지 말라고

〈니어링〉 부부는 이렇게 말해준다. 먹는 것도 간소화하여 생존의 독립, 사색과 여가를 만들어야 한다고. '자연과 조화를 이루는 삶'의 교과서 같은 내용이라 인용해 본다.

≪도시를 떠날 때 세 가지 목표를 품고 있었다. 첫 번째는 독립된 경제를 꾸리는 것이었다. 우리는 불황을 타지 않는 삶을 살기로 했다. 할 수 있는 한 생필품이나 노동력을 시장에서 사고팔지 않는 독립된 경제를 계획했다. 그러면 자본가든 정치가든 교육 행정가든 누구든 우리에게 간섭할 수 없을 것이다.

두 번째 목표는 건강이었다. 우리는 건강을 지킬 뿐 아니라 더 건강해지고 싶었다. 도시 생활은 여러 가지로 우리를 조이고 억눌렀다. 건강한 삶의 토대는 단순했다. 땅에 발붙이고 살고 먹을거리를 유기 농법으로 손수 길러 먹는 것만으로도 충분했다.

세 번째 목표는 사회를 생각하며 바르게 사는 것이었다. 우리는 되도록 많은 자유와 해방을 원했다. 여러 가지 끔찍한 착취로부터 벗어나고 싶었다. 지구의 약탈자로부터, 사람과 짐승을 노예로 만드는 것으로부터, 전쟁을 일으켜 사람을 죽이고, 먹기 위해 짐승을 죽이는 것으로부터 말이다. 우리는 생산하지 않는 사람들이 이익과 불로 소득을 축적하는 데 반대했다.

우리는 땀 흘려 일해서 먹고 살고자 했다. 하지만 여가와 휴식을 갖는 즐거움은 빼놓을 수 없었다. 삶이 틀에 갇히고 강제되는 대신 삶이 존중되는 모습을 추구하고 싶었다. 잉여가 생겨 착취하는 일이 없이, 필요한 만큼만 이루어지는 경제를 바랐다. 다양함과 복잡함, 혼란 따위 말고 단순함을 추구하고자 했다. 병처럼 미친 듯이 서두르고 속도를 내는 것에서 벗어나 평온한 속도로 나아가고 싶었다. 물음을 던지고, 곰곰이 생각하고, 깊이 들여다볼 시간이 필요했다. 걱정과 두려움, 증오가 차지했던 자리에 평정과 뚜렷한 목표, 화해를 심고 싶었다.≫

얼마나 건강한 삶인가. 세속과 탐욕으로부터 멀어지면 시도할 수 있게 되리라.

죽음을 어떻게 맞이할 것인가

알폰스 데켄

중국 송宋나라 시대의 학자 〈주신중朱新仲〉은, 인생에 [다섯 개의 계획五計]이 있어야 한다고 했다. 그것은 생계生計, 신계身計, 가계家計, 노계老計, 사계死計다. 생계란 먹고 사는 문제에 대한 설계를, 신계는 몸가짐과 건강을 위한 방법과 계획, 가계란 집안을 이끄는 문제(가문의 안정), 노계는 노후 설계, 사계는 어떤 마음으로 죽음을 맞이하냐는 것. 이의 영향으로 조선시대 선비들은 사계를 위한 마음가짐으로 [오멸五滅]을 실천하고자 했다고 한다. 재물에 대한 미련을 최소화하고(멸재滅財), 타인에 대한 원한은 풀고(멸원滅怨), 빚진 걸 갚고(멸채滅債), 정을 떨치고(멸정滅情), 죽음 뒤에도 사는 것을 인정(멸망滅亡)하면 죽음을 수용하는 마음이 편안해진단다. 〈몽테뉴〉는 '아름다운 추억에 의지하여 상상을 확장하며 살아간다'고 했으니 그렇게 하고서라도 남은 시간을 보내야 할 인간의 노후는 어려운 숙제다.

죽음이란 명제에 관하여 동·서양의 대표적인 철학적·종교적 이성의 고찰을 참조해 보고 싶었다. 난, 죽음이나 어떠한 일의 끝, 이별이 생명에게 마지막으로 주어진 축복일 수 있다고 생각한다. (신께 드리는 감사에 꼭 이것을 포함시키고 싶다.) 끝이 있어야 시작이 있고 삶을 지속할 동력이 역으로 생긴다. 그러나 생명을 함부로 하는 세상 돌아가는 꼴을 보면 이런 말도 죄스럽다. 이 지상에는 사람 목숨이 참으로 하찮게 취급받는 곳이 너무 많다. 인간의 생명이 정말 대단하긴 한 건가, 의구심마저 들게 한다.

[자유죽음]을 선택한 〈장 아메리〉처럼 평생을 고통스럽게 자유와 존엄을 찾아간 이에게는 연민을 느낀다. (그에게는 이런 대중의 생각이 고통을 배가(倍加)하는 것일 수도 있겠지만.) 그 자유를 누가 부여하고 한계를 짓는가? 하느님께서 그의 회피를 통한 자유를 측은해하고 용서해주셨을까? 나도 그의 '자유죽음'에 공감하는 부분이 있다. 정당함의 근거를 찾고자 했던 처절한 몸부림에 대해 하느님의 사랑으로 조금이라도 위로받았기를 빌어본다.

죽음은 결국 살아있는 동안의 문제다. 삶과 죽음은 얼굴은 마주하지 않고 있으나 서로 등을 대고 직접적으로 연결된 실존의 중요한 명제. 살아가는 것이 죽어가는 것이다. 현대에는 시간적으로 늘어난 삶이 축복이 아닌 상황이므로 죽음이 더욱 무서운 것. 죽음에 가까워진 노인이나 회생 불능의 질병에 걸리면 별도의 시설에 수용되어 죽음에 이를 때까지 과거 친숙한 삶의 현장으로 돌아갈 수 없는 일이 예사가 되었다. 시설에 수용되는 순간 이미 한번 죽은 것과 다를 바가 없는 것이다. 내가 아는 어떤 어르신은 자식들이 요양원에 자기를 두고는 다시 찾지 않았다한다. 몸을 움직일 수 있는 잠깐의 시간 뒷산에 올라 스스로 목숨을 끊었다. 누군들 잘 죽고 싶지 않겠는가. 죽기 전까지 팔팔하게 살다가 하루 이틀 만에 죽고 싶다고 말들을 하지만 그럴 행운을 맞는 사람은 극히 희소하니 이는 두려움의 다른 표현일뿐이다.

일본에서 죽음학을 강의하고 활발한 활동을 하는 〈알폰스 데켄〉은 죽음 준비교육을 역설하고 있다. 그가 보여주는 일본의 사례들을 우리나라가 그대로 닮아가고 있다. 죽음은 두려움을 넘어서 국가 미래에도 관련되어 상당한 사회문제로 부각되고 있는 것이다. 과거의 죽음이란 주로 일상의 환경 속에서 큰 거부감 없이 대면하는 삶과 문화의 일부로서 받아들여졌으나, 요즘은 비즈니스, 소가족·개인주의의 영향으로 병원, 요양원, 장례식장 등 격리되고 소외된 상태에서의 죽음이 되어버렸다. 공동체에서 격리되는 것은 사회적 동물인 인간의 가장 큰 고통이며 존엄의 훼손이다. 그래서 죽음에 대한 오해와 공포가 가중되고 있는 셈이다. 따라서 〈데켄〉이 주장하는 죽음 준비교육은 죽음의 과정을 일상에서 접하고 지식을 갖추자는 면에서, 죽음의 과정을 이해하기, 죽음에 대한 공포를 없애기, 인간답게 죽기, 자살 예방 등에서 반드시 필요하다고 역설한다. 교육의 대상자로는 임종자, 가족, 어린아이까지 포함된다. 삶의 일부로 익숙해져야만 죽음을 경멸하거나, 오해하는 일 없이 죽음의 공포나 충격을 줄일 수 있을 것이기 때문이다. 죽음을 준비한다는 것은 태풍 같은 자연재해를 대비하는 것처럼 분명한 인간의 한계가 있다. 어차피 죽는 것이므로 자연스럽게 죽음을 수용하는 태도에 대한 훈련이 죽음교육의 목표라는 결론이다.

최근 일본에서는 의미 있는 사회운동이 일어나고 있다. 원한다면 죽음을 집에서 맞도록 지원하고 배려하는 것. 노인들의 만남의 장소, 커뮤니티 케어센터 등을 지자체에서 지원하며 도심 가까운 곳에 주변과 연결된 시스템 체계 속에서 노년의 능동적인 활동을 모색해 보는 것이다. 우리나라에서도 [죽음학]에 대한 연구가 활발해지고 있다. 모 대학에서는 [생사학生死學] 연구를 본격 진행 중이고, 『죽음학 개론』·『너무 늦기 전에 들어야 할 죽음학 강의』를 쓴, 국내에 처음으로 [죽음학회]를 만든 〈최준식〉 교수 역시 죽음에 대해 준비해야 한다고 주장하는 사람이다. 〈최준식〉은 "죽음을 공부하십시오. 그래야만 삶이 깊어집니다. 죽음이란 무엇인가? 어떻게 죽을 것인가?는 삶에서 가장 중요하고 가치 있는 질문입니다. 이에 대한 답은 결국 어떻게 살 것인가? 삶의 목적이 무엇인가?에 대한 답이 될 것입니다. 삶은 죽음을 통해 나옵니다."라고 전한다.

부모님의 죽음 전·후의 과정을 지켜보면서 삶과 죽음,

영혼 등에도 천착해온 내게는 새삼스럽지도 않고 전적으로 그런 주장들에 동의하는 입장이다. 어차피 피할 수 없는 죽음이라면 〈데켄〉, 〈최준식〉의 말처럼 죽음을 잘 인식하여야 삶을 잘 살아낼 수 있을 것이다. 죽음이 있기에 세상이 더 망가지는 게 지연되고 있는 건 아닌가. 하지만 언제 어떻게 죽을지를 좀 더 편안하게 감내할 수 있는 사회 여건이 되기 전까지는 죽음은 여전히 무서운 존재일 수밖에 없다.

죽음의 수용소에서

빅터 프랭클

며칠 전 우연히 수십 년 만에 영화『킬링필드』를 다시 보게 되었다. 학살된 시체들의 늪에 빠져서 경악하던 주인공이 지금도 떠올라 다시 보고 싶지 않았던 영화였지만 TV의 채널을 돌리다가 멈추게 되었다. 사상이 다르다고 전 국민의 절반 가까이 죽이는데 죽창이나, 비닐봉지 질식 등의 살인 수단에다 아이들까지 동원했던 미친 세상이 남의 일이라고만은 할 순 없다. 인간 속성은 언제든지 그럴 수 있다는 불편한 확신을 떨치기 어렵다.

인간은 어떤 환경 속에서도 적응하고 살아갈 수 있을까? 라고 이 책의 저자 〈빅터 프랭클〉은 묻는다. 지독했다던 [아우슈비츠]를 포함한 유대인 수용소에서의 참혹함을 오래 겪은 사람이 던진 질문이다. (이런 물음은 당황스럽다.) 그는 그렇다고 말한다. 우리나라도 근·현대 시기에 무차별 살육이 벌어지던 사건들이 있었다. 지옥보다 더한 인간 학살이 자행된 상황에서 가해자에게 항상 묻고 싶어지는 건, "당신은 사람을 그렇게 쉽게 죽여지던가?"다. 그것도 명령에 강요당하거나 살아남기 위해서라는 핑계로 정신이 감당할 수 있는 일이었던가? 저자와 유대인 수용자들은 '어쩌면 그럴 수 있겠다'라고 생각을 했었다고 한다. 그 이유는 어디에나 순수한 새디스트(타고난 사이코패스)가 있으며 무감각하거나 동정심을 가진 인간군상이 섞여 있기 마련이라고 체념하여 인정하고 말았기 때문이었다.

확실히 현실에선 그런 일을 즐겁게 하는 자들이 없지 않다. 상황이 그렇다 하더라도 악마처럼 돌변해 기꺼이 타인의 생명을 빼앗는 일을 받아들인다면 어떤 환경에도 적응하는 것이 인간이라는 말이 맞긴 하다. 달리 말하면 인간은 무슨 짓이라도 할 수 있다. 보통의 삶에서 인간이라고 동물과 별다른 존재가 아니라는 것을 인정하면 차라리 충격이나 상처가 덜할 수 있겠다. 인간도 야생에서 생존본능에 따르는 동물의 한 종種이기에.

인간다움이 흔히 우리가 상상하는 '그것'이라면, 생존본능 이상의 인간다움과 박애정신과 같은 지성은 생존하고자 하는 목적 외의 부수적 치장 요소인지 모른다. 나도 우월한 지성을 가진 것은 아니지만 애초에 인간이라는 기본 속성에 기대하지 않는 게 더 좋겠다는 편협함이 생긴다. 타인에게 적극적으로 해를 끼치지 않는 평범함마저도 의외로 적고, 자기 삶의 차원을 개선해보려는 인식이 가능한 인간은 매우 희귀하다는 생각이 자주 든다. 그래도 저자는 인간에 대해 너무나 긍정적이다.

부모와 형제, 부인이 모두 수용소나 가스실에서 죽임을 당한 저자 〈빅터 프랭클〉은 첫날부터 거의 90퍼센트의 사람들이 처형되는 상황에 직면하고 나서는 수용자들이 너무나 큰 충격으로 점차 죽음을 두려워하지 않게들 되어버린다고 말한다. 절망이 오히려 자살을 보류하게 만들 정도라고 하였다. 언제든지 죽을 수 있으니 그렇다는 것이다. 그는 이 글을 쓰게 된 이유를 '수용소에서의 일은 수없이 많이 알려져 있으나 이런 체험의 정확한 본질, 그들의 체험을 오늘날의 시각에서 설명하려'하는 것이라 말하고 있다. 그의 그런 표현대로 이미 알려진 상상할 수 없는 참혹한 수용소의 실상을 아프게 드러내지 않고 작은 단상들처럼 그려내었다. (그것에서마저도 의미를 두어보고자.)

어느 날 그는 아주 사소한 것들일지라도 과거의 기억으로부터 상상 속의 도피처를 만들어내는 체험을 했었다. 어디에 있는지, 이미 죽었을지 모를 아내를 생각하고, 집에서의 옛 일상들을 떠올려가며 뺏겨버린 논문의 초안을 완성하는 상상으로 삶에의 끈을 놓지 않았다. 내면세계를 극대화하여 자기 존재의 공허감과 절망적이고 의미 없는 세계를 빠져나와 '삶의 궁극적 목적'을 되살리려 했다고 한다. 끝없이 인간 존엄성이 바닥까지 발가벗겨지며, 거의 살아날 가망이 없는 상황에서도 하루를 버틸 의지를 가질 수 있는가. 자신의 시련을 가치 있게 만들 수만 있다면 운명을 초월하여 삶에의 불씨를 살리게 된다. 반면, 믿음을 상실하면 삶을 향한 의지도 상실한다는 것을 저자는 전하고자 한다.

저자는 의사이며 철학자다. 실낱같은 삶의 의미의 끄트머리라도 붙잡고 살아남아야 했던 자신의 체험을 바탕으로 [로고테라피]('의미치료'라고 번역하고 있다.)라는 정신치료 분야를 확립했다. 그의 설명에 따르면 [로고테라피]란 환자가 삶의 의미에 직접 대면하게 하고, 환자 스스로 깨우치게 도와주는 방법이다. 본 책과 『삶의 의미를 찾아서』라는 책에서 상세한 설명을 하고 있으며, 제호가 [로고테라피]의 의미를 잘 함축하고 있다. 1945년에 쓴 책으로 저자도 이미 고인이 되었다. 헬레니즘 시대의 스토아학파가 가졌던 죽음에 대한 의연한 태도가 과학이 발전하고 기대수명이 길어진 현대의 상황에서 죽음에 대한 유용함을 주어 가치관이 달라지게 하는가?를 생각하다가 이 책을 다시 보게 되었다.

삶은, 넘치는 물질에 치이고 장수는 하게 되었으나 여전히 삶과 죽음의 두려움 속에서 어느 순간부터 인간 존재의 의미를 잃어버리고 끝내는 고립되어 폐기되는 느낌이다. 인생이 어떤 의미도 찾을 수 없다면 지금 겪는 시련의 가치, 사랑이란 말의 의미도 잃는다. 삶도 죽음도 의미를 부여받으면 좋으련만. 세상 돌아가는 꼴을 보면 의미는 무슨 의미, 그냥 내 욕심만 채우며 사는 것이 더 낫겠다는 유혹에 흔들리는 나날이다. 하지만 '삶은 반드시 의미가 있다'는 전제가 우리를 제대로 살게 만든다는 저자의 말을 무시할 수는 없다.

죽음과 삶이 혼란스럽고 그만큼 목숨이 가치가 없는 건 변함이 없는 듯하다. 요즘 우리 사회 역시 저자가 말하는 실존적 공허의 상태에 빠져있음이 분명하다. 삶에 대한 의미를 혼란스러워하기에 단 한 번의 인생임에도 책임감이 없이 돈, 유흥, 마약, 타인을 괴롭힘 등에서 무의미한 대안을 찾으려 하고 있다. 미래에 대한 기대를 상상하면서 조각난 삶의 실마리를 이어서 겨우 살아나왔던 저자의 말이 공허해지려 한다.

참을 수 없는 존재의 가벼움

밀란 쿤데라

'프라하의 봄'을 겪은 체코슬로바키아 출신의 작가이기에 사랑도 이렇게 어둡게 쓸 수 있었을까? (시대 상황이 희망의 싹을 잘라버리니 울적할 수밖에.) 남녀의 사랑은 어느 한 편이 가볍게 다가가더라도 곧 무거워지게 마련. 가벼운 것은 사랑으로서 수명이 짧고 너무 무거운 것은 서로 질식하게 만든다.

이야기의 주인공인 네 남녀의 얽힌 사랑은 작가의 가치관을 드러내기 위한 수단일 것이다. 그가 표현하고 싶었던 것은 이런저런 억압의 굴레를 던져버리는 온전한 자유가 아니었나 싶다. 숨 막히는 당시 정치적 현실을 주인공들의 정착하지 못하는 사랑과 방황으로 은근히 풀어낸 건 아닐까, 나의 주제넘은 판단은 그렇다.

우리도 민주화의 열망이 간절하던 시대에 젊은이들이 『삼포 가는 길』, 『어둠의 자식들』 등에 열광하지 않았던가. 우리끼리는 다 눈치를 챈 걸, 위정자와 검열 당국만 모르던 그때 정의를 눈감자니 양심은 아파서 반대로 허무감에 빠져들던 회색의 시대. 이 책이 나온 시기가 우리의 혼란했던 시절, 긴급조치·유신과 광주항쟁을 겪고 자유화의 열망이 가득했던 때였던지라 폭압에 무기력한 우리 존재의 가벼움에 대한 생각에 따라 이 책을 골랐었다.

[서울의 봄]이 왔다는 흥분도 잠시, 명분도 없이 단지 자기들 사집단私集團의 권력 쟁취를 위해 수많은 인명의 살상을 감행했던 집권자에 얼마나 놀랐던지. 그들의 갑작스러운 집권은, 다수가 양심을 버리고 침묵함으로써 가능한 일이었다. 바른 양심을 후대에 전해줄 수 없다면 미래는 정말로 〈니체〉의 허무주의 세상이 되어버릴 것이다. 우리에 갇힌 돼지 떼처럼 먹을 것만 얻어먹을 수 있으면 그만일까. 적어도 사람이기를 원한다면 그 정도에 멈추면 안 된다.

내용은 이 책을 집어든 의도와는 다르고, 일부는 함축적 의미를 가지기도 할 것이다. 다수 독자가 제목이 주는 그런 암시에 끌렸을 거라 믿는다. "존재가 정말 무겁구나, 그러기에 가벼워지고 싶구나"라고 저자는 말하고 싶지 않았을까? 차라리 현실을 벗어나서 영혼을 생각하고 윤회가 있기를 바랄지도 모른다.

수년 전 신문에는 85세가 된 작가의 새 소설 『무의미의 축제』가 소개되었다. "하찮고 의미 없다는 것이 존재의 본질이다."라고 한 그의 말을 인용한 논평은 '인간의 고독과 삶이 아무런 의미 없음의 축제라면 이 무의미함의 축제야말로 우리가 받아들이고 소중하게 여겨야 하는 것이 이 시대의 본질이다'라고 작가의 생각을 빌어 표현했다. 작가가 [존재의 가벼움]이라는 명제에 몰두하는 것은 역설적인 것이겠지. 그러나 굳이 무겁게 끌고 가야 할 만한 가치도 없는 것 아닐까 하는 의구심을 가져본다. 우리네 인생이 한편으로는 형편없이 가볍고, 어찌 보면 너무나 무겁고 칙칙하기 때문이다.

책의 서두에 인용한 〈니체〉의 생각에 작가의 관점이 잘 드러난다. "인생이란 한낱 그림자 같아서 그저 반복적이고 무의미하다"는. 인간의 사상이나 문화가 이지적으로 고상하게 발전했다는 증거는 없다. 그냥 생존에 허덕이며 하찮게 목숨이나 연명하자는 인생의 가벼움! 우리 인간의 삶이 반복된 역사를 거쳐 오면서도 마냥 그 모양인 걸 보면 나도 그렇게 의견을 내고 싶다. 무거운 것도 가벼운 것도 아니라는, 어쩌면 실제로 그 무게에 짓눌리기는 하지만 가볍게 스쳐 가도록 애쓰는 것이 차라리 나을 거라는.

책에 미친 바보
(이덕무의 산문선)

권정원 편역

(불행하게도) 여러 좋은 여건하에서도 삶을 기꺼워하지 않는 심리적 함정에 빠지곤 한다. 유독 책 욕심이 많은 이유로서 이런 현실 도피적인 성향을 부인하긴 어렵다. 더욱이 무료함을 견디지 못하므로 그동안 어떤 책이든 가리지 않고 읽었다. 한때 일주일에 1~3권의 책을 읽었다. 어떤 달(月)에는 미친 듯이 매일 1권을 독파하기도 했었다. 〈김병완〉의 『책수련』이나, 〈니나 상코비치〉의 『혼자 책 읽는 시간』, 〈다치바나 다카시〉의 『피가 되고 살이 되는 500권 피도 살도 안 되는 100권』처럼 1년 정도라도 매일 한 권을 목표로 읽어보려 욕심을 부렸지만, 책의 내용이 내게 유용함을 발휘하는 데에 다독多讀이 무조건 잘했다곤 할 수 없다. 『독서력』을 쓴 일본의 교육심리학자 〈사이토 다카시〉는 독서가 습관화된 힘을 '독서력'이라 하고 정확한 독서는 내용을 요약할 수 있어야 한다고 말한다.

황폐해져 가는 세상에 대한 처방으로 독서를 권하면서 〈허균〉에서 〈홍길주〉까지, 우리 선인 아홉 분의 독서에 관한 생각을 소개한 〈정민〉 교수의 『오직 독서뿐』이라는 제호에 꼭 들어맞는 선비인 조선 〈정조〉

때의 〈이덕무〉를 말하지 않을 수 없다. 스스로를 간서치看書痴(책만 보는 바보)라 밝힌 그의 평생 독서량이 2만 권이 넘고 베껴 쓴 책도 수백 권이 넘었으니 책 미치광이라는 말이 맞겠다. 그의 생애 중 독서가 가능했을 시기를 6세부터라고 가정했을 때 운명한 53세를 기준으로 연간 426권을 읽은 셈이다. 책의 내용과 부피가 현대와 차이가 있을지라도 앞서 말한 다독가들이 따라갈 수 없는 독서량이다.

〈이덕무〉의 산문들을 읽어보면 세심하고 여린 성품, 서자로서의 신분 한계, 가난, 잔병치레 등 책에 집중하게 된 이유가 없진 않다. 세상이 내게 한계를 지어버렸고 몸은 허약한데 책이 아니면 무엇을 할 수 있었을까. 배고픔에 『맹자』를 팔아 밥을 해 먹고 이를 〈유득공〉에게 말하자 그도 『좌씨전』을 팔아 술을 사주더라는 일화도 있다. 출세를 위한 가식적인 공부에 앞서 배불리 먹고 한껏 취해보고 싶은 것이 솔직한 심정이라고 밝힌다.

자기 공부의 지향점을 8분당分堂으로 했던 것처럼 순수한 본성을 지키고자 자기 내면의 가치에 치중하고, 타인에 대해 이를 바탕으로 신중하게 실천하려 했다. 본래의 선했던 본성을 그대로 유지하는 성인聖人의 경우를 10(선과 악의 비율을 수치로 표현할 때 최대치)이라 기준하면, 대현大賢이 9분(90%), 선비인 자신은 현재

5:5 정도일 것이라며, 그렇다면 목표 지향점은 7~9분 정도, 즉 8분은 되어야 하지 않겠느냐는 생각이었고 그대로 노력한 분이다. 그의 글에 드러난 심리가 나의 책에 집착하는 상태와 매우 부합되어 놀란다.

"감당할 수 없을 만큼의 슬픔이 밀려와 사방을 둘러봐도 막막하기만 할 때에는 그저 땅을 뚫고 들어가고 싶을 뿐, 살고 싶은 마음이 조금도 없다. 하지만 다행스럽게도 나에게는 두 눈이 있고 글자를 알기에 한 권의 책을 들고 마음을 위로하면, 잠시 뒤에는 억눌리고 무너졌던 마음이 조금 진정된다."

일마저 놓아버리고 마음 두기 어려워 심한 자책에 빠질 때, 할 줄 아는 게 없어 책을 붙잡고서는 정말 이런 마음이었다. 이 책에 있는 여러 산문들, 서한문(당시 척독尺牘이라 불리던 짧은 편지들)에는 가식 없는 그의 솔직한 정서가 있다. 간절하고 절절한 아픔의 독서에 연민을 느낀다.

천국의 열쇠

A. J. 크로닌

이 책을 수십 년 전 군 복무 중 휴가를 나온 동안 읽었었다. 같은 부대에 군종 병사로 있던 친구가 (정말 흥미진진하다고 흥분해서) 소개해주었던 터였다. 한때는 나도 성직자(신학대학)를 고민했던 적이 있었으므로, 친구의 얘기에 공감이 남았었는지 휴가 나왔을 때 먹고 자는 것 말고 딱히 할 일이 없어 책을 사서 곧바로 끝까지 읽었었다. 이 책은 『성채』, 『모자 장수의 성』과 함께 〈크로닌〉의 3대 명작이었다. 『모자 장수의 성』은 다른 책에 함께 수록된 걸 읽은 것 같은데도 내용이 전혀 기억나지 않는다.

이 책을 낸 당시의 미국에선 교의를 조금이라도 벗어난 신념을 지닌 성직자라면 주인공 〈치셈〉 신부와 같은 수난을 겪었을 것이다. 교리가 시대에 따라 변신한다면 말도 안 되는 소리지만 당시의 보편적인 종교 정서는 신의 사랑을 이용해 엉뚱한 시대 규약을 만들어내었다. 가톨릭은 초기 교회의 형식을 고수하려는 경향이 강하다고 나는 생각한다. 교세가 확장되면서 (혹시라도) 틀을 벗어나려는 시도가 싹틀지 모를 위험성을 방지하고자 하는 필요성이 현실적인 권력과 타협하게 되고 상승작용을 하면서 오랜 세월 뒤, 특히 중세와 같은 시기에는 타락에 빠졌을 것이다. 신앙인들의 사상적 울타리 내에서의 활동도 교敎외의 일반 사회와 다를 바가 없었다. 성직 수행도 어차피 인간의 일이지만 신과 인간 사이의 중개자라고 할 수 있기에 정말 치열한 구도와 자기 절제가 필요하다. 만약 내가 성직을 택했다면, 속세에 물들고 나태해질까 봐 두려웠을 거라고 생각했었다.

근대 유럽이나 미국 등 서양의 보편적인 가치 기준은 절대 능동적인(사고의 유연성을 자유로이 허용하는) 것이 아니다. 그들 사회를 유지시키는 기독교적 고착된 관념은 바뀌기가 쉽지 않고 이 틀을 벗어나는 사람은 증오의 대상이 되어버린다. '원수마저도 사랑'하라는 기본 교리와 달리 관용과 이해를 잊어버린다. 고지식한 원칙 고수를 답답하다고 탓하기만 할 수도 없는 것이, 인간이 순간순간의 변칙에 대한 유혹에 쉽사리 빠져 금방 변칙이 원칙처럼 주인 행세를 하기 때문이다.

흔한 신앙 고백적 이야기가 아닐까 하고 책장을 펼치지만 끝까지 읽게 만드는 것이 이 책의 마력이다. 이것은 우리가 갖고 있는 인간 본성의 선함을 일깨우기 때문이라고 생각한다. 당대의 경향과 세파에 휩쓸리기는 쉽지만 인간이라는 본성에는 이성적 양심이 조금이나마 숨어 있는 법이다. (책에는 공감하면서 실제 행위에서 실천하지 못하는 건 뭘까?)

이야기의 전개는, 탄광촌 주민들에 헌신적인 보좌신부 〈치셈〉, 그런 그를 시기심으로 내쫓으려는 주임신부와 주교의 비서인 〈안셀름〉 신부(친구이며 신학교 동창)의 관계로부터 시작한다. 결국 쫓겨나듯 중국으로 파견되어 힘난한 오지에 빈손으로 던져지다시피 한 〈치셈〉은 흑사병까지 창궐한 상황에서도 주민들을 진료하고 보살피며 주민들의 마음을 얻는다. 오랜 세월 뒤 여전히 평신부인 〈치셈〉과 교구장으로 승진한 〈안셀름〉은 계속 대비된다. 〈치셈〉은 인종(중국인), 종파(무신론자나 개신교 목사 부부와의 우정 등)를 떠나 신과 인간에 대한 깊은 사랑을 가지고 청빈과 희생을 실천한다.

1942년의 이 소설을 바탕으로 한 〈그레고리 펙〉 주연의 영화(1944년)도 있었다. 이런 이야기가 당시에 감동을 주고 영화화되었다는 것은 현실에서는 아집과 독선을 버리지 못하지만, 객관적으로는 이를 받아들일 수 있다는 것이므로 실제 이야기 자체도 당시의 기독교적 가치 개념을 훼손하지는 않아 오랜 기간 사랑받아온 책이 아닌가 싶다. 비록 오래된 대비적 흑백 구도이고 뻔한 이야기인 듯 보여도 감동은 너무나 깊다.

일부 종교인들이 포용적으로 변화하고 있긴 해도 여전히 종교의 주류는 배타적이다. 〈치셈〉 신부처럼 생각하고 처신한다면 현대 우리 교계에서도 쉽지는 않을 것 같다. 현실의 종교란 이상주의자들의 유토피아는 아니니까, 두드러지면 눈총을 받게 마련. 만약 나였더라도 인간 사회 현실에서 성직자로서 약간의 정치성을 외면하고 〈치셈〉처럼 순수함만을 유지하기가 쉽지는 않았을 것이다.

가톨릭은 관념만으로 설파되는 사랑을 보여주는 것이 아니라 〈예수〉께서 몸소 실천했듯 현실에서 사랑을 구현하려는 신앙이다. 사랑에는 인종이나 무신론적 신념, 종파의 구분이 무의미하다. 사상과 종교의 목적은 몽매하고 어두운 삶에서 안내하는 등불이 되는 것이어야 한다. 때로 이상한 사람들이 대중을 호도하는 작금의 현실에서 천국의 열쇠는 누구에게 주어지는 것일까?를 다시 생각해보게 된다.

추락하는 남자

로버트 스톤

1992년 미국에서 베스트셀러 중 하나였던 이 책을 이제는 기억하는 사람이 드물 것 같다. 현재는 거의 찾기가 어렵고 절판된 상태다. 당시는 외국에서 잘 팔렸던 [첩보 스릴러]를 위시한 번역소설들이 붐을 이루던 [출판가의 봄] 시절(1993)이어서 경쟁적으로 외국 대중 소설들이 다수 소개되었던 기억이 난다. 작가는 미국에서 대중적 인기를 얻고 여러 상을 받은 사람이다.

이야기는 1969년의 실화에 근거하고 있다. 영국의 사업가이며 아마추어 항해가인 〈도날드 크로우허스트 (Donald Charles Alfred Crowhurst, 1932~1969)〉가 참가한 세계 요트경기(Sunday Times Golden Race)의 상황을 모티브로 쓴 소설이다. 〈크로우허스트〉는 내비게이터를 발명하고 제작·판매하여 성공했으나 점차 사업이 어려워져 곤란을 겪는다. 심각한 재정 상태에 처한 그는 자기 사업의 홍보를 위해 요트 경기에 참여하였으나 이상한 항해의 행적을 남기고 실종된 채로 나중에 배만 발견되었다. 여러 상황과 흔적을 조사한 결과 스트레스로 인한 정신질환에 따라 자살한 것으로 추정, 결론지어졌다. 이 사건은 많은 영화, 다큐멘터리, 소설, 노래 등의 소재로 쓰였다.

작가는 해군에 복무한 적이 있었으며, 어떤 저널의 특파원으로서 베트남을 방문하기도 하였다. 이런 경험들과 실제 사건에 착안하여 베스트셀러를 만들어내었다. 흔히 '중년의 위기'를 말하지만, 누군들 인생살이에 수시로 찾아오는 위기가 없겠는가. 겉보기에는 멀쩡해도 예외 없이 아픈 구석은 있다. 인간과 삶이 그 모양이다. 더욱이 물질이 최상위 가치로 숭배되는 현대 사회에서 문젯거리는 더 많아졌다.

이 소설은 내게는 가슴 저리는 느낌으로 다가왔었다. 그때 나는 불혹에 다가가는 회사의 중간 간부였다. 마음에 쏙 들지도, 적성에 잘 맞지도 않은 고민 많은 직장이었으므로 직업과 장래에 걱정이 많았다. 일이 즐겁지 않으면 인생이 지루해진다. 장기적 안정을 향한 희망이 없었으므로 허무함이 있었다. 여러 세속적인 관계와 여건들에서 자유롭지 않았고 알게 모르게 가슴 속에 응어리가 많이 쌓여있던 시기였었다. 내 타고난 성향 자체도 소외된 외로운 사람에게 공감하고 마음을 쏟기 쉬워서 〈카아슨 매컬러스〉의 소설, 〈어윈 쇼〉의 『그 도시에서 두 주일을』 같은 책들을 쉽게 잊지 못하는 편으로 이 이야기 속의 평범한 중산층 세일즈맨의 결정에 깊게 감정이입이 되었다.

주인공인 〈브라운〉은 남들이 보기에는 별문제가 없어 보이지만 내면은 공허하기 그지없는, 그저 그런 평범해

보이는 중년의 가장이다. 월남전에 참전한 바 있는 사관학교 출신의 전직 해군 장교로 성실한 선박(요트) 세일즈맨이며 요트 잡지의 편집인인 아름다운 아내와 사춘기의 딸을 두었다. 그는 사회와 가정에서 자신이 낯설어지는 느낌이다. 일과 자유에서도 초라함이 생겨 그를 주눅 들게 한다. 부부간의 관계에도 빈틈이 생기고 이상한 조짐이 없는 것도 아니다. (아내를 사랑하지만.)

〈브라운〉은 갑자기 실종된 요트 회사의 회장을 대신해 세계 일주 요트 레이스(판촉 목적으로 참여를 기획했던)에 참가하게 된다. 요트 경주에는 다큐멘터리 영화 제작자가 참여해 항해 준비부터의 과정을 지켜보고 있다. 그는 남들이 모르는 〈브라운〉 가정의 그늘, 감정의 동요 등을 알게 되었으며, 〈브라운〉의 부인 〈앤〉과는 취재 만남 중에 부적절한 관계로 발전한다. 〈브라운〉은 항해일지를 속이고 정상 항로를 벗어나 혼자만의 자유로운(고독한) 항해를 계속하다가 GPS 기지국이 고장 난 틈에 기록용 카메라와 모든 무선 통신을 끊어버린다. 떠나왔던 세상으로 다시 돌아갈 수는 없다고 믿었기에 (순간적으로 돌아갈 수 있다고 생각을 했었다가), 남태평양의 파도 속으로 뛰어들어버린다. (〈크로우허스트〉는 실제 이렇게 항해하다 바다에 몸을 던졌을 걸로 추정하고 있다.)

읽다 보면 독자는 동의할 수밖에 없다. 돌아갈 수 없었을 것 같은 그의 선택과 이 강렬한 심연의 유혹!에 말이다. 나도 이 쓸쓸한 남자를 가슴 저리게 지켜보면서 그의 선택을 차마 비난할 수가 없었다.

침묵의 봄

레이첼 카슨

〈레이첼 카슨〉을 빼고 환경보호를 이야기하기 어렵다. 그녀로 인해 비로소 체계적인 환경운동이 시작되었다고 할 수 있다. 순전히 내 개인적인 관점에서 말하는 거지만, 우리나라에서의 환경운동은 전문적 설득력이 미흡하고 이해관계에 따라 적정한 선을 넘나드는데도 누구든 대처하기가 녹록지 않은 문제라는 생각이다. 〈카슨〉 같은 사람이 우리 환경 운동권에 없다는 사실은 아쉽다.

생물학을 전공하고 4년간의 긴 세월 동안 방대한 양의 자료 조사와 증거를 가지고 탁월한 문장으로 사람들에게 인상적인 의사 전달을 이루어냈으니 이만큼 효율적인 환경운동이 어디 있으랴. (1962년 발표.) 우리의 환경운동도 과학적 증빙 능력을 필요로 한다. 대부분이, 피해자라는 입장에 서기만 하면 무조건 '하지 말라' 또는 '충분한 보상을 하라'는 주장이고, 반대편에서는 무시하지 못할 불만과 경비를 감당해야 하는 난관에 빠지므로 서로 간에 감정이 눈덩이처럼 쌓이고 불신은 큰 간극을 만들어버린다.

현대의 환경은 이미 문제 이전의 시기로 되돌릴 수가

없다. 우리의 생활 기반이 어느 정도 환경과 대치되는 입장이고 먹고 사는 생존의 문제로 압축되면 '환경 정도야', '소수의 희생쯤은 괜찮다'는 인식이 팽배하니까. 우선 배고프지 않아야 다른 걸 생각해 볼 여력이 생긴다. 하지만 환경보호를 두고 어중간한 이런 대처가 반복되어 결국 우리 생존을 위협하는 결과를 낳게 만들었다. '굶어 죽느냐', '환경폐혜에 죽느냐'를 선택하는 것으로 변질된 것.

화학공학을 전공하고 업을 해왔던 나는 화학약품의 폐혜를 너무나 잘 아는 사람 중 하나다. 직·간접의 전원 경작지 환경 속에 사는 입장에서 지켜보니, 극히 국한된 부분에서도 관리 여력이 없거나 생산 효율 측면에서 또는 국가 경제적 차원에서 '그 정도는 어쩔 수 없지 않느냐'라고 할 수밖에 없는 사정이 확실히 생긴다. 그런 논리 하에 선진국이 겪고 저질렀던 시행착오를 개발도상국, 후진국이 그대로 답습하고 있다. 인간의 노동력에 치중하거나, 삶의 편의성, 경제 규모를 축소해야만 하는 희생을 각오하지 않을 수밖에 없게 되었다면 환경은 이미 보호하기 어려운 상황이 되어버린 것이다.

근래 문제가 된 가습기 살균제나, 축산물의 DDT 검출, 살충제 달걀 등은 빙산의 일각일 것이다. 모든 농·공 생산물은 완벽히 안전할까? 그녀가 거론한 살충제

DDT는 나방·모기 등 벌레 방제를 위해 미국에서 비행기로 광범위하게 대량으로 살포됨으로써 숲에 사는 새들까지 죽었다. 하지만 벌레를 잡아먹는 새가 없으면 벌레의 천적이 사라져 더 많은 약을 뿌려야 한다. 새들의 지저귐이 들리지 않는 [침묵의 봄]이 온 것. 우리나라는 국토가 작아 그나마 그런 짓을 적게 해 다행이다. 비무장지대에서도 베트남에서처럼 고엽제를 살포하기도 했었으며, DDT는 우리 어렸을 때 이를 잡기 위해 몸에다 가루를 들이붓다시피 했었다. 군대에선 겨드랑이에 다는 약품 주머니도 있었는데 모기로 인한 말라리아 퇴치와 이를 매개체로 하는 발진티푸스 예방에는 상당한 효과가 있었다고 한다. "그럼 환경 보존을 위한답시고 말라리아와 발진티푸스로 죽는 일은 어쩔 것이냐?"라는 논리에 그녀 역시 공격을 받았다. 유기염소계 살충제인 DDT는 그녀의 활동으로 점차 세계적으로 사용 금지되었으나 수십 년이 지난 지금도 토양에서 검출되는 발암·유독성 물질이다. (다수 염소계 물질이 그렇다.)

자연이 회복의 임계점을 넘어버렸다는 생각은 우울하다. 온난화 같은 기상이변과 동물에 대한 가혹한 처사, 식물까지 화학약품에 의존하지 않고서는 인류의 먹고사는 문제가 해결되지 않는다면 그 결말은 뻔하다. 독극물이 몸에 쌓이는 걸 감수하고라도 식량을 얻어야 한다는 이야기다. 그렇다면 결국 인류에게 최후의 순간은 단지 시간문제일 뿐이다. 지금과 같은 무분별한 사용(비록 최소한의 사용량일지라도)은 반대급부로 우리 생명을 위협하는 요소로 돌아온다. 반드시. 이제는 늦었다는 게 사실은 맞을 것이다. 지구환경은 다시는 돌이킬 수 없도록 이미 한계선을 넘어버려서 회복의 기대를 해봐야 소용없다는 회의감이 자주 생긴다.

한 나라의 경제 규모의 성장과 지속을 위해서는 인구 감소가 심각한 문제이지만, 사실은 증가하는 인구가 상당 부분 환경 훼손의 원인이다. 지구라는 제한된 공간 내에서는 넘쳐나는 인구와 자원 배분의 불균형이 더해져 국가 간, 사회 내부 구성원 간의 물질의 편중(부익부 빈익빈)이 삶을 투쟁적으로 만들고 그 폐혜는 환경의 파괴로 이어진다. 그러나 어쩔 수 없다고 해도, (부득이한 용도에 한정해서) 화학약품 사용량을 최소한으로 줄이고 환경오염을 축소하려는 노력을 적극적으로 해야 한다.

코스믹 게임

스타니슬라프 그로프

생명의 순환이 우연에서 시작된 것이 아니라면 분명 어떤 동기나 목적이 있을 터. 그렇다면 그것은 우주를 섭리하는 절대자 또는 우주 자체의 법칙이거나 존재의 필요성일 것이다. 그렇지 않으면 우주나 절대자의 존재가 무의미해져 버리는 이유 때문에라도.

나의 의문처럼, 우주는 무엇이고 인간은 그 속에서 어떤 존재인가, 자연법칙이 물질세계를 전부 설명할 수 있는가 등을 파헤치는 이 책은 이러한 우주적 게임의 본질([코스믹 게임])을 인간 의식 속에서 찾았다는 주장이다. 책의 내용은 인정받는 현대 정신심리학의 과학적 관찰 기법을 기반으로 하며 허무맹랑한 이야기가 아니다. 관념론과 종교적 신념에 바탕을 둔 서구 사회의 이념도 실제로는 과학적 유물론에 지배받고 있다고 볼 수 있다. 과학적으로 입증되지 않는 것은 인정하지 않는 경향이 강하니까.

저자는 정신과 의사로서 [자아초월 심리학]이라는 심리학의 한 분야를 창시한 사람이다. 그는 비일상적인(정상상태가 아닌) 의식 상태를 연구해오다가 일상의 표면 의식과는 다른 잠재의식 상태로 전환시키는 여러 변성

기법, 예를 들어 종교 수행법(명상·선禪 등을 포함한), 주술(격렬한 음악·율동·호흡·고통 등), 최면, 환각(실험적 LSD 약물도 사용) 등을 이용한 40여 년의 다양한 실험에서, 개개인을 넘어서는 (잔잔한 현실의 상태에서는 볼 수 없었던) 저 깊은 곳에 숨어 있는 근원적 의식을 탐구하였다. 그가 치료나 연구를 위해 사용한 기법은 [홀로트로픽] 요법이라고 하는 일종의 뇌 자극을 통한 각성 방법이다. 이러한 실험들과 연구들을 집약하고 분석한 결과는 일부 영적인 종교와 철학·전통적 신비사상에서 제시하는 가르침을 뒷받침하는 것이었으며, 우리들 각자의 정신은 본질상 만물의 총합과 동등하고 궁극적으로는 우주의 창조 원리 자체와도 같다는 성찰이다.

〈그로프〉는 에고를 넘어서 [초개아超個我(transpersonal)]가 드러나는 현상을 [홀로트로픽holotropic], 즉 [일체지향적]이라 이름 지었다. 근원에 도달하게 되면 과거, 감정, 인간관계의 문제 등에 대한 통찰, 우주와 자연의 새로운 차원에 도달한다고 한다. 제목에 붙인 설명처럼, 인간 의식의 심층에는 존재의 비밀이 감추어져 있다는 것을 밝힌 연구의 결과다. 우주의 전체 계획에는 두 가지 근본적인 힘이 상호 역동적으로 작용하며 창조를 일으키는데, 그것은 물질지향(원심지향적)인 [하일로트로픽hylotropic]과 근원지향(구심적인)인 [홀로트로픽]이다. 근원의 절대의식은 다양함을 창조하고자 하는 욕구가 있고, 반면에 개별 의식체들은 육체적·감정적 고통, 시공의 제약, 죽음의 고통 때문에 근원으로 돌아가고 싶어 한다. 이것이 우주가 벌이는 게임의 원리다.

저자가 우주, 의식과 영, 우주의 창조 원리, 선과 악, 탄생과 죽음, 카르마와 윤회 등에 대해서 변성을 통한 의식의 체험 결과를 가지고 동서양의 지혜를 대비해 고찰한 뒤 자기 의견을 밝히고 있다. 중요한 것은 우리가 죽음을 바라보고 경험하는 방식이라고 말한다. 우리가 올바르게 준비했다면 죽음은 즉각적으로 영적 자유를 성취할 더 없는 기회이며, 죽음에 대비하는 태도가 다음 생을 결정짓는다는 것이다. 이는 『티벳 사자의 서』 내용과도 일치한다.

우리는 무엇이며 왜 이런 삶을 살게 되었는가에 대한 저자의 관점을 결론적으로 말하자면 선과 악, 의식의 발달, 카르마 등은 모두가 초개아적 존재(절대의식, 혼魂으로서의 우주…)와 우리 의식의 창조의 일환이라고 한다. (누구나 반드시 거쳐 가게 되는 과정이라는) 초개아적 존재의 단편적 일부분으로서 작은 파편의 존재인 우리 인간은 개개인에만 자신을 국한시키려 하는 분열된 상태에 있다고 본다. '분화分化되기 이전의 절대의식이 영적 여행의 종착점이자 창조의 근원이고 원천이다. 신성이 스스로 완전했다면 굳이 창조를 할 필요가 없다. 신과 우리는 서로 보완적이다.' 다시 말해, 신에게도 인간이 필요하다는 건 우주가 분열(인간, 물질)과 통합(신)을 반복한다는 의미이다. 〈이차크 벤토프〉의 『우주의식의 창조놀이』에서 말하는 '우주 순환'이 그런 방식이다.

물질 우주에 대한 통찰은 우리에게 어떤 사실을 알려주는가? 그것은 우리 삶의 방식에 어떤 영향을 미치는가? 이렇게 스스로 묻고 제시하는 하일로트로픽과 홀로트로픽 상황에서 우리가 취할 이상적이고 적절한 존재 방식은 다음과 같다.

"속세와 초월적 차원을 다 포용해야 한다. 현재의 순간도 기회다. 〈칼 융〉의 주장처럼 정신의 가장 깊숙이 감춰진 곳까지 파고드는 내적 작업으로써 우리의 일상적, 외부적 삶을 보완해야 한다."

우주적 게임의 규칙이 이미 그러하니 우리가 선택할 수 있는 최선이 그렇다는 얘기다. 한번 끝나고 마는 삶이 나은가? 게임의 법칙 속에서 돌고 도는 삶이 나은가? 두 가지 다 나름대로 수긍할만한 점이 있다. 그런데 내게는 여전히 의문이 남는다. 비록 코스믹 게임의 원인을 설명(근원 자체의 결함·지루함, 인간이 참여하는 완성)하고는 있지만 하필 그런 게임 속에 내가 있는가? 하는.

파드마 삼바바

백이제

―――――――――――――――――――――――――

〈파드마 삼바바〉는 티벳 불교의 대大성인으로서 '티벳 불교의 아버지'라 불린다. 약 1,200년 전 인도 나란다 불교대학의 교수였다고 한다. 그는 『티벳 사자의 서(바르도 퇴돌 Bardo Thos-grol)』와 『티벳 해탈의 서』를 남겼다. (아직 알려줄 시기가 아니므로 은밀히 붓다의 가르침을 남긴다고 했는데 그의 예언대로 600년 뒤에 여러 곳에서 다수가 발견되고 있다고 한다.) [바르도]란 사람이 죽은 다음 다시 환생하기까지 머무는 '이승에서 저승으로 가는 도정, 또는 윤회에 빠지는 중간 49일간의 과도적 상태'를, [퇴돌]은 '들어서 영원한 자유에 이르는 것'을 의미한다.

『티벳 사자의 서書』, 『해탈의 서』는 영국 옥스포드 대학 교수인 〈에반스 웬츠〉가 티벳을 방문하여 이 경전을 접한 뒤 1927년 편찬하여 내놓음으로써 세상에 널리 알려지게 되었다. 사자死者를 위해 이집트에는 『이집트 사자의 서』가 있는 것처럼 『티벳 사자의 서』는 윤회에 빠지지 않게 하려는, 부득이하다면 무명에 빠져 어두운 윤회를 하지 않게 하려는, 아직 저승에 완전히 건너가지 못한 영혼인 [중음신中陰身]을 위한 안내서이다. 고대 이집트나 티벳에서나 인간 사후에 영혼은 떠나왔던 근원으로의 복귀 또는 윤전輪轉한다는 믿음을 가지고 있었던 것이다.

이 책은 죽음 이후 또는 윤회를 일으키는 것에 대한 가장 구체적인 묘사 및 깨달음을 얻는 방법을 제시한다. 사람은 죽으면 세 개의 바르도와 마주치게 되는데 두려워 피하거나 유혹되지 말고 직시하여야 한다. 이는 영혼을 바르게 인도하여 우주의 근원으로 안내하고, 환생을 막거나 원하는 생을 선택하는 방법이다. 일부 종교에서는 죽음의 과정에서 영혼을 위한 기도와 안내를 하고 있다. 연도의식이나 49재를 치르는 행위가 그렇다. 나도 친지의 임종 직후 망자亡者의 의식이 잔존하는 흔적 같은 것을 느껴본 적이 있다. 사람이 죽는 것에는 우리가 알지 못하는 어떤 프로세스가 있는 것 같다.

『티벳 사자의 서』에서는 죽는 순간에 나타나는 정신적인 현상, 카르마의 환영들, 육신을 찾아 환생을 갈망하는 사자死者의 본능, 환생 직전 발생하는 현상들을 직접 보는 것처럼 상세히 설명하고 있다. 따라서 임종자의 몸을 떠나가는 잠재의식은 승려들이 불러주는 '사자들의 서 낭송'을 들으며 깨어있어야 염마念魔에 휘둘리지 않는다. 죽음의 순간에는 의식은 상당한 혼란에 빠지므로 마음가짐이 중요하다고 한다. 그때의 마음 상태 – 두려움, 에고, 탐욕, 집착 – 에 따라 영혼은 감응하는 곳으로 흘러가 버린다. 이때 가능하다면 곧바로 영원한 해탈에 이를 기회가 될 수 있다. 하지만 환생을 끝내지 못한다면, 되도록 인간으로나마 태어나는 것이 그나마 낫다. 이유는 타인의 고통을 이해할 기회를 부여받기 때문이다. 그럼으로써 선업을 쌓거나 또는 고통을 통해 깨달음을 얻는 것이 보다 용이하기에 그렇다.

사자死者의 영혼이 세상을 떠나가는 순간이 다음 생의 재탄생(윤회)에 아주 강력한 영향을 미친다고 한다. 티벳 불교의 스승인 [라마] 및 수행자 [린포체]는 중생 구제의 원으로 환생을 거듭한다. 고대 티벳 민족은 전쟁을 일삼고 아주 광폭한 성향이었다고 한다. 하지만 어느 시기부터 불교에 지극히 원초적인 숭고한 믿음을 가진 민족이 되었다. 아마 〈파드마삼바바〉의 영향이지 않았을까? 〈파드마삼바바〉(8세기경)가 불교 경전을 인도로부터 티벳에 전파해 티벳 불교의 중흥을 발아시킨 선구자가 아닐까 추측하고 있다. 〈파드마삼바바〉는 본명이 아니고 추앙된 이름으로 '연꽃 위에 태어난 자'라는 뜻이다.

이 경전은 붓다 가르침과의 해석 차이, 존재라는 본질의 이해 등과 관련해 무수한 논란을 일으켰다. 그러나 무엇보다 중요한 것은 죽음과 관련해 깊은 통찰과 깨달음으로써 환생을 피해 대자유를 얻을 수 있다는 점이다. 깨닫지 못한 의식체는 망상에 당황해서 공포에 잠기고 따라서 영원한 자유로부터 멀어짐을 암시한다.

사후에 보는 모든 환영들의 실상은 자기 마음의 투영에 불과하며 실체가 없는 것이다. [바르도 퇴돌]의 목적은 사후 나타나는 환영의 성격을 이해시키고, 현혹하는 망상들로부터 주의력을 집중시켜 영원한 자유의 길에 들어서도록 하려는 데에 있다. 이는 〈파드마 삼바바〉의 중생에 대한 자비이기도 하다.

『사자·해탈의 서』는 〈파드마삼바바〉가 남긴 경전 『바르도 퇴돌』의 완성이 아니라 일부분일 거라는 의구심 하에 저자는 수많은 문헌과 기록을 찾아 전기처럼 작성하였다. 그는 『대보적경大寶積經』이라는 대승불교 경전에서 『바르도 퇴돌』의 나머지 부분일 거라는 『생자를 위한 서』(살아서 행해야 할 바른 도리를 설한)를 찾아냈다고 생각하며, 이로써 『바르도 퇴돌』이 완전해진 것이라고 제안하고 있다.

페르마의 마지막 정리

사이먼 싱

수數는 아름답다. 수학을 몸서리치게 힘들어했고, 따라서 수학이 중요한 시험의 결과를 망친 원흉이었던 나로서는 이런 말을 하기까지 정말 세월이 많이 흘렀다. 수數 무능력에도 불구하고 어쩔 수 없이 공과대학으로 진학하고 그걸 바탕으로 밥벌이를 하게 된 것은 운명인가, 역시 '운명으로 정해진 건 피한다고 피할 수 없고 인생에서 어느 땐가는 반드시 겪어야 한다'를 깨닫고(?) 있다. 기초과정에서 수학을 단지 방정식을 푸는 기술만이 아닌 기본 원리의 사유와 필요성에 대해 좀 더 친절했던 수업이었더라면 얼마나 좋았을까. 지치지 않게 천천히 과정을 나누어 단계를 밟게 했더라면.

수학은 사실 철저히 인문적이다. 수數는 자연의 해석이다. 따라서 모든 인생철학의 기본이다. 과학은 추론에서 시작한다. 특히 천체물리학에서는 더욱 그렇다. 천체물리학자들은 극히 드문 소수의 천재들로서 거의 인간의 능력을 넘어서는 상상을 해내야 한다. 이후부터는 이를 증명해나가는 싸움이다. 과학은 다수의 실험적 증빙으로써 우선 현실 적용이 가능할지 모르나 수학은 추론을 완벽히 논리적으로 입증을 해내야만 진리가 된다.

350여 년 전 정치적인 공작과 음모에 휘말리지 않으려고 수학에 취미 삼아 몰두한 아마추어가 던져놓은 [페르마의 정리]는 [피타고라스 정리]로부터 파생된 문제다. [피타고라스 정리]는 "$x^2 + y^2 = z^2$ 을 만족하는 세 개의 정수가 있다"다. 그런데 $x^n + y^n = z^n$ 으로 개념을 확장시켰을 때, 만약 n이 3 이상의 정수라면 위 식을 만족하는 정수해가 없다. 17세기(1637년) 프랑스의 관료, 정치가인 〈피에르 드 페르마〉는 "왜 그렇게 되는지를 증명했다"고 주장했다. 하지만 기록은 남기지 않았다. 그로부터 수 세기에 걸친 치열한 논리의 전쟁이 시작된 것이다.

〈뉴턴〉이 〈페르마〉의 접선 계산법을 기초로 미적분을 개발했다고 할 만큼 〈페르마〉는 아마추어 수학자답지 않게 수학사에 기여한 공헌이 지대한 사람이다. 〈페르마〉가 텍스트로 삼은 건 기원전 〈디오판토스〉가 정수론의 문제들을 집대성한 책 『아리스메티카』의 중세 번역본이었다. 취미로 연구했으므로 별도의 정리 없이 책의 여백에 자기 생각을 부기附記했었다. (천재의 자만심이기도 하다.) 그런 부기로만 수학 연구에 수많은 업적을 남겼음에도 일부 후인들은 "여백이 부족해 증빙 결과를 남기지 않는다."는 미완의 기록이 거짓이나 장난일 거라 생각하고 믿지를 않았다. 누군가는 "인류가 멸종하기 전까지 풀리지 않을 거"라 주장하고, 절망에 빠져 자살한 이도 있게 했던 [페르마의 정리]는 그가 남겨 놓은 여러 정리 중 마지막까지 남은, 수백 년간 난공불락인 숙제였다.

단지 한 문장의 글귀로 〈페르마〉의 주장이 사실인가? 하는 의문을 가질 수는 있지만, 그의 이전 업적 등을 유추해 볼 때 거짓은 아닐 거라는 중론衆論이었다. 열 살 때 이 문제를 책에서 읽고 반드시 입증하겠다고 마음을 먹은 영국의 수학자 〈앤드루 와일즈〉는 30여 년이 흐른 뒤, 7년간의 칩거와 몰두 끝에 1993년 이를 공개적으로 증명해내었다. 그는 많은 수학자들의 연구 결과를 통합해서 논리를 구축했다. 그런 점에서는 〈페르마〉는 더 불리한 여건이었다고 할 수 있다.

이 책은 일종의 전문서라고 볼 수도 있다. 하지만 영국의 물리학자 〈사이먼 싱〉이 역사적 배경, 다양한 수학 원리 등을 친절히 설명하면서 수학서 답지 않게(?) 매우 흥미진진하다. 읽다 보면 빠져든다. 다행히 오래전 방정식 등으로 골치 아팠던 기억이 되살아나지는 않는다.

수학은 단순한 수數의 놀음이 아니다. 모든 역사를 통해 인류가 개발한 논리, 철학, 밝혀낸 과학이론이 집약된 완벽한 진리다. 빈틈이나 오류가 없다. 자연, 우주의 운행법칙도 오직 수數로만 표현될 수 있을 것이다. 그렇게 인류의 미래에 기여하는 학문이다. 학생들이 질려서 포기하지 않게 차근차근 친절히 학습을 시켜야 할 필요성은 그 때문이다. 이 중요함이 진학을 위한 평가수단으로써 등급을 매기는 데 이용되는 바람에 다수 학생들에게 논리적 학문의 싹을 잘라버리지 않았으면 좋겠다.

폐허의 붓다

무묘앙 에오(回小)

무묘앙은 무명암無明庵의 일본어 발음이다. 〈에오〉는 자신의 아파트를 [무명암]이라 칭하고 소수의 추종자들과만 교류했었다. 그는 갑작스런 몇 차례의 각성·견성을 겪었다고 한다. 그러면서 우주의식(여러 의식의 존재들)과 [채널링]을 통해 우주 내에서의 존재에 대한 진실을 알았다고 한다. 보통 선각자들의 영적인 도약, 깨달음은 이런 외부 차원과의 교감이 상당수라고 밝힌다.

간략히 말하면, 우주는 그 안에 기생하는 존재들의 에너지로 연명된다는 것이 그의 주장이다. 그는 갈 곳을 잃어버린 무수히 많은 방황하는 영혼들과 재창조된 생명들을 우주 곳곳에서 감지했다고 한다. 각성과 영적 성장, 진보, 깨달음을 얻고자 하는 열망 등은 모두 에너지 발산의 한 형태로서 우주 존재의 동력원이 된다. 그래서 '폐허가 되어버린 붓다'라는 비유로 일련의 주장을 펼쳤다. 정통적인 불교의 가르침이나 다수가 수긍할 영적인 깨달음과는 다를지라도, 그는 목숨을 건 명상 속에서 우주의 어두운 참모습을 보았다고 했다. 우리가 현실에서 알고 있는 깨달음이란 결국 그의 말대로 허상이거나 기력을 쇠잔케 하는 유혹일지 모른다. 그렇다면 영구히 순환하는 숙명을 벗어날 수 없을 것이다. 〈에오〉는 이 끝없는 순환과 반복을 거듭하는 [어둠]과 [폐허]에 질려버렸다. 그래서 영적인 존재까지 완전히 소멸하는 죽음을 전달하려 하였다. 하지만 그것도 역시나 거의 불가능하다고 했다. 〈석가모니 부처님〉의 '고뇌를 벗는' 가르침만으로는 절대로 끝낼 수 없다고 하여 이를 『어둠의 타오이즘』, 『폐허의 붓다』로 표현하였다. 〈스타니슬라프 그로프〉의 『코스믹 게임』에서도 유사한 주장이 있었다.

〈에오〉는 의식(개체라는 자아의식)마저 완전히 소멸해야 진정한 해탈이 올 거라고 했다. 물론 〈석가모니 부처님〉도 아상我相, 인상人相, 수자상壽者相을 버리라고 하셨다. 수행의 도달점은 나$_{ego}$라는 개체 의식에서 벗어나 '본래 의식'에 합일하는 것이다. 일부 수행자들은 무작정 자아를 없애려 정진하는 것은 또 다른 위험을 낳는다고 주의해야 한다고 말한다. 어설픈 자아의 미완성 소멸 시도 중에 사악한 의식체가 침입(소위 '빙의, 주화입마'라고 하는 것.)할 수 있다는 거다. 이는 나쁜 사념체 에너지 파장과의 동조 현상이다. 강렬한 정신적 충격, 극심한 심신의 쇠약 등은 이런 현상을 유발하기 쉽다. 그래서 〈부처님〉도 수행 중에 중도를 지키라 권고하셨다. 지나친 육체의 혹사는 좋지 않다고 보신 것.

확실히 〈에오〉의 판단처럼 실제로 인간 의식체의 덩어리인 자아는 완전 소거가 거의 불가능하다고 봐야 함이 더 진실에 가까울 것이다. 철저히 소멸하기를 원했던 〈에오〉가 갑자기 요절해버린 후 추종자들이 그의 설법을 책으로 발간하여 일본에서 큰 논란을 일으켰다. 나는 그의 주장을 읽으며 진실을 알고 싶다는 욕심에 경도되지 않으려 애를 써야만 했었다. 그의 논설에 공감했지만 두려움이 앞섰다.

〈에오〉의 초치는 소리를 들어보면, 우주는 우리들이 현생의 고통(〈부처님〉도 인생을 '고해'라고 하시지 않았던가.)을 벗어나려는 [영적 향상], [진보·진화], [해탈] 등에 몸부림치게 함으로써 발산되는 에너지로 인해 연명하는 생명체라고 한다. 아니면 '우주는 꺼져버린다'고. (그의 명상법이 [지구가 꺼질 때의 좌선]이다.)

책의 내용은, 여러 비유(빈정거림 같은)와 잘못 안내된다고 생각하는 기성 종교에 대한 비난, 인류에게 보내는 냉정한 예측(어떤 우주 존재는 언젠가 우리에게 나타나, 그동안 우리가 동물에게 해왔던 처분을 똑같이 우리 인간에게 행할 거라는), 〈에오〉가 생각한 해탈 수행법 등이다. 무겁고 어두운 해탈 안내서이며 '불가능할 것 같다는 완전한 해탈'에 대한 절망감을 안겨준다.

내 생각은 완전하게 사라져버린다는 무리수 때문에 그가 요절한 게 아닐까 하는 엉뚱한 상상으로 전개되곤 한다. 그의 가르침을 제자들이 편찬한 저서로는 『폐허의 붓다』 외에도 『깨달음과의 거리 죽음과의 거리』, 『허무 우주로부터의 메시지』, 『반역의 우주』, 『어둠의 타오이즘』, 『지구가 꺼질 때의 좌선』 등 다수이며 상당히 의미심장한, 묵살해버릴 수 없는 견해를 남겼다.

나는 〈에오〉의 생각에 공감한다. 에너지(우주를 유지하는 동력) 평형에 이르면 동적인 것은 없으므로 우주는 공허해질 것이다. 그렇다면 유일한 우주 본래(또는 창조주의 의식)가 무슨 의미가 있단 말일까? 그건 〈에오〉의 견해가 반어적으로 진실을 담고 있음을 알 수 있다. 하지만 이미 만들어진 현실의 우리들, 사념이 만들어낸 에너지 집합체의 생존을 보면 완전히 바람처럼 스쳐갈 수 있겠는가 하는 거다. 그 에너지는 절대 소멸하지 않을 것이다. 모든 존재는 소멸하지 않으려는 근원적 욕망을 갖고 있고 상호간에 또는 자연에 연결되고 있으며 누군가·무엇인가의 희생에 빚을 지고 있는 것이기에.

반복되는 이런저런 삶(되풀이 윤회)이 즐거운가? 우리가 원하는 건 윤회를 벗어나는 것 아닌가? 난 모두 그럴 거라고 믿고 있었는데 다수 사람들 하는 짓이, 짧은 환락을 위해 계속 반복하고 싶은 것 같다. 과연 〈에오〉의 영혼은 그의 가르침·바람대로 완전히 사라질 수 있었을까?

프레디 머큐리

그레그 브룩스·사이먼 럽턴

〈비틀즈〉와 〈퀸〉이 인류에게 미친 음악적 감수성은 전설과 같아서 거론하지 않을 수가 없다. 내가 클래식 이상으로 팝 음악을 좋아하기도 하지만 팝(우리 발라드, 소울, 재즈 등을 포함해서)의 감성은 여전히 지친 삶의 위로가 되고 있다. 그래서 과장되지만 음악은 신의 손길과 같다고 비유해볼 수 있겠다.

리드싱어인 〈프레디 머큐리〉가 없는 〈퀸〉은 생각하기 어렵다. 최근의 세계 순회공연에선 〈애덤 램버트〉라는 젊은 미국 가수가 그를 대신하였다. (한국에서도 공연이 있었다.) 하지만 대체가 가능할 수 있었을까? 오히려 그에 대한 그리움만 키웠다.

이 책은 20년간의 그와의 대담, 회견 등을 엮은 자서전 형식의 책이다. (그가 직접 말한 내용들의 편집 구성이니까.) 영국에서 밴드를 시작하여 에이즈에 걸린 후 스위스에서 머문 시기까지의 그의 마지막 행적을 추적한 TV 영상도 있었다. 〈프레디〉의 고향은 영국 식민지였던 동아프리카 해안의 섬들로 이루어진 잔지바르(현재는 탄자니아 소속령)이다. 그의 아버지는 당시 영국 총독이었다. 부모 혈통이 페르시아계, 또는 인도

계라고 하니 그의 외모에서도 혼혈의 흔적이 느껴진다.

〈프레디〉는 고저 음역(4옥타브)을 마음대로 오갔다고 한다. (우리나라의 가수로는 고故〈배호〉씨가 그렇다고 한다.) 헬기를 타고 공연장으로 직접 내리는 것을 시작으로 하는 화려한 퍼포먼스와 〈비틀즈〉보다 호화로운 마력의 노래들. 열정에 취해 상의를 벗고 반바지 차림으로 무대를 뛰어다니던 그가 생각난다. 그가 떠나고 〈퀸〉은 급격히 쇠퇴했다. 그가 차지한 비중이 너무 컸기에 그가 없는 〈퀸〉을 대중들이 받아들이기 어려웠을 것이다.

무대에서 카리스마 넘치던 자신감과 달리 그의 사진을 보면 외롭고 두려운 기색을 감지할 수 있다. 그는 굉장히 예민하고 여린 사람이었을 것이다. 동성애에 대한 갑작스런 기자의 질문 공세에 당황하던 그의 표정은 연민을 느끼게 한다. 돈을 많이 벌고 물질과 환락이 넘치면 뭐하랴. 정상에서의 외로움은 공허함을 낳고 거기서 헤어 나오기 힘들다. 연예인에 열광하는 건 그때 그 나라도 그랬나 보다. 달려들던 수많은 여인들에 빠져들어 상대를 가리지 않은 과도한 섹스 때문에 결국 에이즈에 걸리고 만다. (본인도 염려하여 에이즈에 걸리지 않기를 그토록 바랐건만.)

퇴근길에 듣는 그가 만든 노래 〈Love of my life〉의 애절한 선율에 그의 열정적인 무대 장면이 다시 생각난다. 〈퀸〉의 노래들은 〈비틀즈〉와 다른 부분에서 듣는 이의 마음을 혹하는 요소가 분명 있다. 〈라미 말렉〉이 〈프레디 머큐리〉의 제스처만큼은 완벽히 구현해 아카데미 남우주연상을 받은 영화 『보헤미안 랩소디』가 흥행에 성공하면서 그들의 노래와 삶이 재조명되었다. 시대를 건너뛰어도 변함없음을 확인하는 그들의 열정과 노래의 가치가 다시 빛을 발하고 있다.

팝이므로 클래식보다 격이 낮다고 말하지 않았음 좋겠다. 클래식도 특정 계층에 한정되는 때가 있었지만 당대의 유행하는 음악이었다. 음악의 목적은 사람의 감정을 고무시키거나 위로를 주면 된다. 그 이상의 가치를 너무 크게 포장해 재단하지 않기를. 한순간의 유행가였다면 지금도 그렇게 사랑받고 수많은 광고에서 차용되겠는가.

그의 유서 중 한 구절 ;
"팬들은 부디 죽어가는 나의 마지막 모습이 아닌 음악에 대한 나의 열정을 기억해 줬으면 한다. 언제 떠날지는 모르지만 죽기 전까지 노래하고 싶다. 사랑하는 나의 팬들을 위해서."

그의 바람대로 많은 이들이 '그가 불렀던' 노래들을 여전히 사랑한다.

행복할 권리
(부조리의 시대)

마이클 폴리

옳고 그름에 대한 시비를 잘하는 나의 반골 기질은 환영받는 특성이 아니다. 내 허물은 모르고 남의 잘못이나 어리석음은 왜 그리도 눈에 잘 띄는지. 직선적이라 말도 가리지 못하므로 눈치 없이 불평 많은(말조심할 때를 모르는) 사람으로 인식되고 있다. 이런 점이 조직에서 일부 인사들의 속내를 시원하게 대변해주는 양념 정도는 될지라도 실제로는 내게 도움 되는 행실은 아니다.

정답도 없으니 무엇이 옳고 그르다고 말할 수도 없다. 모두 의미 있는 생명이고 삶이다. 있는 그대로, 우리라는 존재 그대로의 '약점투성이'를 인정해줘야 하는 거라고 맘을 바꿔본다. 인생이 별거랴. 다 그렇지 뭐, 라고 하며 그냥 그렇게 한세상 살다 가도 되는 거고, 궁금증을 참지 못하고 보채는 아이처럼 조급한 나 같은 이도 있는 거고, 후회 없이 신나게 한바탕 놀다 가자는 사람도 있는 것이 인생이겠지.

부제가 의미하듯 현대 우리 삶은 조화롭지 못하다. 아니 애초에 인생은 꼬여있고 균형을 유지하지 못하는 것이다. 현대처럼 욕망이 극대화되는 시기가 있었을까? 과거에는 비슷하게 고만고만한 결핍을 감수해도 참을 만한, 비슷한 이웃들끼리의 삶이 가능했었다. 그러나 현대는 간극이 많이 벌어져 총량적으로는 풍요로우나 대다수는 결핍에 시달린다. 나와 타인을 비교하면서 고통스러워진다. 그러므로 좌절은 더욱 견뎌내기가 어렵다.

기회를 잡지 못해 궁핍에 힘겹더라도, 잡초처럼 왔다 가더라도, 전설 같은 인물이 되어 후대에 이름이 언급되어도, 재산을 많이 남겨 자손에게 존경을 받는 것에 집착하여도 잘못 산 인생이라고 비난할 수 있으랴. 꼭 행복해야 하는 것이 인생의 의미는 아니다. 어쩌면 고통이 의미를 더해 줄 수도 있다. 나 같은 사람에게는 불만족감이 불행의 한 축임은 분명하나 그것이 한때는 삶의 동력이기도 했었다.

우리는 "행복하시라!"는 축원을 입에 달고 산다. 행복이 무엇인지 생각해본 적이 있으신가? 내 생각엔 행복은 신기루다. 보일 듯 말듯, 닿을 듯 말 듯 한 그것. 실제 행복은 말뿐이다. 당신은 행복한가? 냉정하게 생각해보자. 실은 행복한 척하는 건 아닌지?

저자 〈마이클 폴리〉는 전혀 이치에 맞지 않고 혼란뿐인 인간 세상에서 '모두가 집착하는 행복이 삶의 목표가 아닌데도 불구하고 끝없는 욕망으로 방향을 잘못 잡은 삶'을 냉소적으로 집요하게 비판한다. 그는 과학적·철학적·인문학적 등 다양한 관점에서 현대인의 삶에 대해 분석하고 해부하는 한편, 과욕에 대한 반성과 성찰을 말하고 있다. 책임감·생각도 없고 홀로 있지도 못하고 일, 사랑, 연륜 같은 이런저런 모든 것도 행복하게 해주지 못하는 현실에서 그가 생각하는 행복의 부조리함은 '규정되지 않고 성취되지 않음'이다. 집착을 벗어버린 후 우연히 얻게 되는 '삶의 부산물'일 뿐이라 한다. '마음 바꾸기'가 해답은 아니고 '생각을 바꿔먹기'가 겨우 그 단초를 줄 수 있을지 모른다고. 삶에 완전한 행복을 가져올 수단은 없다는 것을 이해하고 매 순간 삶의 의미를 만들라는 주장이다.

행복은 마지막 순간이 결정해줄지 모른다. 삶은 부조리하다. 하지만 매 순간의 인식 차이에서 행복은 무의식으로 발생하게 되어있다. 그것이 행복이다. 쫓는다고 손에 잡힐 것이 아니다. 행복은 욕구가 충족될 때 느끼는 자의적 만족감이다. 자의적이란 말을 생각해보라. 끝이 없다는 말이 바로 생각날 것이다. 내 맘에 맞아야만 된다는데, 아마 곧 맘에 들지 않게 될 거다. 모두가 그 모양인지라 세상이 험난하다. 어쩌면 내게 닥친 삶을 무탈하게 살아내는 것만이 유일한 행복일지 모른다. 그는 묻는다. 일이 우리를 구원해 줄 수 있는 건지, 사랑이 그럴 수 있는 건지 아니면 나이 듦이 우리를 구원해줄까? 라고. 내 경험에도 나이 들어가는 게 나쁜 것만은 아니다. 세상에 예민한 감각이 조금씩 무뎌져 참을 만해지는 순간들이 생겨난다. 욕심과 집착이 줄기 때문이다. 그러나 이도 주도적이 아니기에 행복에 유의함을 주는 요소는 아닌 것이다.

우리가 행복을 오해하고 있는 것은 확실하다. 피치 못하게 수단에 불과할 돈, 삶의 과정에서 순간순간 부수 효과로 다가오는 미완성의 행복 그 자체가 인생의 목표가 될 순 없다. 따라서 의식주의 충족, 화려함과 과잉을 행복으로 받아들이면 죽는 순간까지 평화와 자유는 없다. 자신을 타인에게 대비해보는 탐貪·진瞋·치痴에서 벗어나 자기 삶의 의미를 스스로 설정해야 한다.

이 책은 자기 삶을 돌아보는 기회를 준다. 〈폴리〉는 고독과 정적, 그리고 침묵(*3S: Solitude, Stillness, Silence*)에 친숙해지라고 한다. 이 세 가지에 잘못 대처하거나 휩쓸리게 됨으로써 얼마나 후회스러운 날들이 많았던가!

현대물리학이 발견한 창조주

폴 데이비스

내적 탐구를 지향하는 나의 독서 특성은 정신·영성에 집중하는 모 출판사의 책들에 자주 연결된다. 이 책은 총 6권의 정신과학 관련 시리즈 중의 하나이다. 〈이차크 벤토프〉가 쓴 『우주심과 정신물리학』과 『우주의 식의 창조놀이』, 〈마이클 텔보트〉의 『홀로그램 우주』 등이 그것들이다. 이 책들은 정통 과학계에 몸담은 사람들을 포함하여 내면적인 가치에 관심을 두고 있는 일종의 아웃사이더들에게는 전설적인 책들이다.

엔지니어인 〈이차크 벤토프〉의 두 책은 방대한 과학지식과 연결하여 인간 정신현상을 접목하여 새로운 이론을 제시한다. 그 책의 부연 제목(*Stalking the wild pendulum-on the mechanics of consciousness*)처럼 근원적 에너지 모습으로서의 '의식이 무엇이며 그 의식은 어떠한 메카니즘으로 작동하는가를 추적'하며 설명하고 있다. 의식과 생명에 축적된 정보는 사후에도 유전된다고 본다. 즉, 모든 현상에는 시스템을 유지, 운행하는 기능을 주도하는 중심이 있으며 그건 모든 정보가 집약되고 발휘되는 근원이 있어 가능하다고 말하며 [우주심]이라 표현하고 있다. 그는 팽창과 수축을 반복하며 우주 자체도 순환하고 있다고 주장하며 순환 사이클을 반복하는 우주 모형론도 제시하였다.

〈폴 데이비스〉는 수학자이며 이론물리학자이다. 그는 [존재에 대한 4가지 큰 의문]이라는 주제를 가지고 이 책을 썼다고 밝힌다. 그 의문은 '자연법칙은 왜 지금과 같은 형태를 취하게 되었는가?', '우주는 왜 지금과 같은 물질로 이루어졌는가?', '그 물질들은 어떻게 생겨났는가?', '우주는 어떻게 해서 현재와 같은 모양새를 갖추게 되었는가?'이다. "원인이 없는 결과는 없다. 하느님이 애초에 존재했다면 우주인들 그러지 못하겠는가"라고 그는 말하고 있다.

저자가 큰 의문을 품었던 주제들에 대해서는 현재와 같은 과학발전의 추세라면 존재의 신비에 관해 점차 과학적인 이해가 가능해질 것이다. 우주가 만들어진 과정을 빅뱅이론이 여러 증거를 뒷받침해서 입증해내고, 생명에 대한 DNA의 비밀을 풀어가듯이 창조주를 점차 이해하게 되어갈 것이다. 그런 비밀이 벗겨진다고 창조주(신)가 퇴색하겠는가? 저자는 물리 법칙들을 포함한 여러 과학적 탐구와 자신의 통찰을 연결 지어서 우주의 존재, 물질의 구조, 의식과 생명, 자유의지, 자연의 본질, 우주의 종말과 같은 광범위한 사유의 길로 우리를 안내한다. 나름 타당한 그의 논지에 반론을 제기하기는 어려워 보인다.

저자가 사용하는 우주라는 용어의 개념을 생각해 볼 필요가 있다. 그것은, 태양계, 은하계, 은하계 사이에 걸쳐있는 모든 물질, 모든 형태의 에너지, 블랙홀, 중력파 같은 비물질적인 것들, 모든 우주 공간 전부를 포함한다. 제목에서 암시하듯 저자의 의도는 현대물리학의 진전이 종교적인 세계관에 어떤 의미를 갖는지 생각해 보자고 한 것이었다. 그는 과학과 종교는 서로 다른 영역으로서 공존이 가능한 것이며 오히려 과학이 종교보다 하느님을 발견하는데 확실한 길을 제시한다고 주장한다.

덧붙이자면, 세상과 우주와 존재를 생각하는 방식은 종교와 과학 두 가지에 기초하며 둘 다 존재를 탐구하는데 깊은 의미를 갖는다. 이제는 종교가 중세와 같이 물리학을 무시할 수 없는 시점에 이르렀다. 우주의 시작과 종말, 물질이란 무엇인지, 생명, 의식 등에 관해 점차 해답을 물을 시점에 이르렀다는 것이다. 기초물리학이 인간과 우주에서의 인간의 위치를 새롭게 이해하는 길을 제시해준다고 생각했다.

블랙홀과 관련한 이론을 세우고 큰 호응을 얻은 『시간의 역사』를 저술한 이론물리학자 〈스티븐 호킹〉은 처음에는 신의 존재를 부정하지 않았으나, 『위대한 설계』에서 우주와 생명의 발생에 대하여 현재의 천체물리학으로 설명할 수 있으므로 신의 창조 역할이 구태여 필요가 없다고 주장했다. '우주는 중력의 법칙과 양자이론에 따라 무無에서 만들어진 것이며, 어떤 초자연적인 존재나 신의 개입을 필요로 하지 않았다'고 하였다. 즉, 중력이 너무나 강해 빛조차 수렴해버리는 블랙홀처럼 우주 전체가 빅뱅 이전 특이점이었을 최초에는 시간도 멈추었을 것이다. 시간이 없으므로 창조가 이루어지는 자체가 무의미하다. 그리고 빅뱅 이후에는 우주 내의 모든 물질, 생명은 동일한 요소, 생성의 조건이 되는 것이기에 현재의 물리학 수준으로 과학적인 설명이 가능하다는 말이다.

이 책의 원본 텍스트는 1983년의 것이다. 40년 가까이 흐른 지금은 우주론이나 양자역학 등의 발전이 훨씬 깊어졌으니 저자의 의견은 더욱 진전된 논거를 가지게 되었다. 그는 순수한 과학적인 이론을 바탕으로 논지를 펴고 있다. 즉, 자연의 본질에 대한 물리학자들의 견해를 빌어 시험적인 해답을 제시한다.

호밀밭의 파수꾼

제롬 데이비드 샐린저

우리는 근대 이후 서구 사상을 기조로 하는 교육을 받아서 미·유럽의 음악, 소설, 철학 등을 우월하게 여기는 선입관이 아직 남아 있는 것 같다. 반대로 서양의 인문학을 고상한 척 찬양했던 것에 대한 반동도 없었다곤 하기가 어렵다. 무조건 우리 것이 좋다고 우기기도 싫지만 그럼에도 불구하고 우리에게는 동양의 철학, 우리 문학에서 수용할 수 있는 인문적 탁월함이 더 많다고 나는 생각한다.

우리나라에서도 열광적 팬들을 확보한 소설가 〈무라카미 하루키〉는 '〈프랜시스 스콧 피츠제랄드〉의 『위대한 개츠비』를 읽어야 대화에 끼거나 친구가 될 수 있다'고 멋을 부렸다. 그의 『노르웨이의 숲』에서 주인공들의 대화에 나오는 이야기다. 상류사회에 낄 수 없는 가난한 〈개츠비〉는 사랑하는 여인의 마음을 얻기 위해 속되게 (아마 불법적인 듯한 일로) 돈을 벌어 나타나 화려한 파티를 벌이는데 돈을 써댄다. 그렇지만, 그의 사랑에 대한 순수함만큼은 그래도 위대한 것.

『위대한 개츠비』와 함께 늘 떠오르는 책이 〈J. D. 샐린저〉의 『호밀밭의 파수꾼』이다. 주인공인 〈홀든 콜

필드〉가 "〈개츠비〉는 그런대로 괜찮은 녀석"이라고 평했기 때문인지 모르겠다. 숫기 없던 작가 〈샐린저〉는 아주 깊이 은둔해버려 대중의 호기심을 자아냈고 자신의 사적 삶이 노출되는 걸 꺼렸다 한다. 『호밀밭의 파수꾼』이 신드롬을 일으켜 작가로서 크게 성공했으나 나중에는 지나친 팬들의 관심을 감당하지 못했던 것 같다. 2차 세계대전 참전 후 트라우마로 신경쇠약을 앓았다는 걸 보면 소설에서 우리가 느끼는 감각처럼 그는 순수 지향적인 사람이면서, 평범하지 않은 (또는 날카로운, 아니면 괴팍한) 감수성을 지닌 사람이었을 거라는 판단이 생긴다. (그가 인종 편견을 가졌었다는 비난도 있다.)

이 소설이 어떤 면에서 작가의 경험·감성이 투영된 이야기가 아닌가 추측들 한다. 〈케니스 슬라웬스키〉의 『샐린저 평전』을 기반으로 2017년 만든 『호밀밭의 반항아』라는 전기적 영화를 보면 작가가 창조한 〈홀든〉이 작가 자신을 대변한다는 걸 수긍하게 된다. 이 소설을 낼 당시의 미국은 전쟁 이후 경제 호황으로 풍요롭고 사치스러워졌으나 그 때문에 현재의 즐거움을 해치는 것을 배제하려는 사회적 경향이 주류가 되었다. 더욱이 '매카시 선풍' 같이 사상적 검열이 심해지는 것과 맞물려 정치는 보수가 득세하고, 사람들은 그냥 순응하고 잘 먹고 잘사는 것에 몰두하는 분위기가 고조되고 있었다. 그러나 어느 시대건 젊은이들은 틀에 갇힌 듯한 답답함을 싫어하니 기성세대의 가식적인 위선에 반발하는 주인공의 삐딱한 언행에 열광적 찬사를 보냈을 터. 그러니 금서로 지정되기도 했을 것이다. 우리 현실에 비유하자면 가수 〈서태지와 아이들〉의 「난 알아요」가 처음 나왔을 때 기성세대들은 혹평했지만, 숨 막히는 현실에 지친 청소년들에게 엄청난 반향을 일으킨 것과 같지 않을까.

왜 호밀밭의 파수꾼인가? 유명 사립학교에서 퇴학을 당한 〈홀든〉은 집에 돌아가기 전(퇴학 통보가 집에 도착하기 전) 2박 3일 동안 이곳저곳 목적 없는 방황을 한다. 사랑하는 여동생 〈피비〉가 '오빠가 정말 하고 싶은 게 무엇인지' 물을 때 그는 호밀밭의 파수꾼이 되고 싶다고 한다. 호밀밭 끝의 절벽에서 아이들이 떨어지지 않도록 지키는 것처럼 세상의 더러움에서 (어쩌면 작가는 전장의 상흔으로 이미 더렵혀진 사람이므로) 〈피비〉와 같은 순수함을 지켜내겠다는 것이다. 퇴학당한 학교를 조롱하는 첫 구절부터 기성 질서에 적응하지 못하는 주인공의 내면은 사실 비난만 할 수 없는 진실이 있음에도 기존 사회 관점에서 보면 그는 부적응아일 뿐이다.

내가 아주 좋아했던 영국의 중편 소설 〈앨런 실리토우〉의 『장거리 경주자의 외로움』(소년형무소에서 달리기를 사적인 내기에 이용하는 소장을 골탕 먹이려고 일부러 결승선 직전에서 제자리 뛰기로 꼴찌를 해버리는 얘기다.)도 당시의 이런 대표적인 소설이라 한다.

당시의 기성 사회적 틀에 반항하는 그들을 [성난 젊은 세대]나 [비트 세대]라고 불렀다지만 정체된 풍요는 잠재적 반발을 숨기고 있는 법. 특히, 소외되고 주류에서 밀려나 분노를 분출할 수 없어 감추어야 하는 사회 일부 계층에게는 현재의 여유로움이란 남의 일. 강제로 모범화되고 나 이외의 것에 의해 정리되는 자유는 실제 자유가 아니다.

홀로그램 우주

마이클 탤보트

반야심경般若心經의 공즉시색空卽是色, 색즉시공色卽是空이 뜻하는 '모든 현 실태는 공空'이라는 데 어느 정도 공감한다면 '제 현상이 홀로그램'이라는 저자의 설명에 수긍할지 모르겠다. 〈해운海雲 선사禪師〉의 "물에 비친 달이 하늘의 달이 아니듯이, 거울에 보이는 사람도 책상 앞의 사람이 아니라네, 고요히 살펴보면 형상과 그림자는 둘이 아닌 것, 가짜가 없으면 진짜도 없는 법."이라는 선시禪詩가 이를 잘 표현해주는 것 같다.

처음 [홀로그램]설을 제시한 이는 미국의 물리학자 〈데이비드 봄〉이다. 그는 공산주의 사상을 몰아내자던 [매카시즘] 광풍 때 〈오펜하이머〉에 대한 반역 행위 청문회에서의 증언을 거부하여 영국으로 망명했던 사람이다. 그는 [플라즈마](초고온 하에서 자유전자·이온 등이 농후한 가스 상태) 내의 모든 전자들이 독립 개체가 아니라 한 몸체인 것처럼 연결되어 있는 것에 주목하고, 우주 제 현상이 홀로그램 양상으로 작동한다고 주장했다. 또 한 사람, 미국의 신경외과 의사 〈칼 프리브램〉은 인간의 기억 능력이 홀로그램처럼 뇌 전반에 걸쳐 분산·분포되어 있음을 알아내고, 당시 정신질환 치료법으로 유행하던 전두엽 절제를 반대했었다.

저널리스트인 저자는 위와 같은 여러 학문적 결과 등과 관련하여 양자론을 포함한 과학적인 관점을 고찰하고 우주와 의식과의 관계에 대한 새로운 인식을 제시한다. 홀로그램을 간단하게 설명하기는 쉽지 않다. 부족하지만 요약해보자면, 사물은 동떨어지지 않은 전체의 일부분이면서도 동시에 자신의 고유한 속성을 지닌다. 홀로그램 설을 앞서 주장한 〈봄〉은 이를 [감춰진 질서]와 [드러난 질서]라고 불렀다. 드러난 질서 속에서는 사물들이 분리되어 있는 것처럼 보이지만 낱낱의 사물은 다른 만물과 하나로 연결되어 있다는 말이다. 이는 도가道家에서 말하는 도道와 덕德의 관계와 같다. 불교에서 말하는 만물에 불성이 있다는 의미도 마찬가지.

인간의 정신은 본질적으로 온 우주, 모든 만물과 상응한다. 물질도 어느 정도는 의식이 있으며 그 의식은 다양한 진동으로 이루어진다. 그러므로 모든 존재를 분리하려는 것은 미망迷妄이다. 만물은 궁극적으로 상호 연결된 일체이기 때문.

우주 공간은 비어있지 않고 물질 원천이 충만하며 우리를 포함한 만물의 존재(창조) 기반(질료)이다. 마음이 감추어진 질서의 원재료로부터 구체적인 현실을 지어낸다. 온 우주가 마음이 만들어낸 것이며 모든 존재의 집단적 정신작용이 우주를 움직인다. 그러므로 우리의 희망, 두려움, 계획, 근심, 죄책감, 꿈, 상상은 우리의 미래와 삶의 경로를 결정한다.

현대의 양자물리학을 잘 이해하면 우주의 존재, 인간 삶에 관련된 많은 의문에 대한 답을 찾을 수 있다. 우주의 근원은 에너지로서 〈아인슈타인〉이 밝혔듯 에너지와 질량은 다르지 않고, 정보가 우주에 가득한 암흑물질로부터 물질을 창조한다는 것. 곧 만물과 현상, 작동은 에너지의 응집과 해체다. [홀로그램] 개념은 정확한 현상계의 투영 방식일지 모른다. 현상과 본질에 관한 진실을 주장하는 종교의 교리나 선각자들의 주장과 매우 유사하다.

정보는 의식이 만들어낸 결과물이니 영혼이라 불리기도 하고, 윤회와 카르마의 원천이기도 할 것이다. 따라서 우리는 마음과 감각의 덫을 빠져나와야 할 뿐 아니라, 말의 그물과 생각의 속박에서 벗어나야 한다. 지금의 내 모습에 연연하지 않아도 되고 현실을 뛰어넘는 영원에 이를 수 있다는 것은 무엇보다 매력적인 이야기다. 꿈에서의 나는 기억·감각의 편린이므로 본질이 아니기에 주재자가 아니지 않은가. 현재라는 환상은 '관습처럼 질긴 기억, 마음이 만든 필요성과 끌림'의 결정체라고 할 수 있다. 이렇게 질문해보자. 꿈이라면 좋았을 것 같은 현실인가, 아닌가. 난 많은 부분이 차라리 꿈이었으면 싶을 때가 있다. 그러나 이런 세상 왜 이래야 하는지는 정말 알고 싶다. 영화 『매트릭스』에서 진실의 약을 먹는 〈네오〉처럼 진실의 낌새를 눈치 챘는데 그냥 모르는 척 마냥 꿈속에서 헤맬 수는 없는 거니까. 당신이라면 빨간 약(진짜 현실)과 파란 약(가상 현실) 중 어떤 약을 택하겠는가?

우주의 시원을 밝히는 일은 아직 미답지이지만, 양자물리학이 우주 원리를 파헤쳐가면서 고대로부터 성인들과 선각자들이 설법한 사상들이 과학적 근거가 있음을 점차 밝혀가고 있다. 우리는 아직 종교인들 위주로 관념 속의 경전, 설說에 의지하고 있지만, 과학자들은 이미 구체적 논증·증명이 가능함을 알고 있다. 그러니 일부 인간적인 헛소리에 현혹되지 않아야 한다. 진실을 이나마 알아내서 초탈 또는 해탈의 끄트머리라도 잡을 수 있는 시기에 우리가 살고 있음은 엄청난 행운임이 틀림없다.

휴먼 에이지

다이앤 애커먼

[휴먼 에이지Human Age]는 일부 학자들이 현재의 지질시대를 [인류세Anthropocene]라고 해야 한다는 주장에 따라 빗대어 창안해낸 표현이다. 마지막으로 빙하기가 끝난 1만 년 전부터 현재까지 계속되는 [홀로세Holocene]라는 명칭은 '전적으로 최근'이라는 의미라고 한다. 인류가 지구를 완전하게 점령하고 모든 것을 변화시켜가는 지금의 시기는 [인류세]란 주장도 타당할 것 같다.

저널리스트, 박물학자, 시인이라고 소개된 저자는 [인류세]의 현상을 주로 인간과 자연이 관계하고 변화를 이룬 몇 개의 주제로 나누어서 이야기를 진행한다. 〈헨리 데이비드 소로우〉 상을 수상한 글이라고 한다. 아름답고 심오한 사색의 『월든』과 비견될만한 글이다. 전문적이며 과학적인 내용을 유려한 글솜씨로 에세이처럼 구성했다. 자연을 마음대로 해체하고 재편해버리는 인류에 대한 우려와 함께 새로운 시각으로 변화를 시도하고 있는 움직임을 소개한다.

불과 반세기 남짓 만에 내가 경험하는 기후는 매우 극단적으로 변화하고 있다. 한 사람의 생애 기간 내에 이렇게 급격한 변화가 일어나고 있는데 장래에는 어떨까? 미래에 대한 걱정이 평범한 내게도 심히 우려되는데 우리 인류는 말로만 걱정하고 그냥 손 놓고 말 것인가? 온실가스 규제는 국가 간에 꼭 지키자고 협약했음을 선언했지만 실제로는 자기들 산업을 보호하기 위해(자국민의 반발을 의식해서) 거의 무시하고 있다. 이런 상황에서 이 책은 의미심장하게 다가온다. 현재 세계를 주도하는 다수 국가들의 지도자는 패권과 경제 외에 지구환경 문제에는 아무런 의지도 없다. 인류 대부분이 당장 현재의 먹고 사는 것에만 매달리고 미래를 꿈꾸지 않는 현실이니, 우매한 대중의 비위만 맞추어 자신들 권력만 유지하면 된다는 무책임한 태도다.

세계 인구는 BC 1000년에 약 100만 명이었고 AD 1000년에는 3억 명 정도였으며 1500년경에는 5억 명, 현재는 80억 명을 넘어섰다. 20세기에 인구증가 패턴은 '영장류적'이라기보다 '세균적'이라고 표현했다. 마치 박테리아나 바이러스처럼 증식해 온 인류가 지구를 덮었다. 그들은 자연을 거역하고 자연계 전체를 극단적으로 바꾸고 있다.

저자가 생각하는 [인류세]의 출발이 되는 시기는 1800년 무렵이다. 화석연료를 사용하여 얻은 동력을 통해 산업혁명이 일어났고 이때부터 급속도로 생태계는 변질되었다. 지질학적인 [인류세]는 맨 처음 핵실험이 시작된 1945년경이다. 지구에 인공적인 방사능이 쌓이기 시작했기 때문이다. 현재는 콘크리트, 동물의 뼈, 미세 먼지, 플라스틱의 흔적이 감당할 수 없을 만큼 퇴적되고 있다는 것. 그럼에도 그녀는 낙관적인 생각을 버리지는 않고 있다. 인간이 저지른 재앙이 죄악이긴 하지만 인류의 재능, 발명 등에 대한 기대를 갖고 희망을 버리지는 않겠다는 의지의 표현이다. 지구의 미래를 위해 생태, 과학 등 다양한 분야에서 진행되는 새로운 시도와 노력을 세세히 보여주고 있다. 탄소포집시설, 기후 친화적 해양 농업, 도시공간에서의 생물 공존 환경, 기상천외한 에너지의 재활용 발상 등이다.

이 책을 쓴 목적은 다음과 같은 질문들에 대한 답을 구하고자 한 것이었다고 한다. 왜 세상이 우리 인류의 발밑에서 움직여 달라지는 것처럼 느껴지는지? …세상은 기록적인 더위와 가뭄과 홍수에 시달리고 있는데 과연 우리가 기후에 저지른 짓을 바로잡을 수 있을까? …지금부터 50년 뒤 도시는, 야생동물은, 우리 몸의 생명 활동은 어떻게 바뀌어 있을까? 그런 의문과 우려를 바탕으로 인류가 초래한 지구적 혼란의 많은 문제와 과제에 대한 해결 방법을 찾아야만 한다는 생각인 것이다.

자연은 인공적이지 않기 때문에 자연이다. 이 책은 이미 인간이 교란해버린 상태에서 다시는 원래대로 되돌려지기 어려울 자연의 회복보다, 인간과 자연, 즉 인간과 동식물을 보호하며 공존하는 것을 받아들이려는 관점이다. 로봇공학, 나노 기술, 디지털, 인터넷, 3D프린팅, DNA, 미생물 기술 등의 미래 과학 기술에 대한 그녀의 기대는 희망적이다. 그러나 생각과 달리 현실은 매우 좋지 못하다. 회복을 위한 임계점을 이미 넘어버린 것 같기만 하다. 세계가 지금 대응하는 태도를 보면 실제로 돌이키기는 거의 불가능할 것이다. 그러니 더욱 이제부터라도 인류의 삶의 방식을 바꾸지 않으면 안 된다.

저자는 정부 차원의 체계적인 것부터 개인적인 차원의 것까지 뭐든 해야 한다고 생각한다. 우리는 전환기에 서 있고, [인류세]의 경이로움과 불확실성에서도 우리의 시간과 능력을 활용해서 미래 인공의 세계를 어떻게 설계할지를 신중하게 생각해보았으면 좋겠다는 것이 그녀의 결론이자 바람이다.

◎ 저자 : 유 현

....

　　석유화학공학과 철학을 전공. 기업에서 근무 후 현재는 안전·환경 등의 전문 컨설팅에 참여하고 있음. 쓴 글로서 『월하선집』,『작은 행복을 위한 독백』,『멀리 있는 빛』, 『행복한 대화』,『아웃사이더의 몽상』,『무엇을 위해 이 세상에 왔을까』 등이 있음.

갈 곳 없는 시간 100권의 책

초판 발행 : 2020.8.15.
보완 발행 : 2023.12.16.

....

글쓴이　　：유 현
교정·그림　：에디타
펴낸이　　：이순실
펴낸곳　　：도서출판 청림
　　　　　　pdm14181@naver.com, 010-7544-2338
　　　　　　사업자등록 No. 454-94-01845
　　　　　　ISBN 979-11-984074-1-2
발행처 : 북메이크

....

책값 20,000원

* 저자와 협의하여 인지는 생략했습니다.

413